浙江省高校人文社会科学重点研究基地（金融学）
国家自然科学基金项目：
中国二元经济转型与经常项目动态演化路径研究
（71003085）
资助出版

China's Dual Economic Transition and Current Account Dynamics

# 中国二元经济转型与经常项目动态演化路径研究

马　丹◎著

中国经济出版社
CHINA ECONOMIC PUBLISHING HOUSE
北 京

**图书在版编目（CIP）数据**

中国二元经济转型与经常项目动态演化路径研究 / 马丹著.
北京：中国经济出版社，2015.2
ISBN 978－7－5136－3672－8
Ⅰ.①中… Ⅱ.①马… Ⅲ.①二元经济—转型经济—研究—中国 Ⅳ.①F121
**中国版本图书馆 CIP 数据核字（2015）第 009406 号**

责任编辑　赵静宜　郭君瑞
责任审读　贺　静
责任印制　巢新强
封面设计　久品轩

**出版发行**　中国经济出版社
**印 刷 者**　北京艾普海德印刷有限公司
**经 销 者**　各地新华书店
**开　　本**　710mm×1000mm　1/16
**印　　张**　13.25
**字　　数**　180 千字
**版　　次**　2015 年 2 月第 1 版
**印　　次**　2015 年 2 月第 1 次
**定　　价**　46.00 元
**广告经营许可证**　京西工商广字第 8179 号

**中国经济出版社** **网址** www.economyph.com **社址** 北京市西城区百万庄北街 3 号 **邮编** 100037
本版图书如存在印装质量问题，请与本社发行中心联系调换（联系电话：010－68330607）

# 序

2010年秋，本人得到国家自然科学基金青年项目（71003085）的资助，研究中国的二元经济转型对经常项目的动态影响。中国的经常项目自1994年开始呈现持续顺差状态，这一现象成为全球经济失衡的一个代表性特征。为了能够更好的解释中国经常项目的动态行为，并为中国的外部失衡治理提供有效的政策建议，本人基于中国国情，开始从二元经济转型（劳动力由农业部门向非农业部门转移）的视角研究中国的经常项目问题。历经3年多的时间，本人在多位研究生的协助下终于完成了对这一课题的研究，并将研究成果集结出版。

由于现有关于中国经常项目问题的理论和实证研究较少从二元经济转型的角度出发，因此本书首先将二元经济结构引入经常项目跨期模型，建立一个二元经济结构和经常项目均内生的基准动态模型。然后，利用该模型在理论上分析二元经济结构与经常项目的互动关系，重点分析二元经济转型对经常项目产生的动态影响。最后，分别利用世界各国面板数据和中国数据对理论模型进行实证检验。

本书分别在代理人框架和OLG框架下建立了具有二元经济结构的经常项目跨期模型。因为代理人模型和OLG模型在分析同一个问题时有可能得出不同的结论。我们建立的代理人模型认为二元经济转型会导致经常项目恶化，而OLG模型却认为二元经济转型会导致经常项目改善。之所以出现相反结论的原因在于，代理人模型下，二元经济转型会导致储蓄下降而投资上升，进而导致经常项目恶化；而OLG模型下，二元经济转型会同时导致储蓄和投资上升，但是储蓄的上升幅度超过了投资，所以最终导致经常项目改善。不过两个理论模型均认为工业部门全要素生产率的永久性增长会导致二元经济转型，且长期二元经济转型程度高于短期。

由于本书建立的两个理论模型在二元经济转型如何影响经常项目的问题上得出了截然相反的结论，所以我们需要利用现实数据来进行实证检验。本书首先采用120个国家（或地区）1990－2011年的面板数据实证研究了二元经济结构变化对储蓄率、投资率和经常项目的影响。本书分别对4个样本进行实证研究：全体国家样本、37个高收入国家样本、60个中等收入国家样本和23个低收入国家样本。实证结果显示：二元经济结构变化对储蓄率、投资率和经常项目均存在显著影响；二元经济转型会导致储蓄率和投资率上升，但是由于其对储蓄率的影响大于对投资率的影响，所以最终会导致经常项目上升。然后，本书分别利用中国1994－2011年国家层面的季度时间序列数据和省际面板数据实证分析了二元经济结构变化对中国经常项目产生的影响。实证结果显示：中国的二元经济转型会导致储蓄和投资上升，进而导致经常项目改善。总体来说，本书的实证结果支持OLG框架下经常项目跨期模型的结论。

本书的研究结论为以中国为代表的发展中国家（和转型国家）的经常项目顺差提供了理论和实证方面的依据。但是，这并不意味着中国保持任意幅度的经常项目顺差都是合理的。中国的二元经济转型只是导致经常项目顺差的主要原因之一，而不是全部。中国2005－2008年间的大幅经常项目顺差存在由其它因素导致的不合理部分。对于过度盈余的部分，我们应采取措施予以消除。鉴于中国的二元经济转型进程尚未完成，所以如果从劳动力转移的角度来看，中国的经常项目顺差仍然会持续一定的时间。另外，本书的实证研究发现，中国的人口老龄化会导致经常项目恶化。而中国的人口年龄结构即将迎来转折点，劳动年龄人口比重会逐渐呈现下降趋势，老龄化趋势会愈加明显。所以由人口老龄化导致的经常项目恶化的力量会部分抵消由劳动力转移导致的经常项目顺差。因此，在没有其它外生冲击的情况下，中国未来的经常项目顺差幅度会得到持续缓解。到中国的二元经济转型基本完成之后，中国的经常项目会主要由人口老龄化驱动而出现逆差。

我的多位研究生对本书的形成做出了贡献，金元凯与本人共同完成了第四章，汤棠与本人共同完成了第五章，金元凯、施伶俐与本人共同完成了第六章。在此，本人对三位同学的辛勤劳动和付出表示衷心感谢！作为本书的主要作者，我虚心接受大家的批评指正，并对书中的内容负责。

# 目　录

Contents

## 第五章 二元经济转型与经常项目：基于世界样本的实证研究

# 第一章
# 绪　论

## 第一节　选题意义与研究目标

### 一、选题意义

近几年，随着全球经济的缓慢恢复，要求人民币升值，降低中国国内储蓄，以减少中国经常项目顺差的呼声不绝于耳，中国正面临日益增大的外部政治和经济压力（Feldstein，2008；张明，2009）；同时，中国二元经济的转型尚未完成，总需求结构的调整还需时日，就业压力持续增加，还必须维持外部需求以实现二元经济转型；最后，在经济和金融全球化的条件下，我国的持续经常项目顺差和巨额国际储备导致升值预期，国际投机和套利资金引发资产泡沫，阻碍我国经济的稳定增长（余永定，2007；卢锋，2006；施建淮，2006；何帆，2005）。因而，如何在中国二元经济转型约束下，从内外部经济均衡发展的视角，研究经常项目的动态演化路径，确定经常项目最优动态余额，对适度承担全球经济失衡的大国责任，改善国际环境，保持我国经济持续稳定发展，具有重要的政策意义。

研究二元经济转型约束下的经常项目动态演化路径也具有重要的理论意义。亚洲金融危机后，东亚国家的持续经常项目顺差，高投资和高储备发展模式突破了发展经济学的“双缺口”模型，对资金应从发达国家流向发展中国家的国际资本流动传统理论提出挑战，需要从二元经济转型视角对发展中国家保持经常项目顺差予以理论解释；同时，经常项目的流量调节理论主要使用静态和比较静态分析法，无法根据条件动态变化分析经常项目的演化路径和最优余额水平（姜波克，2008；陈雨露和汪昌云，2006）。而跨期分析方法（The Intertemporal Approach to Current Account）虽然提供了具有微观基础的动态分析工具，但其假设条件缺乏中国这样的大国二元经济转型背景，至今尚无将二元经济转型纳入经常项目跨期分析框架的理论创新。

同时，理论界对于二元经济问题的研究一方面集中于二元经济转型如何导致经济增长；另一方面集中于不同因素对劳动力从农业部门向非农业部门转移路径的影响，比如农业与非农业的全要素生产率、投资、劳动力流动壁垒等因素（Vollrath，2009；Restuccia 等，2008；Cai，2008；邵宜航和刘雅南，2007；Temple 和 Woessmann，2006；Temple，2005；高帆，2005；陈宗胜和黎德福，2004；Jorgenson，1961）。这些研究主要以封闭经济为假设前提，不涉及经常项目。也有学者研究开放经济条件下的二元经济转型问题（周申和漆鑫，2009；周辰亮和丁剑平，2007；郭涛和宋德勇，2006；Mao 和 Yao，2010；Yi 和 Zhang，2011）。这些研究虽然涉及经常项目，但是从模型的约束条件可以看出，经常项目被要求每期平衡，所以不存在经常项目动态，并且这些文献也不关注经常项目与二元经济转型之间的互动关系。

因此，通过建立具有二元经济结构的经常项目跨期模型来研究中国的二元经济转型对经常项目产生的动态影响具有重要的理论和现实意义。

## 二、研究目标

本书的研究目标为：首先，将二元经济结构引入经常项目跨期模型，建立一个二元经济结构和经常项目均内生的基准动态模型；其次，利用该模型在理论上分析二元经济结构与经常项目的互动关系，重点分析二元经济转型对经常项目产生的动态影响；再次，分别利用世界各国面板数据和中国数据对理论模型进行实证检验；最后，根据理论和实证分析结果为中国未来的经常项目调节政策提供建议。

## 第二节 文献回顾

在现有研究中，二元经济转型和经常项目问题处于相对独立的状态。二元经济转型问题属于发展经济学领域，而经常项目问题则属于国际经济学领域。由于本书的研究重点是经常项目，二元经济转型只是我们研究经常项目的一个视角，所以在文献回顾部分，我们主要关注与经常项目相关的文献①。

### 一、国外相关文献回顾

早期的经常项目分析方法建立在国民收入恒等式的基础之上。由国民收入恒等式可以分别得出经常项目与国内产出和国内吸收之间的关系、经常项目与储蓄和投资之间的关系以及经常项目与政府预算赤字之间的关系。这种分析方法就像传统的凯恩斯宏观经济学一样，虽然简单明了，但却缺乏微观基础。

经常项目跨期模型（The Intertemporal Model of Current Account）是具有微观基础的基础项目动态模型。该模型创立于 20 世纪 80 年代初，由 Buiter（1981）、Sachs（1981，1982）、Svesson 和 Razin（1983）提出，目前已成为经常项目研究领域的基准理论分析框架。经常项目跨期模型的基本逻辑是，分别从消费者效用最大化和生产者利润最大化得出经济的储蓄与

① 关于二元经济转型文献的主要研究方向之一是各种外生冲击对于经济结构变迁的影响。其中，一部分文献是在封闭经济的前提下进行研究的，所以不涉及经常项目（Jorgenson，1967；Dixit，1970；高帆，2005）。另一部分文献在开放经济条件下研究经济结构变迁。这些文献虽然涉及经常项目，但是从模型的约束条件可以看出，经常项目被要求每期平衡，所以不存在经常项目动态（周辰亮和丁剑平，2007；Mao 和 Yao，2010；Yi 和 Zhang，2011）。并且，这类文献并不关注二元经济转型（或经济结构变迁）与经常项目余额之间的互动关系。

投资决策，再根据经常项目等于储蓄与投资之差这一恒等式得出经常项目余额。因为，经济的储蓄和投资决策是由消费者和生产者的最优化行为得出的，所以，模型得到的经常项目余额可以被认为是一国的最优经常项目余额。

自经常项目跨期模型提出以来，经济学家们就开始从不同的角度对其进行拓展和完善。Buiter（1981）和 Blanchard（1985）分别在世代交叠（Overlapping Generations，OLG）的框架下建立了经常项目跨期模型。基于 OLG 的经常项目跨期模型因为考虑了消费者的异质性而区别于代理人（Representative Agent）框架下的经常项目跨期模型。这两类模型在分析生产率冲击和税收等因素变化对经常项目的动态影响时，经常会得出不同的结论。

另外，基于 OLG 的经常项目跨期模型常被用来分析人口年龄结构的变化对经常项目的动态影响（Obstfeld 和 Rogoff，1996；Feroli，2006）。人口结构变化对经常项目的影响是国际经济学领域的一个重要研究主题。人口年龄结构主要是指不同年龄段人口占总人口的比重。由于经常项目等于储蓄与投资之差，所以理论上，人口年龄结构的变化会通过同时影响储蓄和投资来影响经常项目。通常认为，劳动年龄人口比重上升一方面会导致储蓄（率）增加；另一方面也会促进投资（率）提高。因此，最终对经常项目的影响方向是不确定的，取决于储蓄（率）和投资（率）的相对变动幅度。在实证研究方面，大多数研究都发现人口年龄结构是决定经常项目走势的重要变量（Domeij 和 Flodén，2006；Feroli，2006）。但是不同文献在人口年龄结构变化对经常项目的影响方向上却并没有得出一致结论。一部分研究发现，人口老龄化（或年轻人比重下降）会导致经常项目余额下降。如 Higgins（1998）对 100 个国家的面板数据进行了实证研究，并将人口年龄结构细分，发现人口年龄结构对经常项目的影响是非线性的，但总的来说人口老龄化倾向于恶化经常项目。Dekle（2000）通过对理论模型进行数值模拟发现，人口老龄化会导致日本储蓄下降，进而导致其经常项目恶化，并预测日本的经常项目会于 2025 年出现逆差。Kim 和 Lee（2007）

通过对 10 个东亚经济体的面板数据分析发现，人口老龄化会导致东亚经济体的经常项目恶化。另一部分研究发现，人口老龄化（或年轻人比重下降）会导致经常项目余额改善。如 Fougère 和 Mérette（1998）通过数值模拟研究了 6 个 OECD 国家的情况，发现人口老龄化速度快的国家倾向于改善经常项目，而不是恶化，主要是由于投资的降幅大于储蓄的降幅。Henriksen（2002）通过数值模拟分析美国与日本之间的经常项目失衡问题，发现人口年龄结构能够解释美日经常项目失衡的较大部分，日本的年轻人口比重相对较低是导致日本顺差、美国逆差的主要原因。Peng（2008）运用可计算一般均衡模型数值模拟了人口老龄化对中国经常项目的影响，发现人口老龄化会导致储蓄和投资都下降，最终导致经常项目顺差。还有部分实证研究并未发现人口年龄结构对经常项目存在显著影响。如 Karras（2009）分别对三组面板数据样本进行实证研究：154 个国家的全体样本、109 个国家的大国样本和 26 个 OECD 国家样本。实证研究发现，在前两个样本中，人口增长（或年轻人口比重上升）对经常项目均没有显著影响；只有在 OECD 国家样本中，人口增长（或年轻人口比重上升）会导致经常项目余额下降。

Engel 和 Kletzer（1989）、Blanchard（2007）在经常项目跨期模型中引入了不可贸易品，使经济中存在两个部门。引入不可贸易品的模型可以分析消费者的消费偏好变化对经常项目的动态影响。Obstfeld 和 Rogoff（1994，1996）发展并完善了经常项目跨期随机模型（Stochastic Models of Current Account），并利用随机模型分析了产出冲击和生产率冲击对经常项目的动态影响。Persson（1985）建立了 OLG 框架下的两国经常项目跨期模型。两国模型与小国模型的主要区别在于，小国模型下的实际利率是外生给定的，而两国模型下的实际利率是由国际借贷市场均衡条件决定的一个内生变量。

Obstfeld 和 Rogoff（1995，1996）提出的新开放模型（New Open Economy Macroeconomics，NOEM）是汇率和经常项目动态模型研究领域的一项标志性成果。该模型是一个两国一般均衡模型。模型不但在效用函数中引入了货币和闲暇，还设置了垄断的厂商和短期价格黏性。Obstfeld 和 Rogoff（1995，1996）利用 NOEM 模型分别分析了货币政策、财政政策和生产率冲击对汇率、经常项目和福利的动态影响。Ventura（2002）将投资风险和投资的调整成本引入经常项目跨期模型，使得拓展后的理论模型的预测能够更好地得到现实数据的支持。Choi、Mark 和 Sul（2007）建立了一个主观贴现率内生的两国经常项目跨期模型，并用该模型为美国的经常项目逆差提供了一个解释。

一个较近期的理论创新是由 Du 和 Wei（2010）做出的。他们将性别比例引入经常项目跨期模型，用以分析性别比例失衡对一国经常项目的动态影响。"性别比例失衡论"认为，一国男多女少的性别比例失衡状态会导致男性为了提高其在婚姻市场上的竞争力而多储蓄，然后通过外溢效应引发该国总储蓄（率）上升，并最终倾向于导致经常项目顺差。Aizenman 和 Jinjarak（2013）将房地产市场价值与经常项目结合起来，并采用2005—2012 年的季度数据进行实证研究。他们的实证结果表明房地产市场升值与经常项目逆差扩大之间有很强的正向关系，因此可以认为房地产市场的状况也能影响一国的经常项目。

## 二、国内相关文献回顾

国内学者对于经常项目问题的研究主要集中于对中国经常项目持续顺差的现象进行解释。虽然相关文献的研究视角不尽相同，但是所采用的分析方法却基本上可以被分为两类。一类采用传统的宏观经济分析方法（余永定和覃东海，2006；王叙果，2006；刘伟和陈静，2011；甘小芳和许少强，2011）。该方法的特点是利用国民收入恒等式分析经常项目问题，缺乏微观基础。另一类采用经常项目跨期分析方法（韩剑和张二震，2009；李晓峰和朱九锦，2010；许少强和甘小芳，2010）。该方法虽然也要利用"经常项目 = 储蓄 - 投资"这一宏观恒等式，但是式中的储蓄和投资都是由微观经济主体最优化行为得出的，因此具有微观基础。

国内学者为中国经常项目顺差提供的解释大致包括以下几种。①"储蓄-投资缺口论”依据“经常项目=储蓄-投资”这一恒等式，认为储蓄（率）大于投资（率）是导致中国经常项目顺差的主要原因（何帆和张明，2007；甘小芳和许少强，2011）。②“人口年龄结构论”认为，劳动力抚养负担下降是导致中国近些年经常项目顺差的重要原因（钟水映和李魁，2009；朱超和周晔，2011）。③“金融约束论”认为，中国低层次的金融发展水平所导致的储蓄和投资关系不协调是经常项目顺差的根本原因（王叙果，2006；刘伟和陈静，2011）。④“FDI挤出论”认为，中国长期推行吸引FDI的优惠政策，特别是加工贸易型FDI的优惠政策以及由此形成的FDI挤出效应是导致中国经常项目和资本项目双顺差的主要原因（余永定和覃东海，2006；余永定，2011）。⑤“产品国际分工论”认为，经济全球化背景下的产品内分工是导致中国经常项目和资本项目双顺差的主要原因（卢锋，2006）。⑥“政府支出不足论”认为，政府低水平的社会性公共支出导致国内居民对未来收入和支出的预期不乐观，是中国经常项目顺差的主要原因（甘小芳和许少强，2010；许少强和甘小芳，2010；刘伟和陈静，2011）。

国内学者对经常项目跨期模型的研究时间不长，且主要集中于对模型的实证研究方面。如韩剑和张二震（2009）在传统的经常项目跨期模型中引入了利率和汇率的变动，并运用VAR方法检验中国的经常项目波动是否符合模型的预测。李晓峰和朱九锦（2010）利用中国数据，在经常项目跨期模型的框架下，对经常项目失衡、收入以及持久性收入之间的关系进行了实证检验。周靖祥（2010）利用中国的宏观经济数据，对O-R模型框架下的经常项目与宏观经济产出的内生性及互动关系进行了实证检验。甘小芳和许少强（2011）基于跨期均衡的视角研究中美日三国经常项目失衡的原因，运用协整检验获取三个国家的消费倾斜系数，其中我国的消费倾斜系数是1.385，美国和日本的分别为0.932和0.885。由此得出我国经常项目顺差是由于预期支出的影响大于预期收入的影响，延迟型的消费行为模式是主导因素，而美国和日本的情况则与中国相反，主要是因为预期收入降低。马丹和姚蓉蓉（2013）利用经典的经常项目跨期模型检验了其对中国经常项目动态行为的解释力。实证研究结果表明，经常项目跨期模型能解释中国经常项目动态行为的74%。说明运用经常项目跨期模型来分析中国的经常项目问题是合适的。但是，中国经常项目动态变化中未被解释的部分也提醒我们需要对经常项目跨期模型进行本土化的修正，才能进一步增强经常项目跨期模型的解释力和预测力。

与国外相关文献类似，国内学者对人口年龄结构与经常项目之间的关系也比较感兴趣。王宇鹏、耿德伟和王育森（2012）借鉴 Dekle（2004）构建的 Ramsey 模型，在此基础上尝试在模型中引入人口年龄结构变量，建立了一个新的理论分析框架，并指出采用 Ramsey 模型刻画人口年龄结构问题的社会现实性。他们的理论分析结论与 OLG 框架基本一致，能够从理论上证明抚养比与经常项目余额之间的负相关关系。与 OLG 模型相比，他们的分析框架可以直接得出显式结论，大大减化了分析过程。文章实证结果表明：劳动年龄人口占总人口的比重每提高1%将导致经常项目余额占 GDP 的比重提高 0.458%；人口老龄化将恶化经常项目。祝丹涛（2008）通过数据分析发现，各国间的人口年龄结构差异是影响经常项目和国际资本流动的主要因素，“成年型”国家表现为经常项目顺差和资本净流出；“年轻型”和“年老型”国家表现为经常项目逆差和资本净流入。朱超等（2012）利用亚洲 37 个国家的面板数据，发现人口红利能解释亚洲国家的经常项目顺差，老龄化倾向于恶化亚洲国家的经常项目。朱庆（2007）的实证研究显示，高比重的劳动年龄人口会导致中国经常项目顺差。钟水映和李魁（2009）发现，长期来看劳动力抚养负担下降（即劳动年龄人口比重上升）会导致中国经常项目改善，但是对经常项目的短期影响不显著。汪伟（2012）的实证研究显示，中国少儿抚养比的下降会引起经常项目顺差，人口老龄化则会对经常项目产生负向影响。而朱超和周晔（2011）以一个多期人口代际交叠模型来分析计划生育对人口年龄结构和抚养比的影响，同时再将之与经常项目差额做相关检验。最后发现中国近些年高储蓄率的重要原因是由计划生育政策带来的，目前中国进入人口红利期，总抚养比下降。少年人口数量的减少对于储蓄率的增加效应大于由于老年人口增加带来的储蓄率的下降效应，所以最终表现为储蓄率的上升。此外笔者也从跨期角度解释了经常项目差额的现象，认为实际上这只是过剩储蓄的跨时空转移。

### 三、小结

与本研究相关的另一类文献是关于二元经济转型（或经济结构变迁）的文献。这类文献的主要研究方向之一是各种外生冲击对于经济结构变迁的影响。其中，一部分文献是在封闭经济的前提下进行研究的，所以不涉及经常项目（Jorgenson，1967；Dixit，1970；高帆，2005）。另一部分文献在开放经济条件下研究经济结构变迁。这些文献虽然涉及经常项目，但是从模型的约束条件可以看出，经常项目被要求每期平衡，所以不存在经常项目动态（周辰亮和丁剑平，2007；Mao 和 Yao，2010；Yi 和 Zhang，2011）。并且，这类文献并不关注二元经济转型（或经济结构变迁）与经常项目余额之间的互动关系。

通过对相关文献的梳理，我们发现现有的经常项目跨期模型并不考虑二元经济结构，而二元经济转型的文献也不考虑经常项目动态。因此，本研究的主要特点是将二者相结合，建立一个二元经济结构和经常项目均内生的动态模型。

## 第三节　结构安排和创新之处

### 一、结构安排

本书第二章分别对中国的二元经济结构和经常项目的历史走势进行分析。由于经常项目恒等于储蓄与投资之差，所以本章也会对中国储蓄和投资的历史走势进行分析。

在初步了解中国二元经济结构和经常项目的历史变迁之后，本书第三章试图在代理人框架下将二元经济结构引入经常项目跨期模型，建立一个二元经济结构和经常项目均内生的基准动态模型。然后我们通过该基准模型分析二元经济转型对经常项目产生的动态影响。

由于在某些情形下，代理人框架和世代交叠（OLG）框架得出的理论结论有可能不一致，所以我们在第四章试图在OLG框架下将二元经济结构引入经常项目跨期模型，建立一个新的具有二元经济结构的基础项目动态模型。然后通过该模型分析二元经济转型对经常项目产生的动态影响，并与代理人框架下的模型进行对比。

在基准模型建立完成之后，我们要对理论模型进行实证检验。我们首先在第五章中利用世界各国的面板数据实证研究二元经济结构变化对经常项目产生的影响，然后在第六章中分别利用中国的时间序列数据和省际面板数据实证研究中国二元经济结构变化对经常项目产生的影响。

最后是结论与政策建议。

## 二、创新之处

本书的主要创新是分别在代理人框架和OLG框架下将二元经济结构引入经常项目跨期模型，建立了一个二元经济结构和经常项目均内生的动态模型，并用该模型分析二元经济转型与经常项目之间的互动关系。

| 第二章 |

# 中国二元经济结构与经常项目走势分析

在进行理论建模和实证研究之前，我们有必要先了解中国的二元经济结构和经常项目的历史变动情况。本章中，我们首先采用非农就业人口占比和非农产值占比两个指标来衡量中国的二元经济结构，并对其全国总体数据和省际数据进行分析；然后对中国的经常项目以及决定经常项目的储蓄和投资的历史走势进行分析。

## 第一节　中国二元经济结构走势分析

在本节中，我们分别采用非农就业人口占比和非农产值占比两种指标来衡量中国的二元经济结构。其中，非农就业人口占比是指非农业部门（工业和服务业部门）的就业人口占总就业人口的比重；非农产值占比是指非农业部门的增加值占 GDP 的比重。

### 一、非农就业人口占比走势分析

（一）全国总体数据

图 2－1 显示，中国非农就业人口占比自 1978 年以来呈现持续上升态势①。1978 年，中国非农就业人口占比为 29.5%，表明当时中国大量劳动

① 1997—2002 年，中国的非农就业人口占比变化较小，基本处于停滞增长状态。

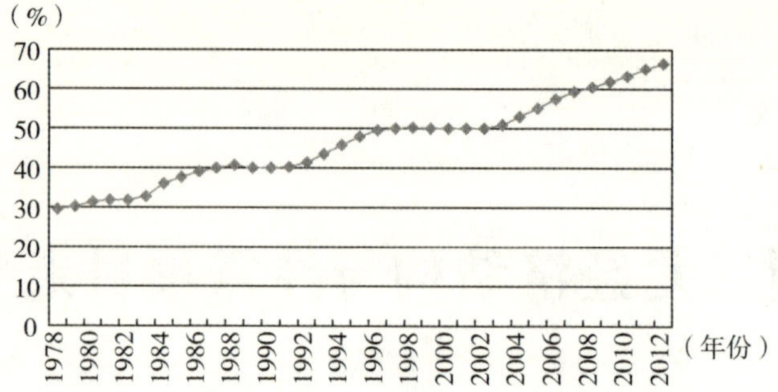


**图2-1　1978—2012年中国非农就业人口占比走势**

资料来源：世界银行WDI数据库和《中国统计年鉴》(2013)。

力仍然存在于农业部门。然而到了2012年，中国非农就业人口占比已经上升至66.4%，意味着此时中国大部分劳动力已经转移到非农业的现代部门(见表2-1)。考察期间，中国非农就业人口占比累计增长125.08%。可见，中国的二元经济结构经过30多年的改革开放已经呈现出明显的变化，由农业就业人口为主转变为非农业就业人口为主。

**表2-1　1978—2012年中国非农就业人口占比**

| 年份 | 非农就业人口占比(%) | 年份 | 非农就业人口占比(%) |
|---|---|---|---|
| 1978 | 29.5 | 1990 | 39.9 |
| 1979 | 30.2 | 1991 | 40.3 |
| 1980 | 31.3 | 1992 | 41.5 |
| 1981 | 31.9 | 1993 | 43.6 |
| 1982 | 31.9 | 1994 | 45.7 |
| 1983 | 32.9 | 1995 | 47.8 |
| 1984 | 36.0 | 1996 | 49.5 |
| 1985 | 37.6 | 1997 | 50.1 |
| 1986 | 39.1 | 1998 | 50.2 |
| 1987 | 40.0 | 1999 | 49.9 |
| 1988 | 40.6 | 2000 | 50.0 |
| 1989 | 40.0 | 2001 | 50.0 |

续表

| 年份 | 非农就业人口占比（%） | 年份 | 非农就业人口占比（%） |
|---|---|---|---|
| 2002 | 50.0 | 2008 | 60.4 |
| 2003 | 50.9 | 2009 | 61.9 |
| 2004 | 53.1 | 2010 | 63.3 |
| 2005 | 55.2 | 2011 | 65.2 |
| 2006 | 57.4 | 2012 | 66.4 |
| 2007 | 59.2 | | |

资料来源：世界银行 WDI 数据库和《中国统计年鉴》(2013)。

（二）省际数据

图 2－2 展示了 1994—2011 年中国 30 个省、市、自治区的非农就业人口占比的走势①。由图 2－2 可以看出，大部分省（市、区）的非农就业人口占比均在考察期间呈现上升态势。只有黑龙江和甘肃的非农就业人口占比在 2011 年低于 1994 年。1994 年，黑龙江和甘肃的非农就业人口占比分别为 63.11% 和 40.96%；而 2011 年这两个省份的非农就业人口占比却分别下降为 59.62% 和 38.74%。相对来说，北京、上海等经济发达地区由于初始的非农就业人口占比基数较高，导致增长幅度较小；而西藏、云南等经济欠发达地区由于初始非农就业人口占比的基数较低，导致增长幅度较大。例如，北京的非农就业人口占比由 1994 年的 89.16% 增长至 2011 年的 94.48%，累计上升 5.96%；而西藏的非农就业人口占比则由 1994 年的 22.01% 增长至 2011 年的 49.66%，累计上升 125.66%。吉林和山西等省份的情况则比较特殊，非农就业人口占比基数低，同时增长幅度也不高。如吉林省的非农就业人口占比由 1994 年的 53.95% 增长至 2011 年的 57.10%，仅累计上升 5.84%。

① 图 2－2 中，我们将四川与重庆合并为一个省来考察。

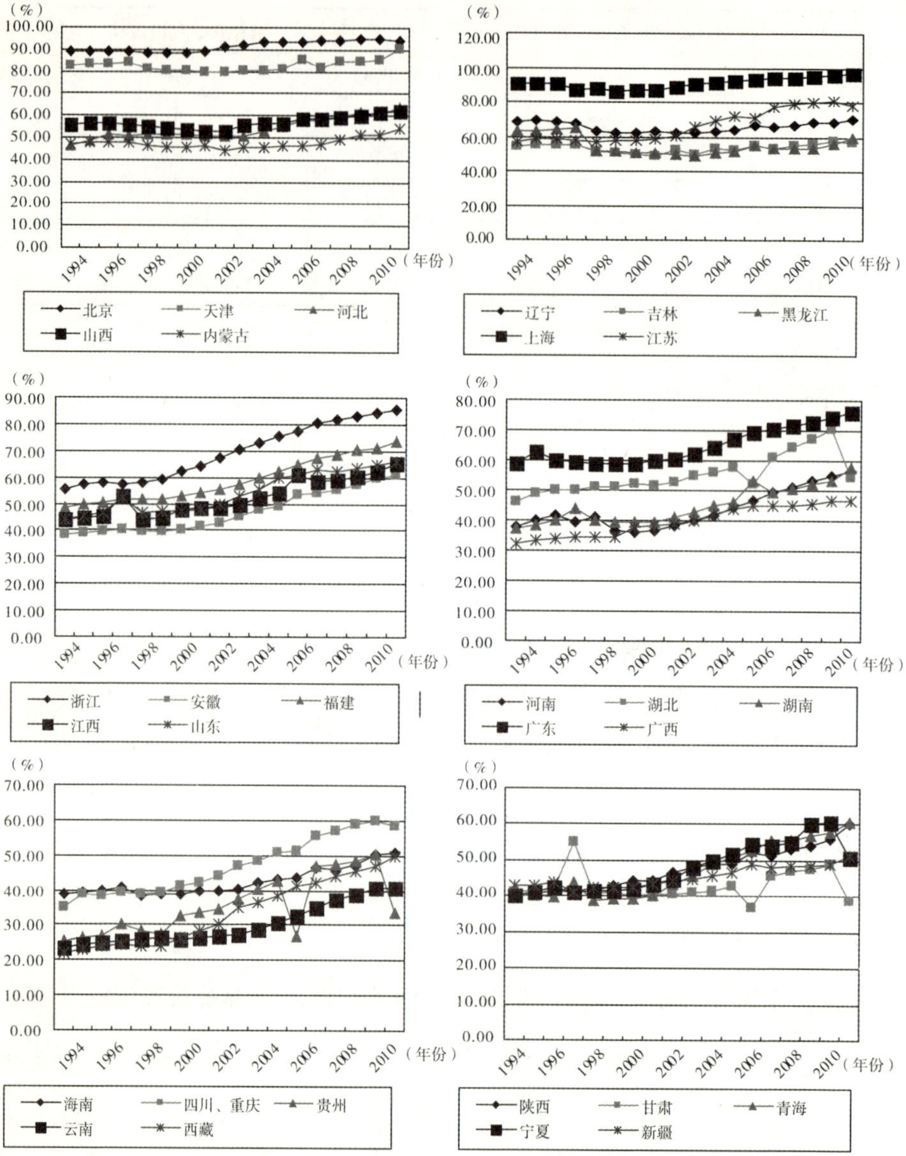


**图 2-2　1994—2011 年中国部分省、市自治区非农就业人口占比走势**

资料来源：《新中国 60 年统计资料汇编》、1994—2011 年各省统计年鉴。

## 二、非农产值占比走势分析

### （一）全国总体数据

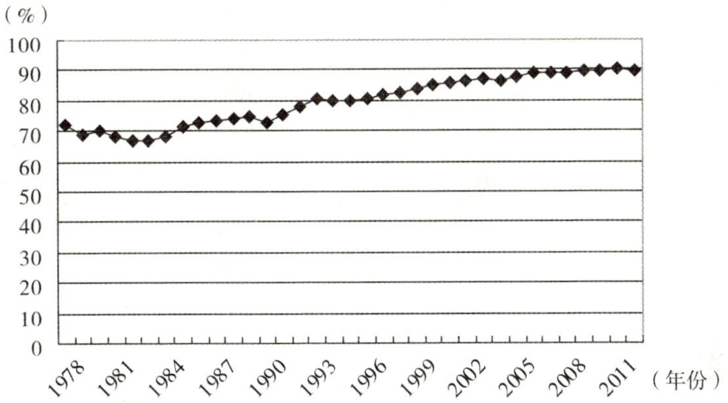


**图2－3　1978—2012年中国非农产值占比走势**

资料来源：世界银行WDI数据库和《中国统计年鉴》(2013)。

图2－3显示，中国非农产值占比自1978年以来呈现持续上升态势。不过，其上升幅度没有非农就业人口占比明显。1978年，中国非农产值占比为71.81%，表明当时中国大部分的产值是由非农业部门贡献的。到了2012年，中国非农产值占比进一步上升至89.91%，农业对中国GDP的贡献即将缩减至10%（见表2－2）。考察期间，中国非农产值占比累计增长25.2%。虽然增长幅度大大低于非农就业人口占比，但是该指标的变化同样意味着中国二元经济转型进程的不断深入。

**表2－2　1978—2012年中国非农产值占比**

| 年份 | 非农产值占比（%） | 年份 | 非农产值占比（%） |
|---|---|---|---|
| 1978 | 71.81 | 1982 | 66.61 |
| 1979 | 68.73 | 1983 | 66.82 |
| 1980 | 69.83 | 1984 | 67.87 |
| 1981 | 68.12 | 1985 | 71.56 |

续表

| 年份 | 非农产值占比（%） | 年份 | 非农产值占比（%） |
|---|---|---|---|
| 1986 | 72. 86 | 2000 | 84. 94 |
| 1987 | 73. 19 | 2001 | 85. 61 |
| 1988 | 74. 30 | 2002 | 86. 26 |
| 1989 | 74. 90 | 2003 | 87. 20 |
| 1990 | 72. 88 | 2004 | 86. 61 |
| 1991 | 75. 47 | 2005 | 87. 88 |
| 1992 | 78. 21 | 2006 | 88. 89 |
| 1993 | 80. 29 | 2007 | 89. 23 |
| 1994 | 80. 14 | 2008 | 89. 27 |
| 1995 | 80. 04 | 2009 | 89. 67 |
| 1996 | 80. 31 | 2010 | 89. 90 |
| 1997 | 81. 71 | 2011 | 89. 96 |
| 1998 | 82. 44 | 2012 | 89. 91 |
| 1999 | 83. 53 | | |

资料来源：世界银行 WDI 数据库和《中国统计年鉴》(2013)。

（二）省际数据

图 2 -4 展示了 1994—2011 年中国 30 个省、市、自治区的非农产值占比走势①。由图 2 -4 可以看出，几乎所有省、市、自治区的非农产值占比均在考察期间呈现上升态势。增长幅度最高的是西藏，最低的是上海。相对来说，由于北京、上海等经济发达地区非农产值占比的基数较高，导致增长幅度较小；而西藏、贵州等经济欠发达地区非农产值占比的基数较低，导致增长幅度较大。例如，北京的非农产值占比由 1994 年的 94. 11% 增长至 2011 年的 99. 16%，累计上升 5. 37%；而西藏的非农产值占比则由 1994 年的 54. 03% 增长至 2011 年的 87. 71%，累计上升 62. 32%。海南省的情况比较特殊，非农产值占比基数低，同时增长幅度也不高。其非农产值占比由 1994 年的 68. 03% 增长至 2011 年的 73. 87%，仅累计上

① 图 2 -4 中，我们将四川与重庆合并为一个省来考察。

升8.57%。

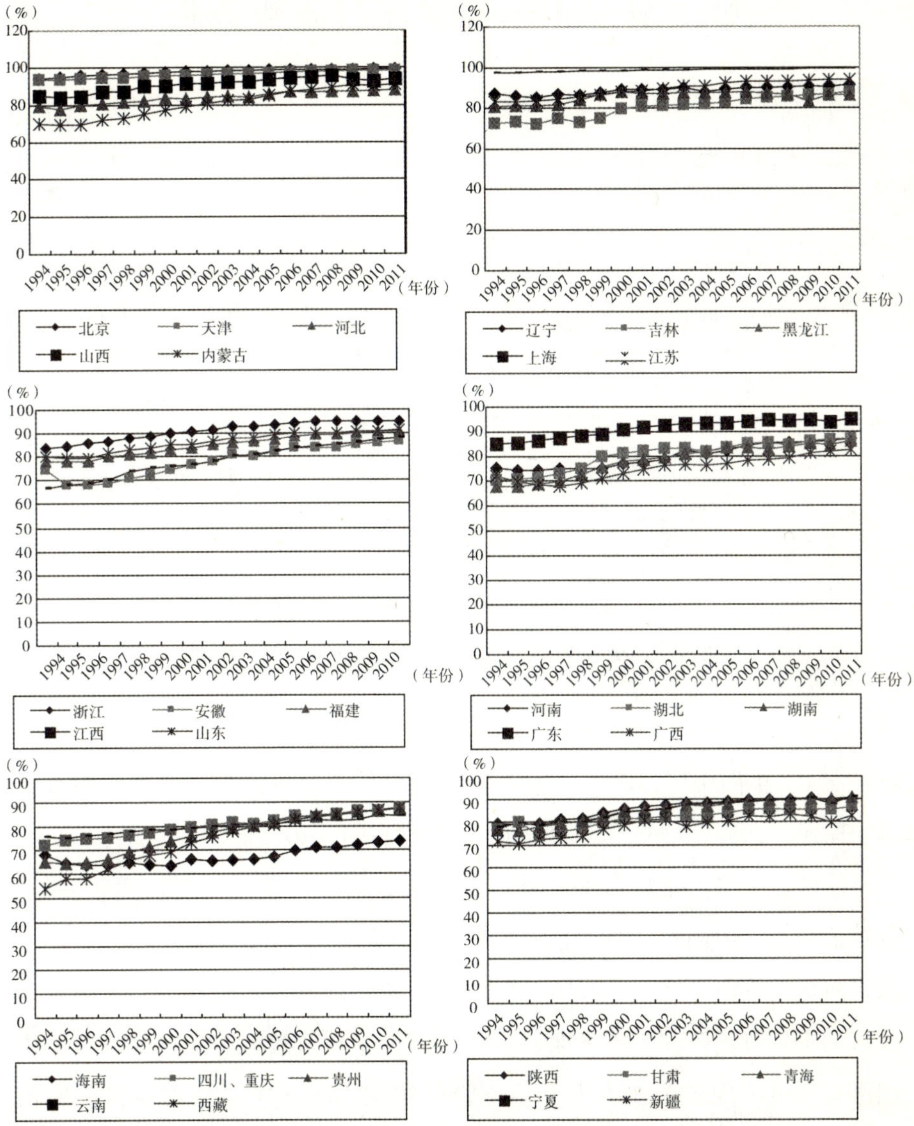


**图2-4 1994—2011年中国部分省、市、自治区非农产值占比走势**

资料来源:《新中国60年统计资料汇编》、1994—2011年各省统计年鉴。

# 第二节　中国经常项目走势分析

## 一、经常项目走势分析

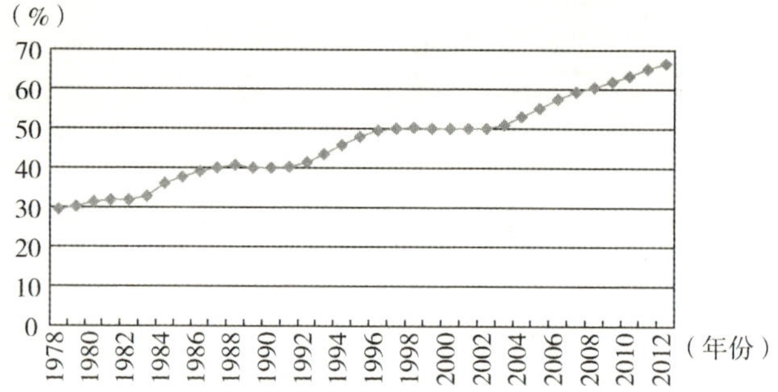


**图 2－5　1978—2012 年中国经常项目走势**

资料来源：世界银行 WDI 数据库、中国国家外汇管理局和《中国统计年鉴》(2013)。

图 2－5 展示了 1978—2012 年中国经常项目余额和经常项目占比的变动情况①。由图中可以看出，考察期间中国经常项目的变动情况可以分为两个阶段：1982—1993 年（第一阶段）和 1994—2012 年（第二阶段）。在第一阶段，中国经常项目的变动特征是有正有负，正负值出现比较随机，且数值较小。中国经常项目余额的数值在－119 亿～133 亿美元波动，经常项目占比的数值则在－3.72%～3.50%波动。自第二阶段开始，中国经常项目的主要特征表现为始终保持顺差状态，且数值较大。在这一阶段，中国经常项目出现了两次先上升后下降的情况：第一次是经常项目余额由 1994 年的 77 亿美元上升至 1997 年的 370 亿美元（经常项目占比由 1994 年的 1.24%上升至 1997 年的 3.88%），随后逐渐下降至 2001 年的 174 亿

① 经常项目占比是指经常项目余额占 GDP 的比重。

美元（经常项目占比逐渐下降至2001年的1.31%）；第二次是经常项目余额由2001年的174亿美元上升至2008年的4206亿美元（经常项目占比由2001年的1.31%上升至2007年的10.11%），随后逐渐下降至2012年的1931亿美元（经常项目占比逐渐下降至2012年的2.31%）。我们发现两次经常项目下降均是由金融危机造成的。第一次是1997年开始的亚洲金融危机，第二次是2008年开始的全球金融危机。

1994年以来的中国经常项目持续顺差是中国经济外部失衡的一个表现，也被经济学家认为是全球经济失衡的一个显著特征。尤其是2001—2007年，中国经济的外部失衡伴随着经常项目顺差的持续扩大而愈加严重。自2008年全球金融危机爆发开始，中国经济的外部失衡状况才得到逐步缓解。2012年中国经常项目占比下降到2.31%，已经处于比较合理的水平（见表2-3）。

**表2-3 1982—2012年中国经常项目占比和经常项目余额**

| 年份 | 经常项目占比（%） | 经常项目余额（亿美元） | 年份 | 经常项目占比（%） | 经常项目余额（亿美元） |
|---|---|---|---|---|---|
| 1982 | 2.79 | 57 | 1998 | 3.09 | 315 |
| 1983 | 1.86 | 42 | 1999 | 1.95 | 211 |
| 1984 | 0.79 | 20 | 2000 | 1.71 | 205 |
| 1985 | -3.72 | -114 | 2001 | 1.31 | 174 |
| 1986 | -2.36 | -70 | 2002 | 2.44 | 354 |
| 1987 | 0.11 | 3 | 2003 | 2.62 | 431 |
| 1988 | -1.23 | -38 | 2004 | 3.57 | 689 |
| 1989 | -1.26 | -43 | 2005 | 5.87 | 1324 |
| 1990 | 3.36 | 120 | 2006 | 8.55 | 2318 |
| 1991 | 3.50 | 133 | 2007 | 10.11 | 3532 |
| 1992 | 1.51 | 64 | 2008 | 9.30 | 4206 |
| 1993 | -2.64 | -119 | 2009 | 4.87 | 2433 |
| 1994 | 1.24 | 77 | 2010 | 4.01 | 2378 |
| 1995 | 0.22 | 16 | 2011 | 2.76 | 2017 |
| 1996 | 0.85 | 72 | 2012 | 2.31 | 1931 |
| 1997 | 3.88 | 370 | | | |

资料来源：世界银行WDI数据库、中国国家外汇管理局和《中国统计年鉴》(2013)。

## 二、储蓄与投资走势分析

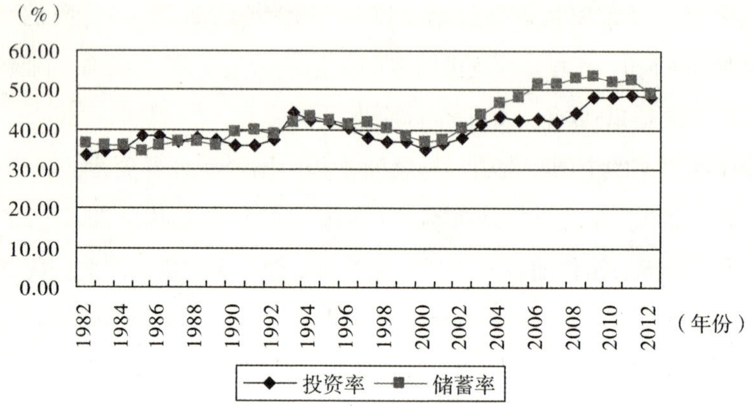


**图2-6　1982—2012年中国储蓄率和投资率走势**

资料来源：世界银行WDI数据库、《中国统计年鉴》(2013)。

根据国民收入恒等式，经常项目余额恒等于储蓄与投资之差（经常项目占比也恒等于储蓄率与投资率之差）。因此，为了能更清楚地了解中国经常项目变动的驱动力，我们有必要对中国的储蓄和投资变动状况进行分析。相对于经常项目余额这种绝对值变量而言，经济学家更愿意关注经常项目占比这类相对值变量。因为一般来说，经济体量大的国家会有较大的经常项目余额，所以采用经常项目占比这类相对值能够更准确地比较不同国家的外部经济状况。因此，我们在图2-6中只分析中国储蓄率和投资率的变动情况①。

图2-6显示，中国的储蓄率和投资率在考察期间均呈现波动上升态势。储蓄率和投资率不但绝对水平高，且增长幅度大。其中，储蓄率由1982年的36.31%上升至2012年的48.99%，累计升幅为34.92%；投资率由1982年的33.52%上升至2012年的48.05%，累计升幅为

① 储蓄率和投资率分别为储蓄占GDP的比重和投资占GDP的比重。

43.37%。考察期间的储蓄率和投资率变动情况也可以被分为两个阶段：1982—1993 年第一阶段和 1994—2012 年第二阶段。第一阶段，中国储蓄率和投资率的相对高低比较随机。当储蓄率高于投资率时，就对应着经常项目顺差；而当储蓄率低于投资率时，就对应着经常项目逆差。在第二阶段，中国的储蓄率就始终高于投资率，对应着经常项目的持续顺差。这一阶段，储蓄率的上升趋势大于投资率的上升趋势。2007 年，中国储蓄率超过投资率的幅度达到顶峰，为 10.11%，随后开始降低（见表 2－4）。

**表 2－4　1982—2012 年中国储蓄率和投资率**

| 年份 | 储蓄率（%） | 投资率（%） | 年份 | 储蓄率（%） | 投资率（%） |
|---|---|---|---|---|---|
| 1982 | 36.31 | 33.52 | 1998 | 40.19 | 37.10 |
| 1983 | 36.05 | 34.20 | 1999 | 38.19 | 36.74 |
| 1984 | 35.68 | 34.89 | 2000 | 36.83 | 35.12 |
| 1985 | 34.63 | 38.35 | 2001 | 37.58 | 36.27 |
| 1986 | 36.00 | 38.36 | 2002 | 40.30 | 37.87 |
| 1987 | 37.11 | 37.00 | 2003 | 43.99 | 41.20 |
| 1988 | 36.66 | 37.89 | 2004 | 46.82 | 43.26 |
| 1989 | 36.01 | 37.27 | 2005 | 47.97 | 42.10 |
| 1990 | 39.50 | 36.14 | 2006 | 51.51 | 42.97 |
| 1991 | 39.62 | 36.12 | 2007 | 51.85 | 41.74 |
| 1992 | 38.98 | 37.46 | 2008 | 53.11 | 44.05 |
| 1993 | 41.78 | 44.48 | 2009 | 53.43 | 48.24 |
| 1994 | 43.39 | 42.20 | 2010 | 52.37 | 48.22 |
| 1995 | 42.12 | 41.90 | 2011 | 52.68 | 48.45 |
| 1996 | 41.29 | 40.44 | 2012 | 48.99 | 48.05 |
| 1997 | 41.83 | 37.95 | | | |

资料来源：世界银行 WDI 数据库、中国国家外汇管理局和《中国统计年鉴》(2013)。

## 第三节 本章小结

中国的二元经济结构自改革开放以来呈现出显著的变化，中国的农业劳动力不断地向非农业部门转移。与此同时，中国的农业产值占比也在持续下降。各个省、市、自治区的情况虽然存在一些差异，但是总体趋势比较统一。各种数据均表明，中国的二元经济转型进程在不断推进，且速度较快。

然而，虽然中国的二元经济转型已经取得了较大的成功，但是该进程仍需要得到进一步推进。2010 年，美国和日本的非农就业人口占比分别为 98.4% 和 96.3%；美国和日本的非农产值占比分别为 98.81% 和 98.82%。而中国 2012 年的非农就业人口占比和非农产值占比分别为 66.4% 和 89.91%。可见，无论从哪个指标来看，中国的二元经济转型都还有一定的路途要走。

中国的经常项目持续顺差自 1994 年开始出现，并于 2007 年达到顶峰，随着全球金融危机的爆发而有所缓解。中国的经常项目持续顺差对应着储蓄率持续高于投资率的状态。与世界平均水平相比，中国的投资率已经处于较高的水平，然而储蓄率却更高。

对比前文图表，我们可以看出，中国的二元经济转型与储蓄率和投资率的变化存在一定的正相关性，而与经常项目的正相关性却不强。如果二元经济转型能够同时促进储蓄率和投资率的上升，那么其对经常项目的影响就是不确定的。如果二元经济转型对储蓄率的促进作用大于（小于）投资率，那么就会导致经常项目出现顺差（逆差）。不过，这种关系只是我们的猜测，还需要后文的理论和实证研究予以支持。

# 第三章

# 全要素生产率增长、二元经济结构与经常项目动态：代理人模型

在第二章中，我们简单分析了改革开放以来中国的二元经济结构和经常项目的历史变迁。在对中国的二元经济结构和经常项目的变动情况有了初步了解之后，我们要来建立一个具有二元经济结构的经常项目动态模型。在该模型中，二元经济结构和经常项目都是内生变量。在本章中，我们首先在第一节建立代理人框架下的基准模型，然后在第二节利用该基准模型分析工业部门全要素生产率的增长对二元经济结构、经常项目以及福利的动态影响。之所以要分析工业部门全要素生产率增长的影响，主要是因为二元经济结构在我们的模型中是内生变量。在初始稳态时，由于农业部门和工业部门的工资相等，因此农业部门的剩余劳动力没有动力向非农业部门转移。所以需要工业部门全要素生产率这样一个外生冲击。并且，这一外生冲击能够保证两个部门的工资同时上升，比较符合现实情况。

由于我们关注的是二元经济转型对经常项目产生的影响，而第二节中经常项目的变化同时包含了生产率的作用和二元经济转型的作用。所以我们要在第三节中将二元经济转型对经常项目的影响分离出来。第四节中，我们分析了经常项目动态的存在对于二元经济转型的意义。第五节是本章小结。

## 第一节 基准模型

假设本国是一个小国。经济中包含两个生产部门：农业部门和工业部门。农业部门的生产要素包括土地和劳动；工业部门的生产要素包括资本和劳动。本国的土地供给不变；总劳动力供给固定，劳动力可以在本国两部门间自由流动，但不能跨越国界流动；资本可以在国际间自由流动。本国生产的农产品和工业品均为可贸易品。

### 一、生产

下面，我们首先写出本国两部门的生产函数：

$$Y_{F,t} = A_{F,t}T^{\alpha}L_{F,t}^{1-\alpha} \tag{3-1}$$

$$Y_{M,t} = A_{M,t}K_t^{\alpha}L_{M,t}^{1-\alpha} \tag{3-2}$$

式（3－1）和式（3－2）分别表示农业和工业的生产函数。其中，$A_F$ 和 $A_M$ 分别表示农业和工业的全要素生产率；$T$ 和 $K$ 分别表示土地和资本；$L_F$ 和 $L_M$ 分别表示在农业和工业就业的劳动力；$\alpha$ 和 $1-\alpha$ 分别表示不同生产要素的产出弹性。出于简化的考虑，本章假设两个部门的要素产出弹性相同，且不考虑资本折旧。工业部门的资本积累方程如下：

$$K_{t+1} = K_t + I_t \tag{3-3}$$

工业部门的生产追求利润最大化，因此该部门的工资和资本回报率分别为：

$$w_{M,t} = (1-\alpha)A_{M,t}\left(\frac{K_t}{L_{M,t}}\right)^{\alpha} \tag{3-4}$$

$$r_{M,t} = \alpha A_{M,t}\left(\frac{K_t}{L_{M,t}}\right)^{\alpha-1} \tag{3-5}$$

农业部门与工业部门不同，该部门除了包括参加生产的劳动力之外，还包括一部分剩余劳动力 $L_V$ 。并且，我们假设土地归全体农业人口（包括剩余劳动力）所有。因此，农业部门的产出就归全体农业人口所有。这样，我们可以将农业部门的工资表示为：

$$w_{F,t} = \frac{pY_{F,t}}{L_{F,t} + L_{V,t}} = \frac{pA_{F,t}T^{\alpha}L_{F,t}^{1-\alpha}}{L_{F,t} + L_{V,t}} \tag{3-6}$$

式（3－6）中的 $p$ 表示农产品与工业品之间的相对价格，即一单位农产品所能够交换到的工业品数量。由于本国是小国，农产品和工业品又是可贸易品，所以 $p$ 是外生给定的。若无特殊说明，本章中均以工业品作为计价单位。式（3－6）意味着，虽然剩余劳动力不参与农业生产，但是却可以分配到农业产出。

## 二、消费

本国居民在预算约束下追求终生效用最大化。效用函数和预算约束如下：

$$\max \sum_{s=t}^{\infty} \beta^{s-t} U(C_s) \tag{3-7}$$

$$U(C_s) = \log C_s = \frac{1}{2}\log C_{F,s} + \frac{1}{2}\log C_{M,s} \tag{3-8}$$

$$\text{s. t. } B_{s+1} - B_s = rB_s + pY_{F,s} + Y_{M,s} - pC_{F,s} - C_{M,s} - I_{m,s} \tag{3-9}$$

$$\lim_{T\to\infty} \left(\frac{1}{1+r}\right)^T B_{t+T+1} = 0 \tag{3-10}$$

式（3－8）表示代理人的效用来源于对农产品和工业品的消费。与 Blanchard（2007）相似，本章也采用对数效用函数的形式。这种形式意味着消费的跨期替代弹性以及两种产品之间的期内替代弹性均为 1。这样的假设主要是出于简化模型的考虑，对于本章研究主题的结果没有实质影响。式（3－9）表示代理人每期需要面临的预算约束。其中，$B_s$ 表示 $s$ 期初的净国外资产。这一预算约束事实上隐含了经常项目不需要每期平衡的假设。式（3－10）为横截性条件。

根据式（3－7）、式（3－8）和式（3－9），消费者追求效用最大化可以得出如下一阶条件：

$$C_{M,t} = pC_{F,t} \tag{3-11}$$

$$C_{M,t+1} = \beta(1+r)C_{M,t} \tag{3-12}$$

$$C_{F,t+1} = \beta(1+r)C_{F,t} \tag{3-13}$$

以上三个一阶条件分别表示了消费者对两种产品的期内和跨期权衡取舍关系。式（3-12）和式（3-13）是我们熟悉的跨期欧拉方程。

## 三、市场均衡

$$L_{F,t} + L_{V,t} + L_{M,t} = L \tag{3-14}$$

式（3-14）表示劳动力市场均衡条件。由于是小国模型，农产品和工业品又都是贸易品，并且经常项目不要求每期平衡，因此不存在产品市场均衡条件。

## 四、初始稳态

由于本章的非线性模型无法得出解析解，所以我们准备借鉴 Obstfeld 和 Rogoff（1996）的做法，利用对数线性化的方法来分析全要素生产率增长的短期和长期影响。为了使系统线性化，我们首先需要确定初始稳态，然后在稳态附近进行线性化。初始稳态除了要遵循生产和消费的一阶条件和均衡条件，还要满足以下条件：

$$\bar{C}_{M,t} = \bar{C}_{M,t+1} \tag{3-15}$$

$$\bar{C}_{F,t} = \bar{C}_{F,t+1} \tag{3-16}$$

$$\bar{K}_{t} = \bar{K}_{t+1} \tag{3-17}$$

$$\bar{r}_{M,t} = r \tag{3-18}$$

$$\bar{w}_{M,t} = \bar{w}_{F,t} \tag{3-19}$$

式（3-15）和式（3-16）表示稳态时对于两种产品的消费不变；式（3-17）表示稳态时的资本存量不变；因为是小国模型，所以式（3-18）表示稳态时本国的资本回报率应等于世界的实际利率；因为劳动力可以在两部门之间自由流动，所以式（3-19）表示稳态时本国两部门工资应该相等。

求解初始稳态还需要用到消费者的终生预算约束条件。为了得到该条件，首先通过对式（3－8）向无穷期进行迭代。我们可以得出下式：

$$\sum_{s=t}^{\infty}\left(\frac{1}{1+r}\right)^{s-t}pC_{F,s}+\sum_{s=t}^{\infty}\left(\frac{1}{1+r}\right)^{s-t}C_{M,s}+\sum_{s=t}^{\infty}\left(\frac{1}{1+r}\right)^{s-t}I_s+\lim_{T\to\infty}\left(\frac{1}{1+r}\right)^{T}B_{t+T+1}$$
$$=(1+r)B_t+\sum_{s=t}^{\infty}\left(\frac{1}{1+r}\right)^{s-t}(pY_{F,s}+Y_{M,s}) \tag{3-20}$$

再将式（3－20）与横截性条件（3－10）相结合，我们可以得出终生预算约束条件：

$$\sum_{s=t}^{\infty}\left(\frac{1}{1+r}\right)^{s-t}pC_{F,s}+\sum_{s=t}^{\infty}\left(\frac{1}{1+r}\right)^{s-t}C_{M,s}+\sum_{s=t}^{\infty}\left(\frac{1}{1+r}\right)^{s-t}I_s$$
$$=(1+r)B_t+\sum_{s=t}^{\infty}\left(\frac{1}{1+r}\right)^{s-t}(pY_{F,s}+Y_{M,s}) \tag{3-21}$$

现假设初始稳态的资本存量为 $K_0$，两部门的全要素生产率分别为 $A_{F0}$ 和 $A_{M0}$，并且初始净国外资产 $B_t$ 为 0。另外，本国的土地量和总劳动力为外生给定，分别为 $T$ 和 $L$。根据以上各式，我们可以解出系统的初始稳态值。

$$\bar{L}_M=K_0\left(\frac{r}{\alpha A_{M0}}\right)^{\frac{1}{1-\alpha}} \tag{3-22}$$

$$\bar{L}_F=\left(\frac{1}{pA_{F0}T^{\alpha}}\right)^{\frac{1}{1-\alpha}}\left\{\left[L-K_0\left(\frac{r}{\alpha A_{M0}}\right)^{\frac{1}{1-\alpha}}\right](1-\alpha)A_{M0}\left(\frac{\alpha A_{M0}}{r}\right)^{\frac{\alpha}{1-\alpha}}\right\}^{\frac{1}{1-\alpha}} \tag{3-23}$$

$$\bar{L}_V=L-\bar{L}_M-\bar{L}_F \tag{3-24}$$

$$\bar{w}_M=(1-\alpha)A_{M0}\left(\frac{\alpha A_{M0}}{r}\right)^{\frac{\alpha}{1-\alpha}} \tag{3-25}$$

$$\bar{w}_F=(1-\alpha)A_{M0}\left(\frac{\alpha A_{M0}}{r}\right)^{\frac{\alpha}{1-\alpha}} \tag{3-26}$$

$$\bar{I}=0 \tag{3-27}$$

$$\bar{Y}_M=K_0\frac{r}{\alpha} \tag{3-28}$$

$$\bar{Y}_F = \frac{1}{p}\left[L - K_0\left(\frac{r}{\alpha A_{M0}}\right)^{\frac{1}{1-\alpha}}\right](1-\alpha)A_{M0}\left(\frac{\alpha A_{M0}}{r}\right)^{\frac{\alpha}{1-\alpha}} \tag{3-29}$$

$$\bar{C}_F = \frac{1}{2p}\left\{\left[L_0 - K_0\left(\frac{r}{\alpha A_{M0}}\right)^{\frac{1}{1-\alpha}}\right](1-\alpha)A_{M0}\left(\frac{\alpha A_{M0}}{r}\right)^{\frac{\alpha}{1-\alpha}} + K_0\frac{r}{\alpha}\right\} \tag{3-30}$$

$$\bar{C}_M = \frac{1}{2}\left\{\left[L_0 - K_0\left(\frac{r}{\alpha A_{M0}}\right)^{\frac{1}{1-\alpha}}\right](1-\alpha)A_{M0}\left(\frac{\alpha A_{M0}}{r}\right)^{\frac{\alpha}{1-\alpha}} + K_0\frac{r}{\alpha}\right\} \tag{3-31}$$

$$\bar{CA} = rB_t + p\bar{Y}_F + \bar{Y}_M - p\bar{C}_F - \bar{C}_M - \bar{I} = 0 \tag{3-32}$$

以上各式分别显示了稳态时劳动力在两部门的配置情况（包括剩余劳动力的情况）、两部门的工资、对工业品的投资需求量、两种产品的产出量、两种产品的消费需求量和经常项目余额。其中，式（3－32）显示，稳态时的经常项目余额为0①。

## 五、对数线性化

在确定了系统初始稳态的基础上，我们要对构成系统的主要方程进行对数线性化。具体步骤是先取对数再微分。与 Obstfeld 和 Rogoff（1996）相似，本章也假设经济在 t 期遇到外生冲击后，在 t＋1 期就可以进入新的稳态。下面，我们直接给出各方程的对数线性化结果（具体推导过程见附录）。

$$\hat{Y}_F = \hat{A}_F + (1-\alpha)\hat{L}_F \tag{3-33}$$

$$\hat{\bar{Y}}_F = \hat{\bar{A}}_F + (1-\alpha)\hat{\bar{L}}_F \tag{3-34}$$

$$\hat{Y}_M = \hat{A}_M + (1-\alpha)\hat{L}_M \tag{3-35}$$

$$\hat{\bar{Y}}_M = \hat{\bar{A}}_M + \alpha\hat{\bar{K}} + (1-\alpha)\hat{\bar{L}}_M \tag{3-36}$$

---

① 稳态时经常项目余额为0，是符合经济学直觉的。因为本章没有设定持续的人口增长和技术进步等条件，所以稳态时经常项目必须为0。如果不为0，则意味着本国可以持续地向他国借入资金（经常项目逆差时），或持续地向他国借出资金（经常项目顺差时），这与我们的横截性条件相冲突。

$$\frac{\alpha}{r}\bar{\eta}_{M0}\hat{\bar{K}} = \hat{I} \tag{3-37}$$

式（3-33）至式（3-36）分别为两部门生产函数的长短期线性化结果。其中，$\hat{Y}_F = \frac{dY_{F,t}}{\bar{Y}_F}$ 表示短期农业产出相对于初始稳态的变化率；$\hat{\bar{Y}}_F = \frac{dY_{F,t+1}}{\bar{Y}_F}$ 表示长期农业产出相对于初始稳态的变化率。本章中，所有带尖帽号的变量均表示其相对于初始稳态的变化率，没有上划线的表示短期变化率，有上划线的表示新稳态值相对于初始稳态值的变化率（即长期变化率）。式（3-37）为资本积累方程（3-3）的线性化结果。因为初始稳态的投资为 0，所以上式中的 $\hat{I}$ 不表示 $\frac{dI_t}{—}$，而表示 $\frac{dI_t}{p\bar{Y}_F + \bar{Y}_M}$，其中 $(p\bar{Y}_F + \bar{Y}_M)$ 表示初始稳态的总产出。式（3-37）中，$\bar{\eta}_{M0}$ 表示初始稳态时工业产出占总产出的比重 $\frac{\bar{Y}_M}{p\bar{Y}_F + \bar{Y}_M}$；$\hat{\bar{K}} = \frac{dK_{t+1}}{K_0}$ 表示长期资本相对于初始稳态的变化率。

$$\hat{w}_F = \hat{Y}_F - \frac{\bar{\varepsilon}_{F0}}{1-\bar{\varepsilon}_{M0}}\hat{L}_F - \frac{\bar{\varepsilon}_{V0}}{1-\bar{\varepsilon}_{M0}}\hat{L}_V \tag{3-38}$$

$$\hat{\bar{w}}_F = \hat{\bar{Y}}_F - \frac{\bar{\varepsilon}_{F0}}{1-\bar{\varepsilon}_{M0}}\hat{\bar{L}}_F - \frac{\bar{\varepsilon}_{V0}}{1-\bar{\varepsilon}_{M0}}\hat{\bar{L}}_V \tag{3-39}$$

$$\hat{w}_M = \hat{A}_M - \alpha\hat{L}_M \tag{3-40}$$

$$\hat{\bar{w}}_M = \hat{\bar{A}}_M + \alpha\hat{\bar{K}} - \alpha\hat{\bar{L}}_M \tag{3-41}$$

$$\hat{r}_M = \hat{A}_M + (1-\alpha)\hat{L}_M \tag{3-42}$$

$$\hat{\bar{r}}_M = \hat{\bar{A}}_M - (1-\alpha)\hat{\bar{K}} + (1-\alpha)\hat{\bar{L}}_M \tag{3-43}$$

式（3-38）至式（3-41）分别为两部门工资方程的长短期线性化结果。其中，$\bar{\varepsilon}_{F0}$、$\bar{\varepsilon}_{M0}$ 和 $\bar{\varepsilon}_{V0}$ 分别表示初始稳态时农业劳动力占总劳动力的比重、工业劳动力占总劳动力的比重以及剩余劳动力占总劳动力的比重。式

(3－42) 和式 (3－43) 为工业部门资本回报率的长短期线性化结果。

$$\hat{C}_M = \hat{C}_F \tag{3-44}$$

$$\hat{\bar{C}}_M = \hat{C}_M \tag{3-45}$$

$$\hat{\bar{C}}_F = \hat{C}_F \tag{3-46}$$

式 (3－44) 至式 (3－46) 分别为效用最大化的一阶条件的线性化结果。

$$\bar{\varepsilon}_{F0}\hat{L}_F + \bar{\varepsilon}_{V0}\hat{L}_V + \bar{\varepsilon}_{M0}\hat{L}_M = 0 \tag{3-47}$$

$$\hat{w}_M = \hat{w}_F \tag{3-48}$$

$$\hat{\bar{r}}_M = \hat{r} = 0 \tag{3-49}$$

式 (3－47) 为劳动力市场均衡条件的线性化结果。式 (3－48) 为两部门工资均等条件的线性化结果。式 (3－49) 为长期稳态时的资本回报率等于世界利率条件的线性化结果。因为世界利率外生给定，所以其变化率为0。需要说明的是，式 (3－47) 和式 (3－48) 无论在短期还是在长期均成立。而式 (3－49) 只有在长期稳态时才成立。因为，当期的资本存量是由上一期的投资决定的，所以，当经济受到外生冲击时，资本存量在短期无法调整。因此，也就无法保证冲击后的资本回报率在短期与世界利率相等。

$$\frac{1}{2}\hat{C}_F + \frac{1}{2r}\hat{\bar{C}}_F + \frac{1}{2}\hat{C}_M + \frac{1}{2r}\hat{\bar{C}}_M = \bar{\eta}_{F0}\hat{Y}_F + \frac{1}{r}\bar{\eta}_{F0}\hat{\bar{Y}}_F + \bar{\eta}_{M0}\hat{Y}_M + \frac{1}{r}\bar{\eta}_{M0}\hat{\bar{Y}}_M - \hat{I} \tag{3-50}$$

式 (3－50) 为居民终生预算约束条件的线性化结果。其中，$\bar{\eta}_{F0}$ 表示初始稳态时农业产出占总产出的比重 $\frac{p\bar{Y}_F}{p\bar{Y}_F + \bar{Y}_M}$；$\bar{\eta}_{M0}$ 表示初始稳态时工业产出占总产出的比重 $\frac{\bar{Y}_M}{p\bar{Y}_F + \bar{Y}_M}$。

本章定义的衡量二元经济结构的变量为非农部门就业的劳动力 (即工业劳动力) 占总劳动力的比重，用 $\varphi_t$ 表示。其表达式为 $\varphi_t = \frac{L_{M,t}}{L}$。对该式进行对数线性化可得：

$$\hat{\varphi} = \hat{L}_M \tag{3-51}$$

$$\hat{\bar{\varphi}} = \hat{\bar{L}}_M \tag{3-52}$$

下面，我们要对经常项目的表达式进行对数线性化。因为初始稳态时的经常项目余额为0，所以我们定义 $C\hat{A} = \dfrac{dCA_t}{p\bar{Y}_F + \bar{Y}_M}$。由此，我们可以得到经常项目表达式的长短期线性化结果：

$$C\hat{A} = \bar{\eta}_{F0}\hat{Y}_F + \bar{\eta}_{M0}\hat{Y}_M - \frac{1}{2}\hat{C}_F - \frac{1}{2}\hat{C}_M - \hat{I} \tag{3-53}$$

$$C\hat{\bar{A}} = rC\hat{A} + \bar{\eta}_{F0}\hat{\bar{Y}}_F + \bar{\eta}_{M0}\hat{\bar{Y}}_M - \frac{1}{2}\hat{\bar{C}}_F - \frac{1}{2}\hat{\bar{C}}_M - \hat{\bar{I}} \tag{3-54}$$

至此，本章已经将构成经济系统的所有方程对数线性化。下面可以通过求解以上线性化方程组来分析我们所关心的问题。

## 第二节　工业部门全要素生产率增长的影响

利用线性化之后的各个方程，我们要来分析工业部门全要素生产率在t期的一个永久性增长对于二元经济结构、经常项目余额和福利的动态影响。之所以要分析工业部门全要素生产率增长的影响，主要是因为二元经济结构在我们的模型中是内生变量。在初始稳态时，由于农业部门和工业部门的工资相等，因此农业部门的剩余劳动力没有动力向非农业部门转移。所以需要工业部门全要素生产率这样一个外生冲击。并且，这一外生冲击能够保证两个部门的工资同时上升，比较符合现实情况。

在分析这一问题时，本章不考虑剩余劳动力完全被吸收的情况。这样做主要基于以下两点考虑：①一些相关研究认为，目前中国农业部门仍然存在较多剩余劳动力，并且这些剩余劳动力在未来的一定时期还不会完全消失（Mai 和 Peng，2009；佟家栋和周燕，2011；杨继军和范从来，2012）①。②采用在稳态附近线性近似的方法适用于分析较小的外生冲击对各内生变量的影响，因此本章认为全要素生产率的一个较小幅度的增长不会导致剩余劳动力完全消失。

工业部门全要素生产率的永久性增长意味着 $\hat{A}_M = \hat{\bar{A}}_M > 0$。由于本章重点分析的是工业部门全要素生产率增长的影响，所以农业部门全要素生产率的变化为0，即 $\hat{A}_F = \hat{\bar{A}}_F = 0$。

## 一、对二元经济结构的短期和长期影响

通过求解前文的线性方程组，我们可以得出以下结论（具体求解过程见附录）：

$$\hat{w}_F = \hat{w}_M = \left[1 - \frac{\alpha(1-\bar{\varepsilon}_{M0})}{\alpha(1-\bar{\varepsilon}_{M0})+\bar{\varepsilon}_{M0}}\right]\hat{A}_M \tag{3-55}$$

$$\hat{L}_V = -\frac{\bar{\varepsilon}_{M0}}{\bar{\varepsilon}_{V0}}\frac{1-\bar{\varepsilon}_{M0}}{\alpha(1-\bar{\varepsilon}_{M0})+\bar{\varepsilon}_{M0}}\hat{A}_M \tag{3-56}$$

$$\hat{L}_F = 0 \tag{3-57}$$

$$\hat{L}_M = \frac{1-\bar{\varepsilon}_{M0}}{\alpha(1-\bar{\varepsilon}_{M0})+\bar{\varepsilon}_{M0}}\hat{A}_M \tag{3-58}$$

式（3-55）至式（3-58）显示，工业部门的全要素生产率增长会导致两个部门的工资在短期出现增长，且增长率相同；农业的剩余劳动力在短期会减少；农业的就业劳动力数量短期不变；而工业的劳动力在短期会增加。其内在机制为，当工业部门的生产率提高导致工业工资上升时，就会吸引农业的剩余劳动力向工业转移，工业劳动力会增加。由于本章不考虑剩余劳动力完全消失的情况，所以在土地和农业生产率不变的前提下，

① 佟家栋和周燕（2011）的测算表明中国仍存在近1亿剩余劳动力需要转移。杨继军和范从来（2012）采用“标准结构法”测算得出，2010年中国仍存在15%的剩余劳动力，其数量也在1亿以上。Mai 和 Peng（2009）利用动态一般均衡模型预测2015年中国农村仍存在2560万剩余劳动力。

农业的就业人数将不会发生变化。农业剩余劳动力的减少会导致农业工资上升，直至与工业工资相等。

$$\hat{r}_M = \frac{1}{\alpha(1-\bar{\varepsilon}_{M0})+\bar{\varepsilon}_{M0}}\hat{A}_M \qquad (3-59)$$

$$\hat{I} = \frac{\alpha}{r}\bar{\eta}_{M0}\frac{1}{(1-\alpha)\bar{\varepsilon}_{M0}}\hat{A}_M \qquad (3-60)$$

式（3-59）和式（3-60）分别显示，工业部门的资本回报率在短期会增加；工业部门在短期会出现正投资。因为工业部门的资本在短期无法调整（即 $\hat{K}=0$），所以剩余劳动力的流入会导致工业部门的短期人均资本存量出现下降。短期人均资本存量下降和生产率增长都会导致短期资本回报率上升并超过世界利率，这将进一步导致工业部门的短期投资出现。

$$\hat{\bar{K}} = \frac{1}{(1-\alpha)\bar{\varepsilon}_{M0}}\hat{A}_M \qquad (3-61)$$

$$\hat{\bar{w}}_F = \hat{\bar{w}}_M = \frac{1}{1-\alpha}\hat{A}_M \qquad (3-62)$$

$$\hat{\bar{L}}_V = -\frac{1-\bar{\varepsilon}_{M0}}{(1-\alpha)\bar{\varepsilon}_{V0}}\hat{A}_M \qquad (3-63)$$

$$\hat{\bar{L}}_F = 0 \qquad (3-64)$$

$$\hat{\bar{L}}_M = \frac{1-\bar{\varepsilon}_{M0}}{(1-\alpha)\bar{\varepsilon}_{M0}}\hat{A}_M \qquad (3-65)$$

式（3-61）至式（3-65）显示，工业部门的长期资本存量会增加；两部门的工资在长期同比利增长；农业剩余劳动力在长期会减少；农业就业劳动力在长期保持不变；工业劳动力在长期有所增加。因为工业部门短期出现正投资，所以其长期资本存量会增加。长期资本存量增加使得工业部门的长期人均资本存量高于短期，导致工业工资在长期继续上升，这进一步导致农业剩余劳动力在长期继续向工业转移。由于本章不考虑剩余劳动力完全消失的情况，所以农业的就业人数在长期仍然不会发生变化。农业剩余劳动力在长期的减少会导致农业工资在长期上升，直至与工业工资在长期相等。

$$\hat{\bar{r}}_M = 0 \tag{3-66}$$

$$\hat{\bar{I}} = 0 \tag{3-67}$$

式（3-66）和式（3-67）显示，工业资本回报率的长期变化率为0；工业部门的长期投资变化率也为0。因为经济只需要一期（即在t+1期）即进入新的稳态，所以长期资本回报率与初始资本回报率相同，皆为世界实际利率；长期投资与初始投资相同，皆为0。

$$\hat{\varphi} = \frac{1-\bar{\varepsilon}_{M0}}{\alpha(1-\bar{\varepsilon}_{M0})+\bar{\varepsilon}_{M0}}\hat{A}_M \tag{3-68}$$

$$\hat{\bar{\varphi}} = \frac{1-\bar{\varepsilon}_{M0}}{(1-\alpha)\bar{\varepsilon}_{M0}}\hat{A}_M \tag{3-69}$$

式（3-68）和式（3-69）显示，工业部门全要素生产率的永久性增长会促进二元经济转型（即导致剩余劳动力由农业部门向工业部门转移）。并且，长期的二元经济转型程度高于短期。因为工业部门的长期资本存量高于短期，所以可以吸纳更多的农业剩余劳动力。图3-1显示了短期和长期的二元经济转型动态路径。

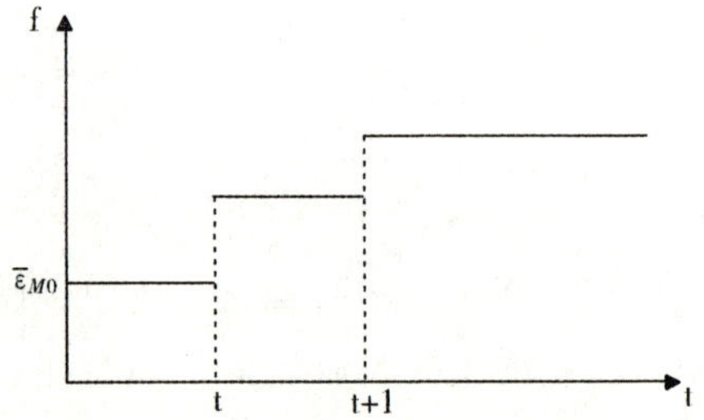


**图3-1　二元经济转型动态路径**

## 二、对经常项目的短期和长期影响

我们已经在前文给出了工业部门的生产率增长对二元经济转型和其他经济变量的影响，下面我们要来求解经常项目的动态反应。根据式（3－53）和式（3－54），我们还需要解出两部门产出和消费的长短期变化，才能解出经常项目的动态变化。

$$\hat{Y}_F = 0 \tag{3-70}$$

$$\hat{Y}_M = \left[1 + \frac{(1-\alpha)(1-\bar{\varepsilon}_{M0})}{\alpha(1-\bar{\varepsilon}_{M0})+\bar{\varepsilon}_{M0}}\right]\hat{A}_M \tag{3-71}$$

$$\hat{\bar{Y}}_F = 0 \tag{3-72}$$

$$\hat{\bar{Y}}_M = \left[1 + \frac{\alpha}{(1-\alpha)\bar{\varepsilon}_{M0}} + \frac{1-\bar{\varepsilon}_{M0}}{\bar{\varepsilon}_{M0}}\right]\hat{A}_M \tag{3-73}$$

$$\hat{C}_F = \hat{\bar{C}}_F = \hat{C}_M = \hat{\bar{C}}_M = \frac{r}{1+r}\left[1 + \frac{(1-\alpha)(1-\bar{\varepsilon}_{M0})}{\alpha(1-\bar{\varepsilon}_{M0})+\bar{\varepsilon}_{M0}} + \frac{1}{r\bar{\varepsilon}_{M0}}\right]\bar{\eta}_{M0}\hat{A}_M \tag{3-74}$$

式（3－70）至式（3－74）显示，农业产出在短期和长期均不变；工业产出在短期和长期均增长，且长期产出增长超过短期；对两种产品的消费在短期和长期均同比例增长，且短期增长与长期相同。因为农业部门的生产率和生产要素在短期和长期均未发生变化，所以农业产出在短期和长期均不变。在工业部门，生产率的增长和剩余劳动力的短期流入共同导致工业产出的短期上升，而长期资本存量的上升和剩余劳动力在长期的继续转移共同导致工业产出在长期进一步增加。由于短期和长期的农业产出不变，所以整个经济的总产出在短期和长期均上升，只不过长期总产出增加得比短期总产出多。总产出（或收入）的增加进而导致对两种产品消费需求的增加，由于消费者要平滑消费，所以短期和长期消费同比例增加。

现在，我们可以解出经常项目的短期和长期变化率：

$$C\hat{A} = -\frac{\alpha\bar{\eta}_{M0}}{(1+r)(1-\alpha)\bar{\varepsilon}_{M0}}\left[\frac{1}{\alpha(1-\bar{\varepsilon}_{M0})+\bar{\varepsilon}_{M0}} + \frac{1}{r}\right]\hat{A}_M \tag{3-75}$$

$$C\hat{\hat{A}} = 0 \qquad (3-76)$$

式（3－75）和式（3－76）分别显示，工业部门的生产率增长会导致短期经常项目逆差；但是对长期经常项目没有影响。根据经常项目的定义，我们还可以将经常项目的长期变化写成如下形式：

$$C\hat{\hat{A}} = r\hat{\hat{B}} + T\hat{\hat{B}} \qquad (3-77)$$

式（3－77）中，$\hat{\hat{B}} = \dfrac{dB_{t+1}}{p\bar{Y}_F + \bar{Y}_M}$ 表示本国净国外财富的长期变化；$T\hat{\hat{B}} = \dfrac{dTB_{t+1}}{p\bar{Y}_F + \bar{Y}_M}$ 表示本国贸易收支的长期变化。这两个变量的分母之所以设定为初始稳态的总产出，是因为本国净国外资产和贸易收支的初始稳态值均为0。由于经常项目度量了一国净国外资产的变化，所以有 $\hat{\hat{B}} = C\hat{A}$ 。再结合式（3－76）和式（3－77），我们可以得到如下关系：

$$T\hat{\hat{B}} = -rC\hat{A} \qquad (3-78)$$

式（3－78）表示，工业部门的生产率增长会导致本国的贸易收支在长期出现顺差，并一直持续下去。下面，我们画图来描述经常项目和贸易收支的动态路径。

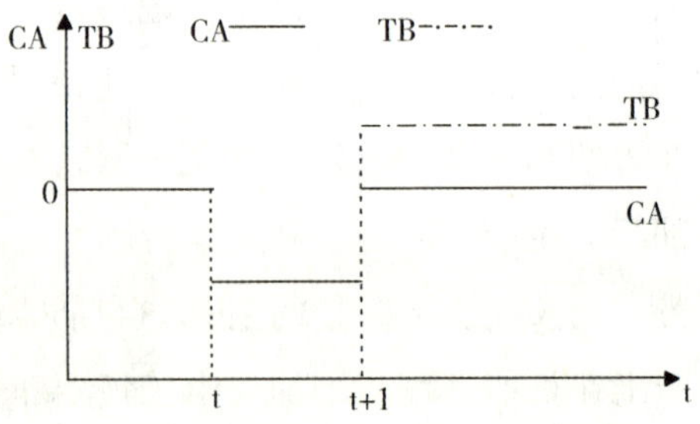


**图3－2　经常项目与贸易收支动态路径**

图3－2显示，在第t期之前，经常项目与贸易收支相等，均处于平衡状态。随后，经常项目和贸易收支在第t期均出现逆差，且逆差幅度相同。当经济进入第t＋1期时，经常项目恢复到平衡状态，并维持不变；而贸易收支则开始处于顺差状态，也保持不变。下面，我们来分析经常项目和贸

易收支动态路径产生的原因。当工业部门的全要素生产率在第 t 期出现永久性增长时，首先会导致本国的总收入（产出）在第 t 期出现上升；然后，剩余劳动力的持续转移和短期投资的出现都使得本国总收入在第 t+1 期进一步上升，并进入新的稳态水平。短期收入和长期收入的上升都会导致消费者终生消费路径的提高。但是由于长期收入增加得比短期收入多，所以消费者平滑消费的动机会导致第 t 期消费的增加幅度超过同期收入的增加幅度，这意味着国民储蓄下降。另外，经济在第 t 期会出现一个正的投资。这两个因素共同导致了经常项目在第 t 期出现逆差。因为第 t 期的总支出（消费与投资之和）超过了总收入，所以需要向国外负债。由于经济在初始稳态时不存在净国外资产，所以贸易收支在第 t 期的变化与经常项目相同。当经济进入第 t+1 期时，所有的经济变量都达到新的稳态水平，所以经常项目又重新恢复到平衡状态①。由于第 t 期的经常项目逆差为本国带来了负债，所以本国从第 t+1 期开始要对债务进行偿还。在两期经常项目动态模型中，本国第 1 期的债务总额需要在第 2 期全额偿还，然而在无穷期动态模型中，本国只需要从第 t+1 期开始，每期偿还第 t 期负债的利息即可。由于经常项目从第 t+1 期开始恢复到平衡状态，所以为了偿还债务，本国的贸易收支需要从第 t+1 期开始保持顺差。贸易收支的顺差额恰好抵消掉债务利息。所以，图 3-2 显示，第 t+1 期开始的贸易顺差额小于第 t 期的经常项目和贸易逆差额。

### 三、对福利的影响

参照 Obstfeld 和 Rogoff（1996）的做法，本章也通过对终生效用函数求全微分来分析工业部门全要素生产率的永久性增长对本国福利的影响。首先，对式（3-7）进行全微分。因为经济在第 t+1 期就进入新稳态，所以可得：

---

① 如果经常项目余额在稳态时不为 0，则意味着该国可以永久性地对外负债或借钱给他国，这与现实和预算约束条件是相矛盾的。

$$dU = \frac{1}{2}\hat{C}_F + \frac{1}{2}\hat{C}_M + \beta\left(\frac{1}{2}\hat{\bar{C}}_F + \frac{1}{2}\hat{\bar{C}}_M\right) + \beta^2\left(\frac{1}{2}\hat{\bar{C}}_F + \frac{1}{2}\hat{\bar{C}}_M\right) + \cdots \tag{3-79}$$

将式（3－74）代入式（3－79），可得：

$$dU = \frac{1+r}{r}\hat{\bar{C}}_F = \left[1 + \frac{(1-\alpha)(1-\bar{\varepsilon}_{M0})}{\alpha(1-\bar{\varepsilon}_{M0}) + \bar{\varepsilon}_{M0}} + \frac{1}{r\bar{\varepsilon}_{M0}}\right]\bar{\eta}_{M0}\hat{A}_M \tag{3-80}$$

式（3－80）表明，工业部门全要素生产率的永久性增长会导致本国福利增加。

## 第三节　二元经济转型对经常项目和福利的动态影响

与以往的经常项目跨期模型相比，本章的理论模型引入了二元经济结构。这使得本章的模型更加贴近发展中国家的现实。在前文中，我们分析了工业部门全要素生产率的增长对一国的二元经济转型、经常项目和福利的动态影响。下面，我们要来分析二元经济转型因素的存在对经常项目和福利的动态反应有怎样的影响？

我们仍然考虑工业部门全要素生产率在第 t 期出现永久性增长的情况。只不过，现在我们要假设农业剩余劳动力在受到冲击后不能够向工业转移。在该假设前提下，我们可以求解出经常项目和福利的动态反应。然后再与农业剩余劳动力可以向工业转移时的经常项目和福利的动态反应进行对比。这样，我们就可以确定出二元经济转型因素的存在对经常项目和福利的动态反应的影响。

为了与前文中的经济变量相区别，我们在相应变量右上方加“撇”来表示不考虑二元经济转型假设下的变量。在经济受到生产率冲击后，如果剩余劳动力不能转移，则两部门工资均等条件将不再成立，此时 $\hat{L}'_V$、$\hat{L}'_M$、$\hat{\bar{L}}'_V$ 和 $\hat{\bar{L}}'_M$ 均为 0。除此之外，前文中的对数线性化方程对于剩余劳动力不能转移情况下的分析仍然适用。

## 一、二元经济转型与经常项目

根据式（3-44）、式（3-45）、式（3-46）、式（3-50）和式（3-53），我们可以得出经常项目在有无二元经济转型假设下的表达式：

$$\hat{CA} = \frac{1}{1+r}[(\bar{\eta}_{F0}\hat{Y}_F + \bar{\eta}_{M0}\hat{Y}_M) - (\bar{\eta}_{F0}\hat{\bar{Y}}_F + \bar{\eta}_{M0}\hat{\bar{Y}}_M)] - \frac{1}{1+r}\hat{I} \tag{3-81}$$

$$\hat{CA}' = \frac{1}{1+r}[(\bar{\eta}_{F0}\hat{Y}'_F + \bar{\eta}_{M0}\hat{Y}'_M) - (\bar{\eta}_{F0}\hat{\bar{Y}}'_F + \bar{\eta}_{M0}\hat{\bar{Y}}'_M)] - \frac{1}{1+r}\hat{I}' \tag{3-82}$$

通过前文的分析我们知道，在农业剩余劳动力可以转移时，只要剩余劳动力不消失，那么农业部门的产出在短期和长期均不出现变化。如果农业剩余劳动力不能够转移，那么农业产出在短期和长期也不会出现变化。鉴于此，式（3-81）和式（3-82）可以简化为：

$$\hat{CA} = \frac{\bar{\eta}_{M0}}{1+r}(\hat{Y}_M - \hat{\bar{Y}}_M) - \frac{1}{1+r}\hat{I} \tag{3-83}$$

$$\hat{CA}' = \frac{\bar{\eta}_{M0}}{1+r}(\hat{Y}'_M - \hat{\bar{Y}}'_M) - \frac{1}{1+r}\hat{I}' \tag{3-84}$$

前文的分析告诉我们，在二元经济可以转型时，工业全要素生产率的增长会导致经常项目在短期出现逆差。下面，我们要分析二元经济不能转型时经常项目的动态反应。结合式（3-35）、式（3-36）和式（3-37），我们可以将式（3-84）变形为：

$$\hat{CA}' = -\frac{\alpha\bar{\eta}_{M0}}{(1-\alpha)r}\hat{A}_M \tag{3-85}$$

式（3-85）显示，在二元经济不能转型时，工业全要素生产率的永久性增长同样会导致经常项目在短期出现逆差。可见，二元经济是否可以转型并不会改变经常项目的短期变化方向。下面，我们来比较两种情况下，经常项目的短期逆差幅度。结合式（3-35）、式（3-36）和式（3-37），我们可以将式（3-83）变形为：

$$\hat{CA} = -\frac{\alpha\bar{\eta}_{M0}}{(1-\alpha)r}\hat{A}_M - \frac{\alpha\bar{\eta}_{M0}}{r}\hat{L}_M - \frac{(\alpha+r)\bar{\eta}_{M0}}{(1+r)r}(\bar{\hat{L}}_M - \hat{L}_M) \quad (3-86)$$

式（3-86）显示，在剩余劳动力可以转移时，经常项目的短期变化率由工业生产率增长率 $\hat{A}_M$ 、剩余劳动力短期转移率 $\hat{L}_M$ 和长期转移率 $(\bar{\hat{L}}_M - \hat{L}_M)$ 共同决定。剩余劳动力的总转移率 $\bar{\hat{L}}_M$ 由短期转移率和长期转移率之和构成。之所以要将 $\hat{CA}$ 表示成式（3-86）的形式，是为了方便与 $\hat{CA}'$ 进行比较。并且式（3-86）能更清晰地反映出剩余劳动力转移的作用。比较式（3-85）和式（3-86），我们发现 $\hat{CA}'$ 与 $\hat{CA}$ 的第一项相等，二者的差异取决于式（3-86）的第二项和第三项。前文的分析表明，在剩余劳动力可以转移时，工业生产率的增长会导致工业劳动力在短期和长期均增加，且长期增加幅度超过短期，所以 $\hat{L}_M$ 和 $(\bar{\hat{L}}_M - \hat{L}_M)$ 均大于0。因此，我们可以证明 $|\hat{CA}| > |\hat{CA}'|$ ，即剩余劳动力能够转移时的经常项目逆差额大于剩余劳动力不能转移时的经常项目逆差额。因为，在剩余劳动力可以转移时，工业部门需要更多的资本存量来吸收劳动力，所以本国需要更多的短期投资。另外，工业部门的长期就业劳动力多于短期，导致本国长期收入（产出）超过短期的幅度更多，消费者平滑消费的动机使得本国短期储蓄下降得更多。这两方面机制共同导致了 $|\hat{CA}| > |\hat{CA}'|$ 。

在剩余劳动力不能转移时，经常项目在长期仍然会恢复到平衡状态，贸易收支在长期也仍然会保持顺差。不过，此时的贸易收支顺差额要小一些，这是因为此时的短期负债比较小。

通过以上分析发现，二元经济转型的存在不会改变工业生产率增长对经常项目的动态影响方向，但是却会加强经常项目的动态反应幅度。具体来说，二元经济转型的存在会增大经常项目的短期逆差幅度。

## 二、二元经济转型与福利

下面，我们要来分析二元经济转型因素的存在是否会改变工业生产率增长对福利的影响。前文的分析已经表明，在剩余劳动力可以转移时，工业部门全要素生产率的永久性增长会导致本国福利增加。下面分析剩余劳动力不能转移时，本国福利对工业生产率增长的反应。首先，对式（3－7）进行全微分，再结合式（3－35）、式（3－36）、式（3－37）和式（3－50），可以得出：

$$dU' = \frac{(1+r)\bar{\eta}_{M0}}{r}\hat{A}_M \tag{3-87}$$

式（3－87）表明，在剩余劳动力不能转移时，工业部门全要素生产率的永久性增长也会导致本国福利增加。我们可以通过将式（3－79）变形来比较两种情况下的福利变化幅度。

$$dU = \frac{(1+r)\bar{\eta}_{M0}}{r}\hat{A}_M + \frac{(1+r)(1-\alpha)\bar{\eta}_{M0}}{r}\hat{L}_M + \frac{(1-\alpha)\bar{\eta}_{M0}}{r}(\hat{\bar{L}}_M - \hat{L}_M) \tag{3-88}$$

比较式（3－87）和式（3－88），很容易证明 $dU > dU'$，即工业部门全要素生产率的永久性增长，在剩余劳动力可以转移时，导致本国福利增加得更多。可见，二元经济转型因素的存在加强了工业生产率增长的福利效应。

## 三、数值模拟

在前文中，我们对比分析了两种极端情况下（剩余劳动力不能转移和完全自由转移）工业生产率增长对经常项目和福利的动态影响。下面，我们通过一个简单的数值模拟来分析劳动力流动壁垒程度的变化如何影响工业部门生产率增长所导致的经常项目和福利的动态效应。首先，我们要在式（3－86）和式（3－88）中引入衡量劳动力流动壁垒程度的参数 $\theta$。

$$C\hat{A} = -\frac{\alpha\bar{\eta}_{M0}}{(1-\alpha)r}\hat{A}_M - \frac{\alpha\bar{\eta}_{M0}}{r}\theta\hat{L}_M - \frac{(\alpha+r)\bar{\eta}_{M0}}{(1+r)r}\theta(\hat{\bar{L}}_M - \hat{L}_M) \tag{3-89}$$

$$dU = \frac{(1+r)\bar{\eta}_{M0}}{r}\hat{A}_M + \frac{(1+r)(1-\alpha)\bar{\eta}_{M0}}{r}\theta\hat{L}_M + \frac{(1-\alpha)\bar{\eta}_{M0}}{r}\theta(\hat{\bar{L}}_M - \hat{L}_M) \tag{3-90}$$

式（3－89）和式（3－90）是引入劳动力流动壁垒后的表达式。式中，$\theta$ 介于 0～1，$\theta$ 越大表示劳动力流动壁垒越小。$\theta=0$ 意味着劳动力完全不能流动，此时两个表达式退化成式（3－85）和式（3－87）的形式；$\theta=1$ 意味着劳动力完全自由流动，此时两个表达式变成式（3－86）和式（3－88）的形式。

将式（3－58）和式（3－65）代入式（3－89）和式（3－90），可得：

$$\begin{aligned}\hat{CA} = & -\frac{\alpha\bar{\eta}_{M0}}{(1-\alpha)r}\hat{A}_M-\theta\frac{\alpha\bar{\eta}_{M0}}{r}\frac{1-\bar{\varepsilon}_{M0}}{\alpha(1-\bar{\varepsilon}_{M0})+\bar{\varepsilon}_{M0}}\hat{A}_M \\ & -\theta\frac{(\alpha+r)\bar{\eta}_{M0}}{(1+r)r}\frac{1-\bar{\varepsilon}_{M0}}{(1-\alpha)\bar{\varepsilon}_{M0}}\hat{A}_M+\theta\frac{(\alpha+r)\bar{\eta}_{M0}}{(1+r)r}\frac{1-\bar{\varepsilon}_{M0}}{\alpha(1-\bar{\varepsilon}_{M0})+\bar{\varepsilon}_{M0}}\hat{A}_M\end{aligned} \tag{3-91}$$

$$\begin{aligned}dU = & \frac{(1+r)\bar{\eta}_{M0}}{r}\hat{A}_M+\theta\frac{(1+r)(1-\alpha)\bar{\eta}_{M0}}{r}\frac{1-\bar{\varepsilon}_{M0}}{\alpha(1-\bar{\varepsilon}_{M0})+\bar{\varepsilon}_{M0}}\hat{A}_M \\ & +\theta\frac{(1-\alpha)\bar{\eta}_{M0}}{r}\frac{1-\bar{\varepsilon}_{M0}}{(1-\alpha)\bar{\varepsilon}_{M0}}\hat{A}_M-\theta\frac{(1-\alpha)\bar{\eta}_{M0}}{r}\frac{1-\bar{\varepsilon}_{M0}}{\alpha(1-\bar{\varepsilon}_{M0})+\bar{\varepsilon}_{M0}}\hat{A}_M\end{aligned} \tag{3-92}$$

式（3－91）和式（3－92）是我们进行数值模拟的表达式。式中，$\alpha$ 表示资本的产出份额，我们设定其为 1/3。$\bar{\varepsilon}_{M0}$ 为初始稳态时工业劳动力占总劳动力的比重，根据中国 2010 年的劳动力数据，我们设定其为 0.44①。$\bar{\eta}_{M0}$ 为初始稳态时工业产出占总产出的比重，根据中国 2010 年的产出数据，我们设定其为 0.82②。$r$ 为世界实际利率，我们分别考虑 $r=0.01$、$r=0.02$ 和 $r=0.05$ 三种情况。$\hat{A}_M$ 为工业部门全要素生产率的增长率，我们设定其为 1%。$\theta$ 表示劳动力流动壁垒，取值区间为［0，1］。

① 由于本章的理论模型没有考虑第三产业（服务业）部门，因此在设定劳动力占比时不考虑服务业的劳动力数量。2010 年中国的工业劳动力为 2.18 亿，农业劳动力为 2.79 亿［《中国统计年鉴》（2011）］。因为不考虑服务业劳动力数量，所以总劳动力数量为工业和农业之和。最终我们可以算出工业劳动力占比为 2.18/（2.18＋2.79）＝0.44。

② 由于本章的理论模型没有考虑第三产业（服务业）部门，因此在设定产出占比时不考虑服务业产出。2010 年中国的工业产出为 187581.4 亿元，农业产出为 40533.6 亿元［《中国统计年鉴》（2011）］。因为不考虑服务业产出，所以总产出为工业和农业之和。最终我们可以算出工业产出占比为 0.82。

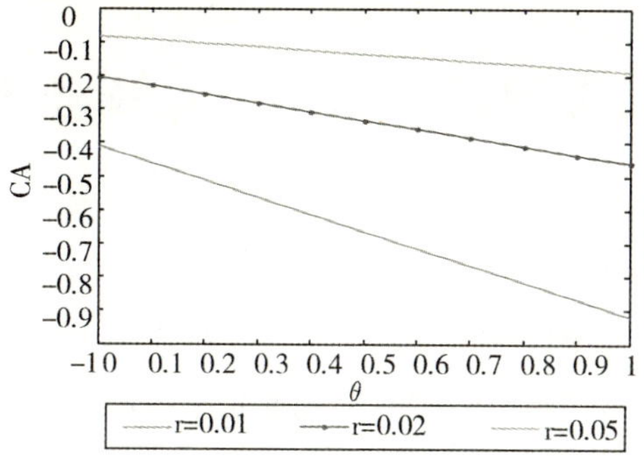


**图 3-3 劳动力流动壁垒与经常项目动态反应程度**

图 3-3 显示了不同的劳动力流动壁垒情况下，工业部门生产率增长对经常项目的动态影响。可以看出，劳动力流动壁垒越低，工业部门生产率增长所导致的经常项目逆差越大。另外，世界实际利率越低，经常项目逆差越大。

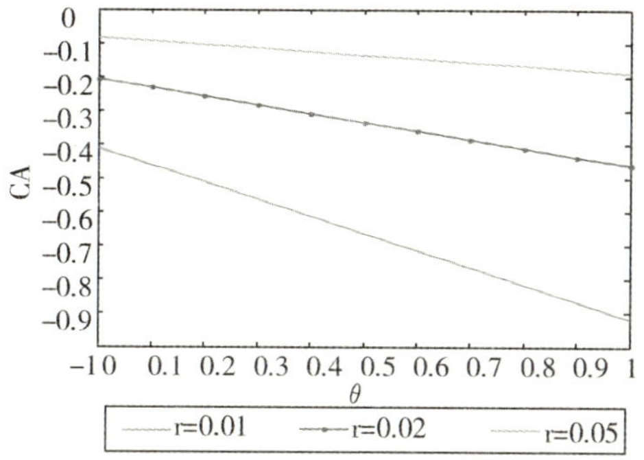


**图 3-4 劳动力流动壁垒与福利动态反应程度**

图 3-4 显示了不同的劳动力流动壁垒情况下，工业部门生产率增长对福利的动态影响。可以看出，劳动力流动壁垒越低，工业部门生产率增长所导致的福利增加幅度越大。另外，世界实际利率越低，福利增加幅度越大。

## 第四节　经常项目动态对二元经济转型的作用

这一部分，本章要来分析经常项目的动态调整对二元经济转型有何意义。我们已经在前文中分析了考虑经常项目动态的情况下，工业部门全要素生产率的永久性增长对于经济的短期和长期影响。下面，我们先来分析不考虑经常项目动态情况下的可能结果，然后将两种结果进行对比，可以发现引入经常项目动态的作用。

在经常项目每期平衡的情况下（即不考虑经常项目动态时），工业部门的全要素生产率增长对工业的短期产出、劳动力的短期转移、两部门的短期工资和短期资本回报率的影响不会发生变化。因为工业产出的短期变化量取决于该部门生产率的增长幅度和劳动力的转移量。而劳动力的转移量又取决于工业的资本存量。由于资本存量在短期无法调整，所以两种情况下的劳动力短期转移量是相同的。相同的生产率变化和劳动力转移量最终导致了相同的工业产出的短期变化、两部门工资的短期变化和资本回报率的短期变化。

但是，在经常项目每期平衡的情况下，消费和投资的短期变化以及各经济变量的长期变化可能会出现不同。我们知道，由于本国的短期资本回报率上升并超过世界利率，因此会导致本国短期正投资的出现。根据前文的模型，经济如果要在第 t+1 期进入新的稳态，则短期投资增长率应该达到式（3-60）所要求的水平 $\hat{I} = \frac{\alpha}{r}\bar{\eta}_{M0}\frac{1}{(1-\alpha)\bar{\varepsilon}_{M0}}\hat{A}_M$。由于受到经常项目每期平衡的约束，本国不能在国际市场上进行借贷，所以消费受收入和投资的约束。此时，消费的短期变化要满足以下表达式：

$$\hat{C}_F = \hat{C}_M = \bar{\eta}_{M0}\hat{Y}_M - \hat{I} \tag{3-93}$$

如果经济在第 t+1 期进入新的稳态，则消费的长期变化为：

$$\bar{\hat{C}}_F = \bar{\hat{C}}_M = \bar{\eta}_{M0}\bar{\hat{Y}}_M \tag{3-94}$$

式（3－93）显示，如果 $\bar{\eta}_{M0}\hat{Y}_M > \hat{I}$，则居民的消费在短期会出现上升；如果 $\bar{\eta}_{M0}\hat{Y}_M < \hat{I}$，则居民的消费在短期会出现下降。式（3－94）告诉我们，居民的长期消费一定会出现上升，因为工业的长期产出会增长。对比式（3－93）和式（3－94），我们发现，居民的长期消费增长高于短期。因为短期投资为正，且长期资本存量和工业就业人数均超过短期，从而长期工业产出的增长高于短期。所以，在经常项目每期平衡的情况下，无论居民的短期消费是上升还是下降，其消费水平都会在短期与长期之间出现较大幅度的波动。而在引入经常项目动态的情况下，居民消费在短期与长期之间是完全平滑的。

在经常项目每期平衡的情况下，如果经济想避免消费的短期下降或是在短期与长期间的大幅波动，就只能减少短期投资。而这必然会降低第 t＋1 期的资本存量和农业剩余劳动力的转移量，进而降低经济在第 t＋1 期的产出增长率，推迟经济进入新稳态的时间。

总而言之，在经常项目每期平衡的情况下，如果要保证二元经济的转型速度和缩短经济进入新稳态的时间，就必须要承受消费的大幅波动甚至消费的短期下降；如果要避免消费的大幅波动，就必须以减缓二元经济的转型速度和推迟经济进入新稳态的时间为代价。可以说在经常项目每期平衡的情况下，经济面临消费波动和二元经济转型进程减缓的两难选择，二者不能兼得。

引入经常项目动态的意义在于解决了经济面临的两难选择问题，即可以使经济在实现居民消费完全平滑的同时，促进二元经济转型进程。其内在机制是，当经济在短期需要进行大量投资时，可以通过向国外负债来保证消费的短期增长幅度和经济的投资需求；然后利用经济在长期的高收入对短期的债务进行偿还。可以说，经常项目动态很好地诠释了金融的核心理念。

## 第五节　本章小结

本章在代理人框架下建立了一个具有二元经济结构的经常项目跨期模型，并利用该模型分析了工业部门全要素生产率的永久性增长对二元经济结构、经常项目和福利的动态影响。模型结果显示，工业部门全要素生产率的永久性增长会导致二元经济转型（即剩余劳动力由农业部门向工业部门转移），且长期二元经济转型程度高于短期；同时会导致经常项目逆差和本国福利增加。

随后，本章分析了二元经济结构的引入对经常项目动态反应的影响。分析结果表明，二元经济结构的引入不会改变工业生产率增长对经常项目的动态影响方向，但是却会加强经常项目的动态反应幅度。具体来说，二元经济转型使得工业生产率增长所导致的经常项目的逆差幅度更大。并且，二元经济转型因素的存在加强了工业生产率增长的福利效应，导致本国福利增加更多。另外，数值模拟的结果显示，劳动力流动壁垒越低，工业部门生产率增长所需的经常项目逆差越大，所导致的福利增加幅度越大。总体来说，二元经济转型倾向于导致经常项目余额下降。

本章还分析了经常项目的动态调整在面对工业生产率冲击时的作用。分析结果表明，在不存在经常项目动态调整的情况下，工业部门的生产率增长使经济面临消费波动和二元经济转型进程减缓的两难选择，二者不能兼得。而引入经常项目动态的意义在于解决了经济面临的两难选择问题，即可以使经济在实现居民消费完全平滑的同时，促进二元经济转型。

需要说明的是，本章的理论模型的主要特点是在经常项目跨期模型中引入了二元经济结构，使其具有了发展中国家的典型特征，但是仍存在许多不足之处。如本章模型是一个小国模型，没有考虑服务业部门，没有引入货币和政府等。这些不足都是未来模型拓展的方向。另外，本章的模型是一个代理人模型，没有考虑消费者的异质性。所以，还可以在世代交叠的框架下建立具有二元经济结构的经常项目跨期模型。

## 附录 A：最优化与初始稳态

1. 消费者效用最大化的一阶条件：

$$\max \sum_{s=t}^{\infty} \beta^{s-t} U(C_s) \tag{3-7}$$

$$U(C_s) = \log C_s = \frac{1}{2}\log C_{F,s} + \frac{1}{2}\log C_{M,s} \tag{3-8}$$

$$\text{s. t. } B_{s+1} - B_s = rB_s + pY_{F,s} + Y_{M,s} - pC_{F,s} - C_{M,s} - I_{M,s} \tag{3-9}$$

采用 Obstfeld 和 Rogoff（1996）的方法，先将 $C_{M,t}$ 由式（3－9）中解出：

$$C_{M,s} = B_s + rB_s - B_{s+1} + pY_{F,s} + Y_{M,s} - pC_{F,s} - I_{M,s}$$

再将其代入效用函数形式，然后分别对 $C_{F,t}$ 和 $B_{t+1}$ 求导。对 $C_{F,t}$ 求导可得：

$$\frac{1}{2}\frac{1}{C_{F,t}} - \frac{1}{2}\frac{1}{C_{M,t}}p = 0 \Rightarrow C_{M,t} = pC_{F,t} \tag{3-11}$$

对 $B_{t+1}$ 求导可得：

$$-\frac{1}{2}\frac{1}{C_{M,t}} + \beta\frac{1}{2}\frac{1}{C_{M,t+1}}(1+r) = 0 \Rightarrow C_{M,t+1} = \beta(1+r)C_{M,t} \tag{3-12}$$

联立式（3－11）和式（3－12）可得：

$$C_{F,t+1} = \beta(1+r)C_{F,t} \tag{3-13}$$

2. 推导终生预算约束条件式（3－21）：

由期间预算约束条件式（3－9）可得：

$$(1+r)B_t = B_{t+1} - pY_{F,t} - Y_{M,t} + pC_{F,t} + C_{M,t} + I_{M,t}$$

同理，可得：

$$(1+r)B_{t+1} = B_{t+2} - pY_{F,t+1} - Y_{M,t+1} + pC_{F,t+1} + C_{M,t+1} + I_{M,t+1}$$

将第 2 式代入第 1 式可得：

$$(1+r)B_t = \frac{B_{t+2}}{1+r} - \left(pY_{F,t} + \frac{pY_{F,t+1}}{1+r}\right) - \left(Y_{M,t} + \frac{Y_{M,t+1}}{1+r}\right) + \left(pC_{F,t} + \frac{pC_{F,t+1}}{1+r}\right) +$$

$$\left(C_{M,t}+\frac{C_{M,t+1}}{1+r}\right)+\left(I_{M,t}+\frac{I_{M,t+1}}{1+r}\right)$$

然后，用同样的步骤不断向前迭代，即可得：

$$\sum_{s=t}^{\infty}\left(\frac{1}{1+r}\right)^{s-t}pC_{F,s}+\sum_{s=t}^{\infty}\left(\frac{1}{1+r}\right)^{s-t}C_{M,s}+\sum_{s=t}^{\infty}\left(\frac{1}{1+r}\right)^{s-t}I_{M,s}+\lim_{T\to\infty}\left(\frac{1}{1+r}\right)^{T}B_{t+T+1}=$$
$$(1+r)B_t+\sum_{s=t}^{\infty}\left(\frac{1}{1+r}\right)^{s-t}(pY_{F,s}+Y_{M,s})$$

再将上式与横截性条件 $\lim_{T\to\infty}\left(\frac{1}{1+r}\right)^{T}B_{t+T+1}=0$ 相结合，可以得出终生预算约束条件：

$$\sum_{s=t}^{\infty}\left(\frac{1}{1+r}\right)^{s-t}pC_{F,s}+\sum_{s=t}^{\infty}\left(\frac{1}{1+r}\right)^{s-t}C_{M,s}+\sum_{s=t}^{\infty}\left(\frac{1}{1+r}\right)^{s-t}I_{M,s}=$$
$$(1+r)B_t+\sum_{s=t}^{\infty}\left(\frac{1}{1+r}\right)^{s-t}(pY_{F,s}+Y_{M,s})$$

3. 求解初始稳态：

先根据式（3－18）$\bar{r}_{M,t}=r$ 得出：

$$\alpha A_{M,0}\left(\frac{K_0}{\bar{L}_M}\right)^{\alpha-1}=r\Rightarrow\bar{L}_M=K_0\left(\frac{r}{\alpha A_{M0}}\right)^{\frac{1}{1-\alpha}}$$

得出 $\bar{L}_M$ 后，将其代入式（3－4）$w_{M,t}=(1-\alpha)A_{M,t}\left(\frac{K_t}{L_{M,t}}\right)^{\alpha}$ 可得：

$$\bar{w}_M=(1-\alpha)A_{M0}\left(\frac{\alpha A_{M0}}{r}\right)^{\frac{\alpha}{1-\alpha}}$$

根据式（3－19）$\bar{w}_{M,t}=\bar{w}_{F,t}$ 和式（3－6）$w_{F,t}=\frac{pY_{F,t}}{L_{F,t}+L_{V,t}}=\frac{pA_{F,t}T^{\alpha}L_{F,t}^{1-\alpha}}{L_{F,t}+L_{V,t}}$ 可得：

$$(1-\alpha)A_{M0}\left(\frac{\alpha A_{M0}}{r}\right)^{\frac{\alpha}{1-\alpha}}=\frac{pA_{F0}T^{\alpha}\bar{L}_F^{1-\alpha}}{\bar{L}_F+\bar{L}_V}$$

由于 $\bar{L}_F+\bar{L}_V=L-\bar{L}_M$，再结合式 $\bar{L}_M=K_0\left(\frac{r}{\alpha A_{M0}}\right)^{\frac{1}{1-\alpha}}$ 可得：

$$\bar{L}_F = \left(\frac{1}{pA_{F0}T^{\alpha}}\right)^{\frac{1}{1-\alpha}}\left\{\left[L - K_0\left(\frac{r}{\alpha A_{M0}}\right)^{\frac{1}{1-\alpha}}\right](1-\alpha)A_{M0}\left(\frac{\alpha A_{M0}}{r}\right)^{\frac{\alpha}{1-\alpha}}\right\}^{\frac{1}{1-\alpha}}$$

利用式（3－14）$L_{F,t} + L_{V,t} + L_{M,t} = L$ 可得：

$$\bar{L}_V = L - \bar{L}_M - \bar{L}_F$$

根据式（3－3）$K_{t+1} = K_t + I_t$ 和式（3－17）$\bar{K}_t = \bar{K}_{t+1}$ 可得 $\bar{I} = 0$，将 $\bar{L}_F$ 代入式（3－1）$Y_{F,t} = A_{F,t}T^{\alpha}L_{F,t}^{1-\alpha}$ 可得：

$$\bar{Y}_F = \frac{1}{p}\left[L - K_0\left(\frac{r}{\alpha A_{M0}}\right)^{\frac{1}{1-\alpha}}\right](1-\alpha)A_{M0}\left(\frac{\alpha A_{M0}}{r}\right)^{\frac{\alpha}{1-\alpha}}$$

再将 $\bar{L}_M$ 代入式（3－2）$Y_{M,t} = A_{M,t}K_t^{\alpha}L_{M,t}^{1-\alpha}$ 可得 $\bar{Y}_M = K_0\frac{r}{\alpha}$，再根据终生预算约束式（3－21）、式（3－15）和式（3－16）可得：

$$\frac{1+r}{r}p\bar{C}_F + \frac{1+r}{r}\bar{C}_M + \frac{1+r}{r}\bar{I} = (1+r)B_t + \frac{1+r}{r}(p\bar{Y}_F + \bar{Y}_M)$$

将式（3－11）$C_{M,t} = pC_{F,t}$、$\bar{I}$、$B_t = 0$、$\bar{Y}_F$ 和 $\bar{Y}_M$ 代入上式，可得：

$$\bar{C}_F = \frac{1}{2p}\left\{\left[L - K_0\left(\frac{r}{\alpha A_{M0}}\right)^{\frac{1}{1-\alpha}}\right](1-\alpha)A_{M0}\left(\frac{\alpha A_{M0}}{r}\right)^{\frac{\alpha}{1-\alpha}} + K_0\frac{r}{\alpha}\right\}$$

$$\bar{C}_M = \frac{1}{2}\left\{\left[L - K_0\left(\frac{r}{\alpha A_{M0}}\right)^{\frac{1}{1-\alpha}}\right](1-\alpha)A_{M0}\left(\frac{\alpha A_{M0}}{r}\right)^{\frac{\alpha}{1-\alpha}} + K_0\frac{r}{\alpha}\right\}$$

最后根据期间预算约束式（3－9）可得：

$$\bar{CA} = rB_t + p\bar{Y}_F + \bar{Y}_M - p\bar{C}_F - \bar{C}_M - \bar{I}$$

因为经常项目等于一国净国外资产的变动，所以将各变量的稳态值代入上式可得 $\bar{CA} = 0$。

## 附录 B：对数线性化

1. $Y_{F,t} = A_{F,t}T^{\alpha}L_{F,t}^{1-\alpha}$

两边取对数得：$\ln Y_{F,t} = \ln A_{F,t} + \alpha\ln T + (1-\alpha)\ln L_{F,t}$。t 期微分：$\frac{dY_{F,t}}{\bar{Y}_F} = \frac{dA_{F,t}}{A_{F0}} + \alpha\frac{dT}{T} + (1-\alpha)\frac{dL_{F,t}}{\bar{L}_F}$。因为土地不变，所以$\frac{dT}{T} = 0$。

上式变为：$\hat{Y}_F = \hat{A}_F + (1-\alpha)\hat{L}_F$。

t + 1 期微分：$\frac{dY_{F,t+1}}{\bar{Y}_F} = \frac{dA_{F,t+1}}{A_{F0}} + \alpha\frac{dT}{T} + (1-\alpha)\frac{dL_{F,t+1}}{\bar{L}_F}$。因为土地不变，所以$\frac{dT}{T} = 0$。

上式变为：$\hat{\bar{Y}}_F = \hat{\bar{A}}_F + (1-\alpha)\hat{\bar{L}}_F$。

2\. $Y_{M,t} = A_{M,t}K_t^{\alpha}L_{M,t}^{1-\alpha}$

两边取对数得：$\ln Y_{M,t} = \ln A_{M,t} + \alpha\ln K_t + (1-\alpha)\ln L_{M,t}$。

t 期微分：$\frac{dY_{M,t}}{\bar{Y}_M} = \frac{dA_{M,t}}{A_{M0}} + \alpha\frac{dK_t}{K_0} + (1-\alpha)\frac{dL_{M,t}}{\bar{L}_M}$。因为资本存量当期无法调整，$K_t = K_0$，所以$\frac{dK_t}{K_0} = 0$。

上式变为：$\hat{Y}_M = \hat{A}_M + (1-\alpha)\hat{L}_M$。

t + 1 期微分：$\frac{dY_{M,t+1}}{\bar{Y}_M} = \frac{dA_{M,t+1}}{A_{M0}} + \alpha\frac{dK_{t+1}}{K_0} + (1-\alpha)\frac{dL_{M,t+1}}{\bar{L}_M}$。因为第 $t+1$ 期的资本存量可以调整。

上式变为：$\hat{\bar{Y}}_M = \hat{\bar{A}}_M + \alpha\hat{\bar{K}} + (1-\alpha)\hat{\bar{L}}_M$。

3\. $K_{t+1} = K_t + I_t$

因为稳态时的投资为0，所以本书定义 $\hat{I} = \frac{dI_t}{p\bar{Y}_F + \bar{Y}_M}$，其中分母表示稳态时的总产出。

先将式(3－3)全微分，得：$dK_{t+1} = dK_t + dI_t$。由于资本在当期无法调整，所以 $dK_t = 0$。上式变为 $dK_{t+1} = dI_t$。将该式两边同除以稳态总产出，可得：$\frac{dK_{t+1}}{p\bar{Y}_F + \bar{Y}_M} = \frac{dI_t}{p\bar{Y}_F + \bar{Y}_M} = \hat{I}$。上式左边可变形：$\frac{dK_{t+1}}{p\bar{Y}_F + \bar{Y}_M} = \frac{dK_{t+1}}{K_0}\frac{K_0}{\bar{Y}_M}\frac{\bar{Y}_M}{p\bar{Y}_F + \bar{Y}_M} = \frac{dK_{t+1}}{K_0}\frac{K_0}{A_{M0}K_0^{\alpha}\bar{L}_M^{1-\alpha}}\frac{\bar{Y}_M}{p\bar{Y}_F + \bar{Y}_M} = \frac{\alpha}{}\bar{\eta}_{M0}\hat{\bar{K}}$。

上面的变形利用到 $\bar{Y}_M = K_0 \frac{\alpha}{}$。其中，$\hat{\bar{K}} = \frac{dK_{t+1}}{K_0}$ 表示长期资本相对于稳态的变化率。

最终，资本积累方程的线性化结果为：$\frac{\alpha}{}\bar{\eta}_{M0}\hat{\bar{K}} = \hat{I}$。

4. $w_{F,t} = \frac{pY_{F,t}}{L_{F,t} + L_{V,t}}$

两边取对数得：$\ln w_{F,t} = \ln p + \ln Y_{F,t} - \ln(L_{F,t} + L_{V,t})$；

t 期微分：$\frac{dw_{F,t}}{\bar{w}_F} = \frac{dp}{p} + \frac{dY_{F,t}}{\bar{Y}_F} - \frac{dL_{F,t} + dL_{V,t}}{\bar{L}_F + \bar{L}_V}$；因为 $p$ 外生给定，所以 $\frac{dp}{p} = 0$。

上式变为：$\frac{dw_{F,t}}{\bar{w}_F} = \frac{dY_{F,t}}{\bar{Y}_F} - \frac{dL_{F,t}}{\bar{L}_F}\frac{\bar{L}_F}{\bar{L}_F + \bar{L}_V} - \frac{dL_{V,t}}{\bar{L}_V}\frac{\bar{L}_V}{\bar{L}_F + \bar{L}_V}$；

继续变形：$\frac{dw_{F,t}}{\bar{w}_F} = \frac{dY_{F,t}}{\bar{Y}_F} - \frac{dL_{F,t}}{\bar{L}_F}\frac{\frac{\bar{L}_F}{L}}{\frac{\bar{L}_F + \bar{L}_V}{L}} - \frac{dL_{V,t}}{\bar{L}_V}\frac{\frac{\bar{L}_V}{L}}{\frac{\bar{L}_F + \bar{L}_V}{L}}$，定义 $\bar{\varepsilon}_{F0}$、$\bar{\varepsilon}_{M0}$ 和 $\bar{\varepsilon}_{V0}$ 分别为初始稳态时，农业就业劳动力比重、工业劳动力比重和农业剩余劳动力比重。由此，上式可变形为：$\hat{w}_F = \hat{Y}_F - \frac{\bar{\varepsilon}_{F0}}{1 - \bar{\varepsilon}_{M0}}\hat{L}_F - \frac{\bar{\varepsilon}_{V0}}{1 - \bar{\varepsilon}_{M0}}\hat{L}_V$。

同理可得长期变化线性表达式：$\hat{\bar{w}}_F = \hat{\bar{Y}}_F - \frac{\bar{\varepsilon}_{F0}}{1 - \bar{\varepsilon}_{M0}}\hat{\bar{L}}_F - \frac{\bar{\varepsilon}_{V0}}{1 - \bar{\varepsilon}_{M0}}\hat{\bar{L}}_V$。

5. $w_{M,t} = (1 - \alpha)A_{M,t}\left(\frac{K_t}{L_{M,t}}\right)^{\alpha}$

两边取对数得：$\ln w_{M,t} = \ln(1 - \alpha) + \ln A_{M,t} + \alpha\ln K_t - \alpha\ln L_{M,t}$。t 期微分：$\frac{dw_{M,t}}{\bar{w}_M} = \frac{dA_{M,t}}{A_{M0}} + \alpha\frac{dK_t}{K_0} - \alpha\frac{dL_{M,t}}{\bar{L}_M} \Rightarrow \hat{w}_M = \hat{A}_M - \alpha\hat{L}_M$。

t + 1 期微分：$\frac{dw_{M,t+1}}{\bar{w}_M} = \frac{dA_{M,t+1}}{A_{M0}} + \alpha\frac{dK_{t+1}}{K_0} - \alpha\frac{dL_{M,t+1}}{\bar{L}_M} \Rightarrow \hat{\bar{w}}_M = \hat{\bar{A}}_M + \alpha\hat{\bar{K}} - \alpha\hat{\bar{L}}_M$。

6. $r_{M,t} = \alpha A_{M,t}\left(\frac{K_t}{L_{M,t}}\right)^{\alpha-1}$

两边取对数得:$\ln r_{M,t} = \ln\alpha + \ln A_{M,t} + (\alpha - 1)\ln K_t - (\alpha - 1)\ln L_{M,t}$

t 期微分:$\frac{dr_{M,t}}{r} = \frac{dA_{M,t}}{A_{M0}} + (\alpha - 1)\frac{dK_t}{K_0} - (\alpha - 1)\frac{dL_{M,t}}{\bar{L}_M} \Rightarrow \hat{r}_M = \hat{A}_M + (1 - \alpha)\hat{L}_M$。

t+1 期微分:$\frac{dr_{M,t+1}}{r} = \frac{dA_{M,t+1}}{A_{M0}} + (\alpha - 1)\frac{dK_{t+1}}{K_0} - (\alpha - 1)\frac{dL_{M,t+1}}{\bar{L}_M} \Rightarrow \hat{\hat{r}}_M = \hat{\hat{A}}_M - (1 - \alpha)\hat{\hat{K}} + (1 - \alpha)\hat{\hat{L}}_M$。

7. $C_{M,t} = pC_{F,t}$

两边取对数得:$\ln C_{M,t} = \ln p + \ln C_{F,t}$;取微分:$\frac{dC_{M,t}}{\bar{C}_M} = \frac{dp}{p} + \frac{dC_{F,t}}{\bar{C}_F}$,因为 $p$ 外生给定,所以$\frac{dp}{p} = 0$。

上式变为:$\hat{C}_M = \hat{C}_F$。

8. $C_{M,t+1} = \beta(1 + r)C_{M,t}$

两边取对数得:$\ln C_{M,t+1} = \ln\beta + \ln(1 + r) + \ln C_{M,t}$; 取微分:$\frac{dC_{M,t+1}}{\bar{C}_M} = \frac{d\beta}{\beta} + \frac{d(1 + r)}{(1 + r)} + \frac{dC_{M,t}}{\bar{C}_M}$,因为 $\beta$ 和 $r$ 外生给定,所以$\frac{d\beta}{\beta} = 0$,$\frac{d(1 + r)}{(1 + r)} = 0$。

上式变为:$\hat{\hat{C}}_M = \hat{C}_M$。

9. $C_{F,t+1} = \beta(1 + r)C_{F,t}$

两边取对数得:$\ln C_{F,t+1} = \ln\beta + \ln(1 + r) + \ln C_{F,t}$;取微分:$\frac{dC_{F,t+1}}{\bar{C}_F} = \frac{d\beta}{\beta} + \frac{d(1 + r)}{(1 + r)} + \frac{dC_{F,t}}{\bar{C}_F}$,因为 $\beta$ 和 $r$ 外生给定,所以$\frac{d\beta}{\beta} = 0$,$\frac{d(1 + r)}{(1 + r)} = 0$。

上式变为:$\hat{\hat{C}}_F = \hat{C}_F$。

10. $L_{F,t} + L_{V,t} + L_{M,t} = L$

两边取对数得：$\ln(L_{F,t}+L_{V,t}+L_{M,t})=\ln L$；取微分：$\frac{dL_{F,t}+dL_{V,t}+dL_{M,t}}{\bar{L}_F+\bar{L}_V+\bar{L}_M}=\frac{dL}{L}$，因为 $L$ 给定，所以$\frac{dL}{L}=0$；并且 $\bar{L}_F+\bar{L}_V+\bar{L}_M=L$。

所以，上式变形为：$\frac{dL_{F,t}}{L}+\frac{dL_{V,t}}{L}+\frac{dL_{M,t}}{L}=0$，继续变形：$\frac{dL_{F,t}}{\bar{L}_F}\frac{\bar{L}_F}{L}+\frac{dL_{V,t}}{\bar{L}_V}\frac{\bar{L}_V}{L}+\frac{dL_{M,t}}{\bar{L}_M}\frac{\bar{L}_M}{L}=0$，最终得出：$\bar{\varepsilon}_{F0}\hat{L}_F+\bar{\varepsilon}_{V0}\hat{L}_V+\bar{\varepsilon}_{M0}\hat{L}_M=0$。

该表达式同时也适用于长期：$\bar{\varepsilon}_{F0}\hat{\bar{L}}_F+\bar{\varepsilon}_{V0}\hat{\bar{L}}_V+\bar{\varepsilon}_{M0}\hat{\bar{L}}_M=0$。

11. $w_{M,t}=w_{F,t}$

该式表示每一时期均衡时，两部门工资应该相等，由于劳动力自由流动。

两边取对数：$\ln w_{M,t}=\ln w_{F,t}$；再微分：$\frac{dw_{M,t}}{\bar{w}_M}=\frac{dw_{F,t}}{\bar{w}_F}$；所以上式变为：$\hat{w}_M=\hat{w}_F$。该表达式同时也适用于长期：$\hat{\bar{w}}_M=\hat{\bar{w}}_F$。

12. $\bar{r}_M=r$

该式表示稳态时，资本回报率等于世界实际利率。

两边取对数：$\ln\bar{r}_M=\ln r$；再微分：$\frac{d\bar{r}_M}{\bar{r}_M}=\frac{dr}{r}$；因为 $r$ 为世界利率，外生给定，所以$\frac{dr}{r}=0$；因为我们假设经济在第 t 期受到冲击时，会在第 t + 1 期进入新的稳态，所以$\frac{d\bar{r}_M}{\bar{r}_M}=\hat{\bar{r}}_M$；最终得到：$\hat{\bar{r}}_M=\hat{r}=0$。

13. $\sum_{s=t}^{\infty}\left(\frac{1}{1+r}\right)^{s-t}pC_{F,s}+\sum_{s=t}^{\infty}\left(\frac{1}{1+r}\right)^{s-t}C_{M,s}+\sum_{s=t}^{\infty}\left(\frac{1}{1+r}\right)^{s-t}I_s=(1+r)B_t+\sum_{s=t}^{\infty}\left(\frac{1}{1+r}\right)^{s-t}(pY_{F,s}+Y_{M,s})$，因为假设初始净国外资产 $B_t=0$，所以上式变为：$\sum_{s=t}^{\infty}\left(\frac{1}{1+r}\right)^{s-t}pC_{F,s}+\sum_{s=t}^{\infty}\left(\frac{1}{1+r}\right)^{s-t}C_{M,s}+\sum_{s=t}^{\infty}\left(\frac{1}{1+r}\right)^{s-t}I_s=$

$$\sum_{s=t}^{\infty}\left(\frac{1}{1+r}\right)^{s-t}(pY_{F,s}+Y_{M,s})。$$

两边取对数：$\ln\left[\sum_{s=t}^{\infty}\left(\frac{1}{1+r}\right)^{s-t}pC_{F,s}+\sum_{s=t}^{\infty}\left(\frac{1}{1+r}\right)^{s-t}C_{M,s}+\sum_{s=t}^{\infty}\left(\frac{1}{1+r}\right)^{s-t}I_s\right]=$

$\ln\left[\sum_{s=t}^{\infty}\left(\frac{1}{1+r}\right)^{s-t}(pY_{F,s}+Y_{M,s})\right]$；再微分得：

$$\frac{\sum_{s=t}^{\infty}\left(\frac{1}{1+r}\right)^{s-t}p(dC_{F,s})+\sum_{s=t}^{\infty}\left(\frac{1}{1+r}\right)^{s-t}(dC_{M,s})+\sum_{s=t}^{\infty}\left(\frac{1}{1+r}\right)^{s-t}(dI_s)}{\sum_{s=t}^{\infty}\left(\frac{1}{1+r}\right)^{s-t}p\bar{C}_F+\sum_{s=t}^{\infty}\left(\frac{1}{1+r}\right)^{s-t}\bar{C}_M+\sum_{s=t}^{\infty}\left(\frac{1}{1+r}\right)^{s-t}\bar{I}}=$$

$$\frac{\sum_{s=t}^{\infty}\left(\frac{1}{1+r}\right)^{s-t}(pdY_{F,s}+dY_{M,s})}{\sum_{s=t}^{\infty}\left(\frac{1}{1+r}\right)^{s-t}(p\bar{Y}_F+\bar{Y}_M)}。$$

因为初始稳态时，$\bar{I}=0$，所以上式变为：

$$\frac{\sum_{s=t}^{\infty}\left(\frac{1}{1+r}\right)^{s-t}p(dC_{F,s})+\sum_{s=t}^{\infty}\left(\frac{1}{1+r}\right)^{s-t}(dC_{M,s})+\sum_{s=t}^{\infty}\left(\frac{1}{1+r}\right)^{s-t}(dI_s)}{\frac{1+r}{r}(p\bar{C}_F+\bar{C}_M)}=$$

$$\frac{\sum_{s=t}^{\infty}\left(\frac{1}{1+r}\right)^{s-t}(pdY_{F,s}+dY_{M,s})}{\frac{1+r}{r}(p\bar{Y}_F+\bar{Y}_M)}$$

因为经济在第 t + 1 期就进入新的稳态，所以所有变量的第 t + 1 期以后的值均相等；另外，投资从进入新稳态开始均为 0。因此，上式可变形为：

$$\frac{p(dC_{F,t})+\frac{1}{r}p(dC_{F,t+1})+dC_{M,t}+\frac{1}{r}dC_{M,t+1}+dI_t}{p\bar{C}_F+\bar{C}_M}=$$

$$\frac{p(dY_{F,t})+\frac{1}{r}pdY_{F,t+1}+dY_{M,t}+\frac{1}{r}dY_{M,t+1}}{p\bar{Y}_F+\bar{Y}_M}$$

因为初始稳态时，$p\bar{C}_F=\bar{C}_M$，且 $p\bar{C}_F+\bar{C}_M=p\bar{Y}_F+\bar{Y}_M$，所以上式可变形为：

$$\frac{p(dC_{F,t})}{2p\bar{C}_F}+\frac{1}{r}\frac{p(dC_{F,t+1})}{2p\bar{C}_F}+\frac{dC_{M,t}}{2\bar{C}_M}+\frac{1}{r}\frac{dC_{M,t+1}}{2\bar{C}_M}+\frac{dI_t}{p\bar{Y}_F+\bar{Y}_M}=\frac{p(dY_{F,t})}{p\bar{Y}_F}$$

$$\frac{p\bar{Y}_F}{p\bar{Y}_F+\bar{Y}_M}+\frac{1}{r}\frac{p(dY_{F,t+1})}{p\bar{Y}_F}\frac{p\bar{Y}_F}{p\bar{Y}_F+\bar{Y}_M}+\frac{dY_{M,t}}{\bar{Y}_M}\frac{\bar{Y}_M}{p\bar{Y}_F+\bar{Y}_M}+\frac{1}{r}\frac{dY_{M,t+1}}{\bar{Y}_M}\frac{\bar{Y}_M}{p\bar{Y}_F+\bar{Y}_M};$$

上式中，因为初始稳态的投资为0，所以定义 $\hat{I}=\frac{dI_t}{p\bar{Y}_F+\bar{Y}_M}$；定义 $\bar{\eta}_{F0}=\frac{p\bar{Y}_F}{p\bar{Y}_F+\bar{Y}_M}$、$\bar{\eta}_{M0}=\frac{\bar{Y}_M}{p\bar{Y}_F+\bar{Y}_M}$，分别为初始稳态时农业产出和工业产出占总产出的比重。最终得出：$\frac{1}{2}\hat{C}_F+\frac{1}{2r}\hat{\hat{C}}_F+\frac{1}{2}\hat{C}_M+\frac{1}{2r}\hat{\hat{C}}_M=\bar{\eta}_{F0}\hat{Y}_F+\frac{1}{r}\bar{\eta}_{F0}\hat{\hat{Y}}_F+\bar{\eta}_{M0}\hat{Y}_M+\frac{1}{r}\bar{\eta}_{M0}\hat{\hat{Y}}_M-\hat{I}$。

14. $\varphi_t=\frac{L_{M,t}}{L}$

两边取对数：$\ln\varphi_t=\ln L_{M,t}-\ln L$；再微分：$\frac{d\varphi_t}{}=\frac{dL_{M,t}}{\bar{L}_M}$；得出：$\hat{\varphi}=\hat{L}_M$。

取 t + 1 期微分可得：$\hat{\hat{\varphi}}=\hat{\hat{L}}_M$。

15. $CA_t=rB_t+pY_{F,t}+Y_{M,t}-pC_{F,t}-C_{M,t}-I_t$

因为 $B_t$ 为0，所以上式变为：$CA_t=pY_{F,t}+Y_{M,t}-pC_{F,t}-C_{M,t}-I_t$；因为初始稳态时的 $C\bar{A}=0$，所以定义 $C\hat{A}=\frac{dCA_t}{p\bar{Y}_F+\bar{Y}_M}$。此时我们采用另一种方法，先取微分：$dCA_t=pdY_{F,t}+dY_{M,t}-pdC_{F,t}-dC_{M,t}-dI_t$；再将上式两边同除以 $p\bar{Y}_F+\bar{Y}_M$：$\frac{dCA_t}{p\bar{Y}_F+\bar{Y}_M}=\frac{pdY_{F,t}+dY_{M,t}-pdC_{F,t}-dC_{M,t}-dI_t}{p\bar{Y}_F+\bar{Y}_M}$；因为 $p\bar{Y}_F+\bar{Y}_M=p\bar{C}_F+\bar{C}_M$，且 $p\bar{C}_F=\bar{C}_M$，所以上式变形为：$\frac{dCA_t}{p\bar{Y}_F+\bar{Y}_M}=\frac{p(dY_{F,t})}{p\bar{Y}_F}\frac{p\bar{Y}_F}{p\bar{Y}_F+\bar{Y}_M}+\frac{dY_{M,t}}{\bar{Y}_M}\frac{\bar{Y}_M}{p\bar{Y}_F+\bar{Y}_M}-\frac{p(dC_{F,t})}{2p\bar{C}_F}-\frac{dC_{M,t}}{2\bar{C}_M}-\frac{dI_t}{p\bar{Y}_F+\bar{Y}_M}$；最终得出：$C\hat{A}=\bar{\eta}_{F0}\hat{Y}_F+\bar{\eta}_{M0}\hat{Y}_M-$

$\frac{1}{2}\hat{C}_F - \frac{1}{2}\hat{C}_M - \hat{I}$。

用同样的方法可以得到长期表达式：$C\hat{\bar{A}} = rC\hat{A} + \bar{\eta}_{F0}\hat{\bar{Y}}_F + \bar{\eta}_{M0}\hat{\bar{Y}}_M - \frac{1}{2}\hat{\bar{C}}_F - \frac{1}{2}\hat{\bar{C}}_M - \hat{\bar{I}}$。

需要注意：$CA_{t+1} = rB_{t+1} + pY_{F,t+1} + Y_{M,t+1} - pC_{F,t+1} - C_{M,t+1} - I_{t+1}$。式中，$B_{t+1}$ 不为 0。因为 $B_{t+1} - B_t = CA_t$，又 $B_t = 0$，所以 $B_{t+1} = CA_t$。再采用同样的方法即可得出长期表达式。

## 附录 C：求解线性化方程组

因为本书不考虑剩余劳动力完全消失的情况，所以可得出：$\hat{L}_F = 0$（3－57）和 $\hat{\bar{L}}_F = 0$（3－64）。又因为 $\hat{A}_F = \hat{\bar{A}}_F = 0$ 和土地固定，所以结合式（3－33）和式（3－34）可得出：

$$\hat{Y}_F = 0 \tag{3-70}$$

$$\hat{\bar{Y}}_F = 0 \tag{3-72}$$

将式（3－57）代入式（3－47）可得：$\hat{L}_V = -\frac{\bar{\varepsilon}_{M0}}{\bar{\varepsilon}_{V0}}\hat{L}_M$；将式（3－57）和（3－70）代入式（3－38）可得：$\hat{w}_F = -\frac{\bar{\varepsilon}_{V0}}{1-\bar{\varepsilon}_{M0}}\hat{L}_V$；将以上二式结合式（3－40）$\hat{w}_M = \hat{A}_M - \alpha\hat{L}_M$ 和式（3－48）$\hat{w}_M = \hat{w}_F$ 可得：

$$\hat{L}_M = \frac{1-\bar{\varepsilon}_{M0}}{\alpha(1-\bar{\varepsilon}_{M0})+\bar{\varepsilon}_{M0}}\hat{A}_M \tag{3-58}$$

将式（3－58）代入式 $\hat{L}_V = -\frac{\bar{\varepsilon}_{M0}}{\bar{\varepsilon}_{V0}}\hat{L}_M$ 可得：$\hat{L}_V = -\frac{\bar{\varepsilon}_{M0}}{\bar{\varepsilon}_{V0}}\frac{1-\bar{\varepsilon}_{M0}}{\alpha(1-\bar{\varepsilon}_{M0})+\bar{\varepsilon}_{M0}}\hat{A}_M$（3－56）。将式（3－58）代入式（3－40）并结合式（3－48）可得：

$$\hat{w}_F = \hat{w}_M = \left[1 - \frac{\alpha(1-\bar{\varepsilon}_{M0})}{\alpha(1-\bar{\varepsilon}_{M0})+\bar{\varepsilon}_{M0}}\right]\hat{A}_M \tag{3-55}$$

将式(3-58)代入式(3-42)$\hat{r}_M = \hat{A}_M + (1-\alpha)\hat{L}_M$可得：

$$\hat{r}_M = \frac{1}{\alpha(1-\bar{\varepsilon}_{M0})+\bar{\varepsilon}_{M0}}\hat{A}_M \tag{3-59}$$

将式(3-64)和式(3-72)代入式(3-39)可得：$\hat{\bar{w}}_F = -\frac{\bar{\varepsilon}_{V0}}{1-\bar{\varepsilon}_{M0}}\hat{\bar{L}}_V$；将式(3-64)代入式(3-47)的长期表达式可得：$\hat{\bar{L}}_V = -\frac{\bar{\varepsilon}_{M0}}{\bar{\varepsilon}_{V0}}\hat{\bar{L}}_M$；将以上二式结合式(3-41)和$\hat{\bar{w}}_M = \hat{\bar{w}}_F$可得：$\hat{\bar{A}}_M + \alpha\hat{\bar{K}} - \left(\alpha + \frac{\bar{\varepsilon}_{M0}}{1-\bar{\varepsilon}_{M0}}\right)\hat{\bar{L}}_M = 0$；由式(3-43) $\hat{\bar{r}}_M = \hat{\bar{A}}_M - (1-\alpha)\hat{\bar{K}} + (1-\alpha)\hat{\bar{L}}_M$ 和式(3-49) $\hat{\bar{r}}_M = \hat{r} = 0$ 可得：$\hat{\bar{A}}_M - (1-\alpha)\hat{\bar{K}} + (1-\alpha)\hat{\bar{L}}_M = 0$；将该式与上一表达式联立，即可解出$\hat{\bar{K}}$和$\hat{\bar{L}}_M$：

$$\hat{\bar{K}} = \frac{1}{(1-\alpha)\bar{\varepsilon}_{M0}}\hat{A}_M \tag{3-61}$$

$$\hat{\bar{L}}_M = \frac{1-\bar{\varepsilon}_{M0}}{(1-\alpha)\bar{\varepsilon}_{M0}}\hat{A}_M \tag{3-65}$$

将式(3-61)代入式(3-37) $\frac{\alpha}{r}\bar{\eta}_{M0}\ \hat{\bar{K}} = \hat{I}$ 可得：$\hat{I} = \frac{\alpha}{r}\bar{\eta}_{M0}\frac{1}{(1-\alpha)\bar{\varepsilon}_{M0}}\hat{A}_M$(3-60)。将式(3-65)代入$\hat{\bar{L}}_V = -\frac{\bar{\varepsilon}_{M0}}{\bar{\varepsilon}_{V0}}\hat{\bar{L}}_M$可得：$\hat{\bar{L}}_V = -\frac{1-\bar{\varepsilon}_{M0}}{(1-\alpha)\bar{\varepsilon}_{V0}}\hat{A}_M$(3-63)。将式(3-61)和式(3-65)代入式(3-41)可得：

$$\hat{\bar{w}}_M = \frac{1}{1-\alpha}\hat{A}_M = \hat{\bar{w}}_F \tag{3-62}$$

将式(3-58)和式(3-65)代入式(3-51)和式(3-52)可得：

$$\hat{\varphi} = \frac{1-\bar{\varepsilon}_{M0}}{\alpha(1-\bar{\varepsilon}_{M0})+\bar{\varepsilon}_{M0}}\hat{A}_M \tag{3-68}$$

$$\hat{\bar{\varphi}} = \frac{1-\bar{\varepsilon}_{M0}}{(1-\alpha)\bar{\varepsilon}_{M0}}\hat{A}_M \tag{3-69}$$

将式(3-58)代入式(3-35)可得：

$$\hat{Y}_M = \left[1 + \frac{(1-\alpha)(1-\bar{\varepsilon}_{M0})}{\alpha(1-\bar{\varepsilon}_{M0})+\bar{\varepsilon}_{M0}}\right]\hat{A}_M \qquad (3-71)$$

将式(3－61)和式(3－65)代入式(3－36)可得：

$$\hat{\hat{Y}}_M = \left[1 + \frac{\alpha}{(1-\alpha)\bar{\varepsilon}_{M0}} + \frac{1-\bar{\varepsilon}_{M0}}{\bar{\varepsilon}_{M0}}\right]\hat{A}_M \qquad (3-73)$$

将式(3－44)、式(3－45)、式(3－46)、式(3－70)、式(3－71)、式(3－72)、式(3－73)和式(3－60)代入式(3－50) $\frac{1}{2}\hat{C}_F + \frac{1}{2r}\hat{\hat{C}}_F + \frac{1}{2}\hat{C}_M + \frac{1}{2r}\hat{\hat{C}}_M = \bar{\eta}_{F0}\hat{Y}_F + \frac{1}{r}\bar{\eta}_{F0}\hat{\hat{Y}}_F + \bar{\eta}_{M0}\hat{Y}_M + \frac{1}{r}\bar{\eta}_{M0}\hat{\hat{Y}}_M - \hat{I}$ 可得：

$$\hat{C}_F = \hat{\hat{C}}_F = \hat{C}_M = \hat{\hat{C}}_M = \frac{r}{1+r}\left[1 + \frac{(1-\alpha)(1-\bar{\varepsilon}_{M0})}{\alpha(1-\bar{\varepsilon}_{M0})+\bar{\varepsilon}_{M0}} + \frac{1}{r\bar{\varepsilon}_{M0}}\right]\bar{\eta}_{M0}\hat{A}_M$$

$$(3-74)$$

将式(3－70)、式(3－71)、式(3－74)和式(3－60)代入式(3－53) $C\hat{A} = \bar{\eta}_{F0}\hat{Y}_F + \bar{\eta}_{M0}\hat{Y}_M - \frac{1}{2}\hat{C}_F - \frac{1}{2}\hat{C}_M - \hat{I}$ 可得：

$$C\hat{A} = -\frac{\alpha\bar{\eta}_{M0}}{(1+r)(1-\alpha)\bar{\varepsilon}_{M0}}\left[\frac{1}{\alpha(1-\bar{\varepsilon}_{M0})+\bar{\varepsilon}_{M0}} + \frac{1}{r}\right]\hat{A}_M \qquad (3-75)$$

将式(3－75)、式(3－67)、式(3－72)、式(3－73)和式(3－74)代入式(3－54) $C\hat{\hat{A}} = rC\hat{A} + \bar{\eta}_{F0}\hat{\hat{Y}}_F + \bar{\eta}_{M0}\hat{\hat{Y}}_M - \frac{1}{2}\hat{\hat{C}}_F - \frac{1}{2}\hat{\hat{C}}_M - \hat{\hat{I}}$ 可得：

$$C\hat{\hat{A}} = 0 \qquad (3-76)$$

根据经常项目的定义可以写出以下表达式：$CA_{t+1} = rB_{t+1} + TB_{t+1}$。式中，$TB_{t+1}$ 表示第t+1期的贸易收支。因为初始稳态时的经常项目、净国外资产和贸易收支均为0，所以定义 $C\hat{\hat{A}} = \frac{dCA_{t+1}}{p\bar{Y}_F + \bar{Y}_M}$、$\hat{\hat{B}} = \frac{dB_{t+1}}{p\bar{Y}_F + \bar{Y}_M}$ 和 $T\hat{\hat{B}} = \frac{dTB_{t+1}}{p\bar{Y}_F + \bar{Y}_M}$。这样，对上面的表达式先取全微分，再两边同除以 $p\bar{Y}_F + \bar{Y}_M$，即可得出：

$$C\hat{\hat{A}} = r\hat{\hat{B}} + T\hat{\hat{B}} \qquad (3-77)$$

将式(3－74) $\hat{C}_F=\hat{\bar{C}}_F=\hat{C}_M=\hat{\bar{C}}_M=\frac{r}{1+r}\left[1+\frac{(1-\alpha)(1-\bar{\varepsilon}_{M0})}{\alpha(1-\bar{\varepsilon}_{M0})+\bar{\varepsilon}_{M0}}+\frac{1}{r\bar{\varepsilon}_{M0}}\right]\bar{\eta}_{M0}\hat{A}_M$ 代入式(3－79) $dU=\frac{1}{2}\hat{C}_F+\frac{1}{2}\hat{C}_M+\beta\left(\frac{1}{2}\hat{\bar{C}}_F+\frac{1}{2}\hat{\bar{C}}_M\right)+\beta^2\left(\frac{1}{2}\hat{\bar{C}}_F+\frac{1}{2}\hat{\bar{C}}_M\right)+\cdots$ 可得：$dU=\hat{C}_F+\beta\hat{\bar{C}}_F+\beta^2\hat{\bar{C}}_F+\cdots=\hat{\bar{C}}_F+\beta\hat{\bar{C}}_F+\beta^2\hat{\bar{C}}_F+\cdots=\frac{1}{1-\beta}\hat{\bar{C}}_F$。

因为世界实际利率 $r$ 给定，且 $\beta=\frac{1}{1+r}$，所以得出：

$$dU=\frac{1+r}{r}\hat{\bar{C}}_F=\left[1+\frac{(1-\alpha)(1-\bar{\varepsilon}_{M0})}{\alpha(1-\bar{\varepsilon}_{M0})+\bar{\varepsilon}_{M0}}+\frac{1}{r\bar{\varepsilon}_{M0}}\right]\bar{\eta}_{M0}\hat{A}_M \qquad (3-80)$$

## 附录 D：二元经济转型因素对经常项目和福利的动态影响

1. 求解式(3－85)：

若经济在受到冲击时，剩余劳动力不能转移，则 $\hat{L}_M$ 和 $\hat{\bar{L}}_M$ 均为 0。根据式(3－35) 和式(3－36) 可得出：$\hat{Y}'_M=\hat{A}_M$ 和 $\hat{\bar{Y}}'_M=\hat{\bar{A}}_M+\alpha\hat{\bar{K}}'$。将以上二式和式(3－37) 代入式(3－84) 可得：$C\hat{A}'=\frac{\bar{\eta}_{M0}}{1+r}(\hat{A}_M-\hat{\bar{A}}_M-\alpha\hat{\bar{K}}')-\frac{1}{1+r}\frac{\alpha}{r}\bar{\eta}_{M0}\hat{\bar{K}}'$。因为 $\hat{A}_M=\hat{\bar{A}}_M$，所以上式变形为：$C\hat{A}'=-\frac{\alpha\bar{\eta}_{M0}}{r}\hat{\bar{K}}'$。

下面我们求解 $\hat{\bar{K}}'$。根据式(3－43) $\hat{\bar{r}}_M=\hat{\bar{A}}_M-(1-\alpha)\hat{\bar{K}}+(1-\alpha)\hat{\bar{L}}_M$ 和式(3－49) $\hat{\bar{r}}_M=\hat{r}=0$ 可得：$\hat{\bar{A}}_M-(1-\alpha)\hat{\bar{K}}'=0\Rightarrow\hat{\bar{K}}'=\frac{1}{1-\alpha}\hat{A}_M$。将该式代入 $C\hat{A}'=-\frac{\alpha\bar{\eta}_{M0}}{r}\hat{\bar{K}}'$，可得：

$$C\hat{A}'=-\frac{\alpha\bar{\eta}_{M0}}{(1-\alpha)r}\hat{A}_M \qquad (3-85)$$

2. 求解式(3－86)：

将式(3－35)、式(3－36) 和式(3－37) 代入式(3－83) $C\hat{A}=\frac{\bar{\eta}_{M0}}{1+r}(\hat{Y}_M-\hat{\bar{Y}}_M)-\frac{1}{1+r}\hat{I}$，可得：

$$C\hat{A}=\frac{\bar{\eta}_{M0}}{1+r}[\hat{A}_M+(1-\alpha)\hat{L}_M-\hat{\bar{A}}_M-\alpha\hat{\bar{K}}-(1-\alpha)\hat{\bar{L}}_M]-\frac{1}{1+r}\frac{\alpha}{r}\bar{\eta}_{M0}\hat{\bar{K}}=$$

$$\frac{\bar{\eta}_{M0}}{1+r}[(1-\alpha)\hat{L}_M-\alpha\hat{\bar{K}}-(1-\alpha)\hat{\bar{L}}_M]-\frac{1}{1+r}\frac{\alpha}{r}\bar{\eta}_{M0}\hat{\bar{K}}=-\frac{\alpha\bar{\eta}_{M0}}{r}\hat{\bar{K}}$$

$$-\frac{\bar{\eta}_{M0}}{1+r}(1-\alpha)(\hat{\bar{L}}_M-\hat{L}_M)$$

由式(3－43) $\hat{\bar{r}}_M=\hat{\bar{A}}_M-(1-\alpha)\hat{\bar{K}}+(1-\alpha)\hat{\bar{L}}_M$ 和式(3－49) $\hat{\bar{r}}_M=\hat{r}=0$ 可得：$\hat{\bar{A}}_M-(1-\alpha)\hat{\bar{K}}+(1-\alpha)\hat{\bar{L}}_M=0\Rightarrow\hat{\bar{K}}=\frac{1}{1-\alpha}\hat{\bar{A}}_M+\hat{\bar{L}}_M$。将该式代入上式可得：

$$C\hat{A}=-\frac{\alpha\bar{\eta}_{M0}}{(1-\alpha)r}\hat{A}_M-\frac{\alpha\bar{\eta}_{M0}}{r}\hat{L}_M-\frac{(\alpha+r)\bar{\eta}_{M0}}{(1+r)r}(\hat{\bar{L}}_M-\hat{L}_M)\qquad(3-86)$$

3. 求解式(3－87)：

首先对式(3－7)进行全微分得出：$dU'=\frac{1}{2}\hat{C}'_F+\frac{1}{2}\hat{C}'_M+\beta\left(\frac{1}{2}\hat{\bar{C}}'_F+\frac{1}{2}\hat{\bar{C}}'_M\right)+\beta^2\left(\frac{1}{2}\hat{\bar{C}}'_F+\frac{1}{2}\hat{\bar{C}}'_M\right)+\cdots$。对该式求和得：$dU'=\frac{1}{2}\hat{C}'_F+\frac{1}{2}\hat{C}'_M+\frac{1}{2}\frac{\beta}{1-\beta}\hat{\bar{C}}'_F+\frac{1}{2}\frac{\beta}{1-\beta}\hat{\bar{C}}'_M$。

因为世界实际利率 $r$ 给定，且 $\beta=\frac{1}{1+r}$，所以代入上式得出：$dU'=\frac{1}{2}\hat{C}'_F+\frac{1}{2r}\hat{\bar{C}}'_F+\frac{1}{2}\hat{C}'_M+\frac{1}{2r}\hat{\bar{C}}'_M$。再将式(3－50)代入上式可得：$dU'=\bar{\eta}_{F0}\hat{Y}'_F+\frac{1}{r}\bar{\eta}_{F0}\hat{\bar{Y}}'_F+\bar{\eta}_{M0}\hat{Y}'_M+\frac{1}{r}\bar{\eta}_{M0}\hat{\bar{Y}}'_M-\hat{I}'$。

因为劳动力不能转移，且农业部门生产率不变、土地不变，所以 $\hat{Y}'_F$ 和 $\hat{\bar{Y}}'_F$ 均为0。

上式简化为：$dU'=\bar{\eta}_{M0}\hat{Y}'_M+\frac{1}{r}\bar{\eta}_{M0}\hat{\bar{Y}}'_M-\hat{I}'$。

若经济在受到冲击时，剩余劳动力不能转移，则 $\hat{L}_M$ 和 $\hat{\bar{L}}_M$ 均为0。根据式(3－35)和式(3－36)可得出：$\hat{Y}'_M=\hat{A}_M$ 和 $\hat{\bar{Y}}'_M=\hat{\bar{A}}_M+\alpha\hat{\bar{K}}'$。将以上二式和

式(3 - 37)代入上面的表达式可得：$dU' = \bar{\eta}_{M0}\hat{A}_M + \frac{1}{r}\bar{\eta}_{M0}(\dot{\hat{A}}_M + \alpha\dot{\hat{K}}') - \frac{\alpha}{r}\bar{\eta}_{M0}\dot{\hat{K}}'$。

在前面我们求解过$\dot{\hat{K}}'$，$\dot{\hat{K}}' = \frac{1}{1-\alpha}\hat{A}_M$。将其代入上式并化简，即可得：

$$dU' = \frac{(1+r)\bar{\eta}_{M0}}{r}\hat{A}_M \qquad (3-87)$$

4. 求解式(3 - 88)：

根据前面的推导，我们可得出劳动力自由流动时的福利全微分表达式：$dU = \bar{\eta}_{F0}\hat{Y}_F + \frac{1}{r}\bar{\eta}_{F0}\dot{\hat{Y}}_F + \bar{\eta}_{M0}\hat{Y}_M + \frac{1}{r}\bar{\eta}_{M0}\dot{\hat{Y}}_M - \hat{I}$。正文中已经证明过$\hat{Y}_F$和$\dot{\hat{Y}}_F$均为0。所以上式简化为：$dU = \bar{\eta}_{M0}\hat{Y}_M + \frac{1}{r}\bar{\eta}_{M0}\dot{\hat{Y}}_M - \hat{I}$。

将式(3 - 35)、式(3 - 36)和式(3 - 37)代入上式可得出：$dU = \bar{\eta}_{M0}[\hat{A}_M + (1-\alpha)\hat{L}_M] + \frac{1}{r}\bar{\eta}_{M0}[\dot{\hat{A}}_M + \alpha\dot{\hat{K}} + (1-\alpha)\dot{\hat{L}}_M] - \frac{\alpha}{r}\bar{\eta}_{M0}\dot{\hat{K}}$。

结合$\hat{A}_M = \dot{\hat{A}}_M$，再化简上式可得出：

$dU = \frac{1+r}{r}\bar{\eta}_{M0}\hat{A}_M + \bar{\eta}_{M0}(1-\alpha)\hat{L}_M + \frac{1}{r}\bar{\eta}_{M0}(1-\alpha)\dot{\hat{L}}_M$。

进一步变形可得出式(3 - 88)：$dU = \frac{(1+r)\bar{\eta}_{M0}}{r}\hat{A}_M + \frac{(1+r)(1-\alpha)\bar{\eta}_{M0}}{r}\hat{L}_M + \frac{(1-\alpha)\bar{\eta}_{M0}}{r}(\dot{\hat{L}}_M - \hat{L}_M)$。

| 第四章 |

# 全要素生产率增长、二元经济结构与经常项目动态：世代交叠模型

在第三章，我们在代理人框架下建立了具有二元经济结构的经常项目跨期模型。由于在某些情形下，代理人框架和世代交叠（OLG）框架得出的理论结论有可能不一致，所以我们在第四章试图在OLG框架下将二元经济结构引入经常项目跨期模型，建立一个新的具有二元经济结构的基础项目动态模型。然后通过该模型分析二元经济转型对经常项目产生的动态影响，并与代理人框架下的模型进行对比。

本章的结构安排如下：第一节为基准模型的建立；第二节我们通过基准模型分析工业部门全要素生产率增长对二元经济结构和经常项目的动态影响；第三节分析二元经济转型对经常项目动态反应的影响；第四节为本章小结；最后是数学附录。

## 第一节　基准模型

在本章，我们仍然假设本国是一个小国。经济中仍然只包含两个生产部门：农业部门和工业部门。农业部门的生产要素包括土地和劳动；工业部门的生产要素包括资本和劳动。本国的土地供给不变；总劳动力供给固定，劳动力可以在本国两部门间自由流动，但不能跨越国界流动；资本可

以在国际间自由流动。本国生产的农产品和工业品均为可贸易品。本章模型的行为人存在异质性，每个时期经济中同时存在年轻人和老年人。每个行为人只存活两期，即年轻期和年老期。新一代年轻人与上一代老年人之间不存在任何关系。本国人口总数为 $L$，且年轻人与老年人人口数相等，这意味着经济中不存在人口增长。年轻人提供劳动力参与生产，老年人不参与生产。

## 一、生产

下面，我们首先写出本国两部门的生产函数：

$$Y_{F,t} = A_{F,t}T^{\alpha}L_{F,t}^{1-\alpha} \tag{4-1}$$

$$Y_{M,t} = A_{M,t}K_t^{\alpha}L_{M,t}^{1-\alpha} \tag{4-2}$$

式（4－1）和式（4－2）分别表示农业和工业的生产函数。其中，$A_F$ 和 $A_M$ 分别表示农业和工业的全要素生产率；$T$ 和 $K$ 分别表示土地和资本；$L_F$ 和 $L_M$ 分别表示在农业和工业就业的劳动力；$\alpha$ 和 $1-\alpha$ 分别表示不同生产要素的产出弹性。出于简化的考虑，本书假设两个部门的要素产出弹性相同，且不考虑资本折旧。工业部门的资本积累方程如下：

$$K_{t+1} = K_t + I_t \tag{4-3}$$

工业部门的生产追求利润最大化，因此该部门的工资和资本回报率分别为：

$$w_{M,t} = (1-\alpha)A_{M,t}\left(\frac{K_t}{L_{M,t}}\right)^{\alpha} \tag{4-4}$$

$$r_{M,t} = \alpha A_{M,t}\left(\frac{K_t}{L_{M,t}}\right)^{\alpha-1} \tag{4-5}$$

农业部门与工业部门不同，该部门除了包括参加生产的劳动力之外，还包括一部分剩余劳动力 $L_V$。并且，我们假设土地归全体农业人口（包括剩余劳动力）所有。因此，农业部门的产出就归全体农业人口所有。这样，我们可以将农业部门的工资表示为：

$$w_{F,t} = \frac{pY_{F,t}}{L_{F,t}+L_{V,t}} = \frac{pA_{F,t}T^{\alpha}L_{F,t}^{1-\alpha}}{L_{F,t}+L_{V,t}} \tag{4-6}$$

式（4-6）中的 $p$ 表示农产品与工业品之间的相对价格，即一单位农产品所能够交换到的工业品数量。由于本国是小国，农产品和工业品又是可贸易品，所以 $p$ 是外生给定的。若无特殊说明，本书中均以工业品作为计价单位。式（4-6）意味着，虽然剩余劳动力不参与农业生产，但是却可以分配到农业产出。

## 二、消费

本国居民在预算约束下追求终生（两期）效用最大化。效用函数和预算约束如下：

$$\max\left[U(c_t)+\beta U(c_{t+1})\right] \tag{4-7}$$

$$U(c_t)=\log c_t=\frac{1}{2}\log c_{F,t}^{Y}+\frac{1}{2}\log c_{M,t}^{Y} \tag{4-8}$$

$$U(c_{t+1})=\log c_{t+1}=\frac{1}{2}\log c_{F,t+1}^{O}+\frac{1}{2}\log c_{M,t+1}^{O} \tag{4-9}$$

$$c_{M,t}^{Y,F}+pc_{F,t}^{Y,F}+\frac{c_{M,t+1}^{O,F}+pc_{F,t+1}^{O,F}}{1+r_{t+1}}=w_t^F \tag{4-10}$$

$$c_{M,t}^{Y,M}+pc_{F,t}^{Y,M}+\frac{c_{M,t+1}^{O,M}+pc_{F,t+1}^{O,M}}{1+r_{t+1}}=w_t^M \tag{4-11}$$

式（4-7）表示居民追求终生（两期）效用最大化。式（4-8）、式（4-9）表示居民年轻、年老时的效用分别来源于对农产品和工业品的消费。与 Blanchard（2007）相似，本书也采用对数效用函数的形式。这种形式意味着消费的跨期替代弹性以及两种产品之间的期内替代弹性均为 1。这样的假设主要是出于简化模型的考虑，对于本书研究主题的结果没有实质影响。式（4-10）、式（4-11）分别表示农业部门居民和工业部门居民需要面临的预算约束。即两期对工业产品和农业产品的消费的现值应等于其年轻时的工资收入。消费 $c$ 的左下标 M 和 F 分别表示消费工业产品和农业产品，左上标 Y 和 O 分别表示年轻人和老年人，右上标 M 和 F 分别表示属于工业部门和农业部门（下同）。

根据式（4-7）至式（4-11），消费者追求效用最大化可以得出如下一阶条件：

$$c_{M,t}^{Y,F} = pc_{F,t}^{Y,F} \tag{4-12}$$

$$c_{M,t+1}^{O,F} = \beta(1 + r_{t+1})c_{M,t}^{Y,F} \tag{4-13}$$

$$c_{F,t+1}^{O,F} = \beta(1 + r_{t+1})c_{F,t}^{Y,F} \tag{4-14}$$

$$c_{M,t}^{Y,M} = pc_{F,t}^{Y,M} \tag{4-15}$$

$$c_{M,t+1}^{O,M} = \beta(1 + r_{t+1})c_{M,t}^{Y,M} \tag{4-16}$$

$$c_{F,t+1}^{O,M} = \beta(1 + r_{t+1})c_{F,t}^{Y,M} \tag{4-17}$$

以上六个一阶条件分别表示了农业部门居民和工业部门居民对两种产品的期内和跨期权衡取舍关系。例如，式（4－12）表示农业年轻人在第 t 期工业品和农产品之间的权衡取舍关系；式（4－13）表示农业人口在第 t 期工业品和第 t＋1 期工业品之间的权衡取舍关系。式（4－13）、式（4－14）、式（4－16）、式（4－17）是我们熟悉的跨期欧拉方程。

## 三、市场均衡

$$L_{F,t} + L_{V,t} + L_{M,t} = \frac{L}{2} \tag{4-18}$$

式（4－18）表示劳动力市场均衡条件。由于是小国模型，农业产品和工业产品又都是可贸易品，并且经常项目不要求每期平衡，因此不存在产品市场均衡条件。

## 四、初始稳态

由于本书的非线性模型无法得出解析解，所以我们准备借鉴 Obstfeld 和 Rogoff（1996）的做法，利用对数线性化的方法来分析全要素生产率增长的短期和长期影响。为了使系统线性化，我们首先需要确定初始稳态，然后在稳态附近进行对数线性化。我们假设主观贴现率等于客观贴现率，即 $\beta = \frac{1}{1 + r_{t+1}}$。此外初始稳态除了要遵循生产和消费的一阶条件和均衡条件，还要满足以下条件：

$$\bar{c}_{M,t}^{Y,F} = \bar{c}_{M,t+1}^{O,F} \tag{4-19}$$

$$\bar{c}_{F,t}^{Y,F} = \bar{c}_{F,t+1}^{O,F} \tag{4-20}$$

$$\bar{c}_{M,t}^{Y,M} = \bar{c}_{M,t+1}^{O,M} \tag{4-21}$$

$$\bar{c}_{F,t}^{Y,M} = \bar{c}_{F,t+1}^{O,M} \tag{4-22}$$

$$\bar{K}_t = \bar{K}_{t+1} \tag{4-23}$$

$$\bar{r}_M = r \tag{4-24}$$

$$\bar{w}_M = \bar{w}_F \tag{4-25}$$

式（4－19）和式（4－20）表示稳态时农业部门居民对于两种产品的两期消费不变；式（4－21）和式（4－22）表示稳态时工业部门居民对于两种产品的两期消费不变；式（4－23）表示稳态时的资本存量不变；因为是小国模型，所以式（4－24）表示稳态时本国的资本回报率应等于世界的实际利率；又因为劳动力可以在两部门之间自由流动，所以式（4－25）表示稳态时本国两部门居民工资应该相等。

现假设初始稳态的资本存量为 $K_0$，两部门的全要素生产率分别为 $A_{F0}$ 和 $A_{M0}$，另外，本国的土地量和总劳动力为外生给定，分别为 $T$ 和 $L$。根据以上各式，我们可以解出系统的初始稳态值（具体推导过程见附录 A）。

$$\bar{L}_M = K_0\left(\frac{r}{\alpha A_{M0}}\right)^{\frac{1}{1-\alpha}} \tag{4-26}$$

$$\bar{L}_F = \left(\frac{1}{pA_{F0}T^{\alpha}}\right)^{\frac{1}{1-\alpha}}\left\{\left[\frac{L}{2} - K_0\left(\frac{r}{\alpha A_{M0}}\right)^{\frac{1}{1-\alpha}}\right](1-\alpha)A_{M0}\left(\frac{\alpha A_{M0}}{r}\right)^{\frac{\alpha}{1-\alpha}}\right\}^{\frac{1}{1-\alpha}} \tag{4-27}$$

$$\bar{L}_V = \frac{L}{2} - \bar{L}_M - \bar{L}_F \tag{4-28}$$

$$\bar{w}_M = (1-\alpha)A_{M0}\left(\frac{\alpha A_{M0}}{r}\right)^{\frac{\alpha}{1-\alpha}} \tag{4-29}$$

$$\bar{w}_F = (1-\alpha)A_{M0}\left(\frac{\alpha A_{M0}}{r}\right)^{\frac{\alpha}{1-\alpha}} \tag{4-30}$$

$$\bar{I} = 0 \tag{4-31}$$

$$\bar{Y}_M = K_0 \frac{r}{\alpha} \qquad (4-32)$$

$$\bar{Y}_F = \frac{1}{p}\left[\frac{L}{2} - K_0\left(\frac{r}{\alpha A_{M0}}\right)^{\frac{1}{1-\alpha}}\right](1-\alpha)A_{M0}\left(\frac{\alpha A_{M0}}{r}\right)^{\frac{\alpha}{1-\alpha}} \qquad (4-33)$$

$$\bar{c}_M^{Y,F} = \bar{c}_M^{O,F} = \frac{1+r}{4+2r}\bar{w}_F \qquad (4-34)$$

$$\bar{c}_F^{Y,F} = \bar{c}_F^{O,F} = \frac{1}{p}\frac{1+r}{4+2r}\bar{w}_F \qquad (4-35)$$

$$\bar{c}_M^{Y,M} = \bar{c}_M^{O,M} = \frac{1+r}{4+2r}\bar{w}_M \qquad (4-36)$$

$$\bar{c}_F^{Y,M} = \bar{c}_F^{O,M} = \frac{1}{p}\frac{1+r}{4+2r}\bar{w}_M \qquad (4-37)$$

$$\bar{s}^Y = \frac{2+r}{} \qquad (4-38)$$

$$\bar{s}^O = -\frac{2+r}{} \qquad (4-39)$$

$$\bar{S} = 0 \qquad (4-40)$$

$$\bar{CA} = \bar{S} - \bar{I} = 0 \qquad (4-41)$$

$$\bar{CA} = p\bar{Y}_F + \bar{Y}_M - \bar{C}^{Y,F} - \bar{C}^{O,F} - \bar{C}^{Y,M} - \bar{C}^{O,M} - \bar{I} = 0 \qquad (4-42)$$

以上各式分别显示了稳态时劳动力在两部门的配置情况（包括剩余劳动力的情况）、两部门的工资、对工业品的投资需求量、两种产品的产出量、两部门单个居民对于两种产品的两期消费、单个年轻人与单个老年人的储蓄以及总储蓄和两种计算方法下的经常项目余额。其中，式（4－41）、式（4－42）分别从微观和宏观角度计算经常项目余额，结果都显示，稳态时的经常项目余额为0①。

## 五、对数线性化

在确定了系统初始稳态的基础上，我们要对构成系统的主要方程进行

① 稳态时经常项目余额为0，是符合经济学直觉的。因为本书没有设定持续的人口增长和技术进步等条件，所以稳态时经常项目必须为0。如果不为0，则意味着本国可以持续地向他国借入资金（经常项目逆差时），或持续地向他国借出资金（经常项目顺差时），这与我们的横截性条件相冲突。

对数线性化。具体步骤是先取对数再微分。下面，我们直接给出各方程的对数线性化结果（具体推导过程见附录 B）。

$$\hat{Y}_F = \hat{A}_F + (1-\alpha)\hat{L}_F \tag{4-43}$$

$$\hat{\bar{Y}}_F = \hat{\bar{A}}_F + (1-\alpha)\hat{\bar{L}}_F \tag{4-44}$$

$$\hat{Y}_M = \hat{A}_M + (1-\alpha)\hat{L}_M \tag{4-45}$$

$$\hat{\bar{Y}}_M = \hat{\bar{A}}_M + \alpha\hat{\bar{K}} + (1-\alpha)\hat{\bar{L}}_M \tag{4-46}$$

$$\frac{\alpha}{r}\bar{\eta}_{M0}\hat{\bar{K}} = \hat{I} \tag{4-47}$$

式（4-43）至式（4-46）分别为两部门生产函数的短期与长期线性化结果。其中，$\hat{Y}_F = \frac{dY_{F,t}}{\bar{Y}_F}$ 表示短期农业部门产出相对于初始稳态的增长率；$\hat{\bar{Y}}_F = \frac{dY_{F,t+1}}{\bar{Y}_F}$ 表示长期农业部门产出相对于初始稳态的增长率。本书中，所有带尖帽号的变量均表示其相对于初始稳态的增长率，没有上划线的表示短期增长率，有上划线的表示新稳态值相对于初始稳态值的增长率（即长期增长率）。式（4-47）为资本积累方程式（4-3）的线性化结果。因为初始稳态的投资为0，所以上式中的 $\hat{I}$ 不表示 $\frac{dI_t}{-}$，而表示 $\frac{dI_t}{p\bar{Y}_F + \bar{Y}_M}$，其中 $(p\bar{Y}_F + \bar{Y}_M)$ 表示初始稳态的总产出。式（4-47）中，$\bar{\eta}_{M0}$ 表示初始稳态时工业产出占总产出的比重 $\frac{\bar{Y}_M}{p\bar{Y}_F + \bar{Y}_M}$；$\hat{\bar{K}} = \frac{dK_{t+1}}{K_0}$ 表示长期资本相对于初始稳态的增长率。

$$\hat{w}_F = \hat{Y}_F - \frac{\bar{\varepsilon}_{F0}}{1-\bar{\varepsilon}_{M0}}\hat{L}_F - \frac{\bar{\varepsilon}_{V0}}{1-\bar{\varepsilon}_{M0}}\hat{L}_V \tag{4-48}$$

$$\hat{\bar{w}}_F = \hat{\bar{Y}}_F - \frac{\bar{\varepsilon}_{F0}}{1-\bar{\varepsilon}_{M0}}\hat{\bar{L}}_F - \frac{\bar{\varepsilon}_{V0}}{1-\bar{\varepsilon}_{M0}}\hat{\bar{L}}_V \tag{4-49}$$

$$\hat{w}_M = \hat{A}_M - \alpha\hat{L}_M \tag{4-50}$$

$$\hat{\bar{w}}_M = \hat{\bar{A}}_M + \alpha \hat{\bar{K}} - \alpha \hat{\bar{L}}_M \tag{4-51}$$

$$\hat{r}_M = \hat{A}_M + (1-\alpha)\hat{L}_M \tag{4-52}$$

$$\hat{\bar{r}}_M = \hat{\bar{A}}_M - (1-\alpha)\hat{\bar{K}} + (1-\alpha)\hat{\bar{L}}_M \tag{4-53}$$

式（4－48）至式（4－51）分别为两部门工资方程的短期与长期线性化结果。其中，$\bar{\varepsilon}_{F0}$、$\bar{\varepsilon}_{M0}$ 和 $\bar{\varepsilon}_{V0}$ 分别表示初始稳态时农业部门劳动力占总劳动力的比重、工业部门劳动力占总劳动力的比重以及剩余劳动力占总劳动力的比重。式（4－52）和式（4－53）为工业部门资本回报率的短期与长期线性化结果。

$$\hat{c}_M = \hat{c}_F \tag{4-54}$$

$$\hat{\bar{c}}_M = \hat{c}_M \tag{4-55}$$

$$\hat{\bar{c}}_F = \hat{c}_F \tag{4-56}$$

式（4－54）至式（4－56）分别为效用最大化的一阶条件的线性化结果。

$$\bar{\varepsilon}_{F0}\hat{L}_F + \bar{\varepsilon}_{V0}\hat{L}_V + \bar{\varepsilon}_{M0}\hat{L}_M = 0 \tag{4-57}$$

$$\hat{w}_M = \hat{w}_F \tag{4-58}$$

$$\hat{\bar{r}}_M = \hat{r} = 0 \tag{4-59}$$

式（4－57）为劳动力市场均衡条件的线性化结果。式（4－58）为两部门工资均等条件的线性化结果。式（4－59）为长期稳态时的资本回报率等于世界利率条件的线性化结果。因为世界利率外生给定，所以其增长率为0。需要说明的是，式（4－57）和式（4－58）无论是在短期还是在长期均成立，式（4－59）只有在长期稳态时才成立。因为，当期的资本存量是由上一期的投资决定的，所以，当经济受到外生冲击时，资本存量在短期无法调整。因此，也就无法保证冲击后的资本回报率在短期与世界利率相等。式（4－60）为居民终生预算约束条件的线性化结果。

$$\frac{1+r}{4+2r}\hat{c}_M + \frac{1+r}{4+2r}\hat{c}_F + \frac{1}{4+2r}\hat{\bar{c}}_M + \frac{1}{4+2r}\hat{\bar{c}}_F = \hat{w} \tag{4-60}$$

本书定义的衡量二元经济结构的变量为非农部门就业的劳动力（即工

业劳动力）占总劳动力的比重，用 $\varphi_t$ 表示。其表达式为 $\varphi_t = 2 \cdot \frac{L_{M,t}}{L}$。对该式进行对数线性化可得：

$$\hat{\varphi} = \hat{L}_M \tag{4-61}$$

$$\hat{\hat{\varphi}} = \hat{\hat{L}}_M \tag{4-62}$$

下面，我们要对经常项目的表达式进行对数线性化。因为初始稳态时的经常项目余额为0，所以我们定义 $C\hat{A} = \frac{dCA_t}{p\bar{Y}_F + \bar{Y}_M}$。由此，我们可以得到经常项目表达式的短期与长期线性化结果。

$$C\hat{A} = \left[\frac{1}{2+r}\bar{\eta}_{F0} + \frac{1}{2+r}(1-\alpha)\bar{\eta}_{M0}\right]\hat{S}^Y - \left[\frac{1}{2+r}\bar{\eta}_{F0} + \frac{1}{2+r}(1-\alpha)\bar{\eta}_{M0}\right]\hat{S}^O - \hat{I} \tag{4-63}$$

$$C\hat{\hat{A}} = \left[\frac{1}{2+r}\bar{\eta}_{F0} + \frac{1}{2+r}(1-\alpha)\bar{\eta}_{M0}\right]\hat{\hat{S}}^Y - \left[\frac{1}{2+r}\bar{\eta}_{F0} + \frac{1}{2+r}(1-\alpha)\bar{\eta}_{M0}\right]\hat{\hat{S}}^O - \hat{\hat{I}} \tag{4-64}$$

式中，$\bar{\eta}_{F0}$ 表示初始稳态时农业部门产出占总产出的比重 $\frac{p\bar{Y}_F}{p\bar{Y}_F + \bar{Y}_M}$；$\bar{\eta}_{M0}$ 表示初始稳态时工业部门产出占总产出的比重 $\frac{\bar{Y}_M}{p\bar{Y}_F + \bar{Y}_M}$。至此，本书已经将构成经济系统的所有方程对数线性化。下面可以通过求解以上线性化方程组来分析我们所关心的问题。

## 第二节 工业部门全要素生产率增长的影响

利用线性化之后的各个方程，我们要来分析工业部门全要素生产率在第 t 期的一个未被预期的永久性增长对于二元经济结构、经常项目余额的动态影响。在分析这一问题时，本书不考虑剩余劳动力完全被吸收的情况。这样做的原因与第三章相同。

工业部门全要素生产率的永久性增长意味着 $\hat{A}_M = \hat{\bar{A}}_M > 0$ 。由于本书重点分析的是工业部门全要素生产率增长的影响，所以农业部门全要素生产率的变化为0，即 $\hat{A}_F = \hat{\bar{A}}_F = 0$ 。

## 一、对二元经济结构的短期和长期影响

通过求解本章前述的线性方程组，我们可以得出以下结论（具体求解过程见附录C）:

$$\hat{w}_F = \hat{w}_M = \frac{\bar{\varepsilon}_{M0}}{\alpha + \bar{\varepsilon}_{M0} - \alpha\bar{\varepsilon}_{M0}}\hat{A}_M \tag{4-65}$$

$$\hat{L}_V = -\frac{\bar{\varepsilon}_{M0}}{\bar{\varepsilon}_{V0}}\frac{1 - \bar{\varepsilon}_{M0}}{\alpha + \bar{\varepsilon}_{M0} - \alpha\bar{\varepsilon}_{M0}}\hat{A}_M \tag{4-66}$$

$$\hat{L}_F = 0 \tag{4-67}$$

$$\hat{L}_M = \frac{1 - \bar{\varepsilon}_{M0}}{\alpha + \bar{\varepsilon}_{M0} - \alpha\bar{\varepsilon}_{M0}}\hat{A}_M \tag{4-68}$$

式（4-65）至式（4-68）显示，工业部门的全要素生产率增长会导致两个部门的工资在短期出现增长，且增长率相同；农业部门的年轻剩余劳动力在短期会减少；农业部门的年轻就业劳动力数量短期不变，而工业部门的年轻劳动力在短期会增加。其内在机制为，当工业部门的生产率提高导致工业部门工资上升时，就会吸引农业部门的年轻剩余劳动力向工业部门转移，工业部门的年轻劳动力会增加。由于老年人没有劳动能力，所以即便工业部门工资上升，农业老年人口也不会向工业部门转移。所以每一期的人口转移只发生在年轻人身上。因为本书不考虑剩余劳动力完全消失的情况，所以在土地和农业生产率不变的前提下，农业部门的就业人数（就业年轻人）将不会发生变化。农业部门剩余劳动力的减少会导致农业部门工资上升（因为农业就业人数不变，所以农业产出不变，而有部分剩余年轻人转移到工业部门，所以参与分享农业产出的人数下降会导致农业工资上升），直至与工业部门工资相等。

$$\hat{r}_M = \frac{1}{\alpha + \bar{\varepsilon}_{M0} - \alpha\bar{\varepsilon}_{M0}}\hat{A}_M \tag{4-69}$$

$$\hat{I} = \frac{\alpha}{r}\bar{\eta}_{M0}\frac{1}{\bar{\varepsilon}_{M0} - \alpha\bar{\varepsilon}_{M0}}\hat{A}_M \tag{4-70}$$

式（4-69）和式（4-70）分别显示，工业部门的资本回报率在短期会增加；工业部门在短期会出现正投资。因为工业部门的资本在短期无法调整（即 $\hat{K}=0$），所以农业部门剩余年轻劳动力的流入会导致工业部门的短期人均资本存量出现下降。短期人均资本存量下降和生产率增长都会导致短期资本回报率上升并超过世界利率，这将进一步导致工业部门的短期投资出现。

$$\hat{\bar{K}} = \frac{1}{\bar{\varepsilon}_{M0} - \alpha\bar{\varepsilon}_{M0}}\hat{A}_M \tag{4-71}$$

$$\hat{\bar{w}}_F = \hat{\bar{w}}_M = \frac{1}{1-\alpha}\hat{A}_M \tag{4-72}$$

$$\hat{\bar{L}}_V = -\frac{1-\bar{\varepsilon}_{M0}}{\bar{\varepsilon}_{M0} - \alpha\bar{\varepsilon}_{M0}}\hat{A}_M \tag{4-73}$$

$$\hat{\bar{L}}_F = 0 \tag{4-74}$$

$$\hat{\bar{L}}_M = \frac{1-\bar{\varepsilon}_{M0}}{\bar{\varepsilon}_{M0} - \alpha\bar{\varepsilon}_{M0}}\hat{A}_M \tag{4-75}$$

式（4-71）至式（4-75）显示，工业部门的长期资本存量会增加；两部门的工资在长期同比率增长；农业部门剩余年轻劳动力在长期会减少；农业部门年轻就业劳动力在长期保持不变；工业部门年轻劳动力在长期有所增加。因为工业部门短期出现正投资，所以其长期资本存量会增加。长期资本存量增加使得工业部门的长期人均资本存量高于短期，导致工业部门工资在长期继续上升，这进一步导致农业部门剩余年轻劳动力在长期继续向工业部门转移。由于本书不考虑剩余劳动力完全消失的情况，所以农业部门的就业人数在长期仍然不会发生变化。农业部门剩余劳动力在长期的减少会导致农业部门工资在长期上升，直至与工业部门工资在长期相等。

$$\hat{\bar{r}}_M = 0 \tag{4-76}$$

$$\hat{\bar{I}} = 0 \tag{4-77}$$

式（4－76）和式（4－77）显示，工业部门资本回报率的长期增长率为0；工业部门的长期投资增长率也为0。因为经济只需要一期（即在第t＋1期）即进入新的稳态，所以长期资本回报率与初始资本回报率相同，皆为世界实际利率；长期投资与初始投资相同，皆为0。

$$\hat{\varphi} = \frac{1 - \bar{\varepsilon}_{M0}}{\alpha + \bar{\varepsilon}_{M0} - \alpha\bar{\varepsilon}_{M0}}\hat{A}_M \tag{4-78}$$

$$\hat{\bar{\varphi}} = \frac{1 - \bar{\varepsilon}_{M0}}{\bar{\varepsilon}_{M0} - \alpha\bar{\varepsilon}_{M0}}\hat{A}_M \tag{4-79}$$

式（4－78）和式（4－79）显示，工业部门全要素生产率的永久性增长会促进二元经济转型（即导致剩余年轻劳动力由农业部门向工业部门转移），且长期的二元经济转型程度高于短期。因为工业部门的长期资本存量高于短期，所以可以吸纳更多的农业部门剩余年轻劳动力。

## 二、对经常项目的短期和长期影响

我们已经在前文给出了工业部门的生产率增长对二元经济转型和其他经济变量的影响，下面要来求解经常项目的动态反应。根据式（4－63）和式（4－64），我们还需要解出两部门产出和消费的长短期变化，才能解出经常项目的动态变化。

$$\hat{Y}_F = 0 \tag{4-80}$$

$$\hat{Y}_M = \frac{1}{\alpha + \bar{\varepsilon}_{M0} - \alpha\bar{\varepsilon}_{M0}}\hat{A}_M \tag{4-81}$$

$$\hat{\bar{Y}}_F = 0 \tag{4-82}$$

$$\hat{\bar{Y}}_M = \frac{1}{\bar{\varepsilon}_{M0} - \alpha\bar{\varepsilon}_{M0}}\hat{A}_M \tag{4-83}$$

$$\hat{c}_F = \hat{\bar{c}}_F = \hat{c}_M = \hat{\bar{c}}_M = \frac{\bar{\varepsilon}_{M0}}{\alpha + \bar{\varepsilon}_{M0} - \alpha\bar{\varepsilon}_{M0}}\hat{A}_M \tag{4-84}$$

式（4－80）至式（4－84）显示，农业部门产出在短期和长期均不变；工业部门产出在短期和长期均增长，且长期产出增长超过短期；每个居民对两种产品的消费在短期和长期均同比率增长，且短期与长期增长程度相同。因为农业部门的生产率和生产要素在短期和长期均未发生变化，所以农业部门产出在短期和长期均不变。在工业部门，生产率的增长和剩余劳动力的短期流入共同导致工业部门产出的短期上升，而长期资本存量的上升和剩余劳动力在长期的继续转移共同导致工业部门产出在长期进一步增加。由于短期和长期的农业部门产出不变，所以整个经济的总产出在短期和长期均上升，只不过长期总产出增加得比短期总产出多。总产出（或收入）的增加进而导致对两种产品消费需求的增加，由于消费者要平滑消费，所以短期和长期消费同比率增长。

现在，我们可以解出经常项目的短期和长期增长率：

$$\hat{CA}_t = \left[\frac{1-\alpha}{(2+r)(\alpha+\bar{\varepsilon}_{M0}-\alpha\bar{\varepsilon}_{M0})} - \frac{\alpha}{r(1-\alpha)\bar{\varepsilon}_{M0}}\right]\bar{\eta}_{M0}\hat{A}_M \quad (4-85)$$

$$C\hat{\hat{A}}_{t+1} = \frac{\alpha\bar{\eta}_{M0}}{(2+r)(\alpha+\bar{\varepsilon}_{M0}-\alpha\bar{\varepsilon}_{M0})\bar{\varepsilon}_{M0}}\hat{A}_M \quad (4-86)$$

$$C\hat{\hat{A}}_{t+2} = 0 \quad (4-87)$$

需要注意的是，由于具有人口年龄结构的特点，经常项目不是一期就能调整到位的。这一结论与代理人框架下的跨期模型存在明显差异。式（4－85）至式（4－87）分别显示工业部门的全要素生产率增长对经常项目各期的影响。在理论上，第 t 期经常项目变化方向不确定，这是因为第 t 期总储蓄与总投资变化方向都为正，总储蓄增长，总投资也增长，因此作为两者之差的经常项目变化也不确定。第 t 期本国投资上升，我们在前文已经给出了解释。现在，我们来分析第 t 期总储蓄上升的原因。我们知道在 OLG 框架下，每个人只有在年轻时才有劳动收入，所以为了平滑其一生的消费，需要在年轻时进行正储蓄（消费低于工资收入）。一个人在老年时只获得年轻时正储蓄带来的利息收入，然后要将本金和利息全部消费掉。可见老年人的消费高于收入，进行了负储蓄。

每个行为人老年时的负储蓄量恰好等于其在年轻时进行的正储蓄量。在没有人口增长和技术进步等外生冲击的情况下，不同时期年轻人的正储蓄都相同，不同时期老年人的负储蓄也都相同，并且每一期年轻人的正储蓄与当期老年人的负储蓄恰好相互抵消，导致本国总储蓄为0①。在我们的模型中，第t期的生产率增长导致两个部门当代年轻人的工资收入都提高。收入的提高必然会导致终生消费提高。为了实现自己年老时更高的消费水平，当代年轻人的正储蓄会增加，并超过上一代年轻人。而当代老年人的负储蓄恰好等于上一代年轻人的正储蓄。所以，会导致本国第t期年轻人的正储蓄超过当期老年人的负储蓄，最终形成本国总储蓄的上升②。

在OLG框架下，第t期经常项目的变化不确定。而代理人框架下，第t期经常项目会出现逆差。这是两个模型结论的一个差异。造成这一差异的原因主要在于两个模型下，第t期储蓄变化的不同（第t期投资的变化是相同的)。在OLG框架下，第t期储蓄会上升；而代理人框架下，第t期储蓄会下降。

第t+1期经常项目变化的方向为正。这是因为在第t+1期，因为没有新的技术进步，所以投资不会发生变化，资本存量在这一期就进入新的稳态。不过由于第t+1期的资本存量提高导致两个部门年轻人的工资收入进一步增加，进而导致当期年轻人的正储蓄上升，并超过第t期年轻人的正储蓄。第t+1期老年人的负储蓄量仍然等于第t期年轻人的正储蓄量。因此，第t+1期所有年轻人的正储蓄量超过了当期所有老年人的负储蓄量，最终导致第t+1期本国出现总的正储蓄。总储蓄上升，而总投资不变，导致第t+1期经常项目出现顺差。这一结论也与代理人框

① 此处的本国总储蓄为0，并不意味着本国没有储蓄资产，而是指本国当期新增储蓄为0，而原有的储蓄资产存量没有发生变化。

② 虽然，第t期老年人的利息收入超过了上一期老年人的利息收入（因为第t期的生产率增长导致当期的资本回报率上升，而当期资本存量是由上一期年轻人的储蓄形成的，所以当期资本的收益归当期老年人所有)，但是由于老年人依然将利息收入和本金都消费掉，所以其负储蓄的量仍然不变，始终等于其年轻时的正储蓄。

架下的模型不同。在代理人模型中，经常项目在第 t+1 期已经实现平衡，进入新的稳态。导致这一差异的主要原因仍然是不同模型下储蓄变化的不同①。

第 t+2 期经常项目变化率为 0，这是因为第 t+2 期年轻人总的正储蓄等于老年人总的负储蓄，社会总储蓄变化为 0，因此经常项目变化也为 0。也就是说，经常项目在第 t+2 期实现平衡，进入新的稳态。

## 第三节　二元经济转型对经常项目的动态影响

与以往的经常项目跨期模型相比，本书的理论模型引入了二元经济结构。这使得本书的模型更加贴近发展中国家的现实。在前文中，我们分析了工业部门全要素生产率的增长对一国的二元经济转型、经常项目的动态影响。下面，我们要来分析二元经济转型因素的存在对经常项目的动态反应有怎样的影响。

我们仍然考虑工业部门全要素生产率在第 t 期出现永久性增长的情况。只不过，现在我们要假设农业剩余劳动力在受到冲击后不能够向工业转移。在该假设前提下，我们可以求解出经常项目的动态反应。然后再与农业剩余劳动力可以向工业转移时的经常项目的动态反应进行对比。这样，我们就可以确定出二元经济转型因素的存在对经常项目的动态反应的影响。

为了与前文中的经济变量相区别，我们在相应变量右上方加“撇”来表示不考虑二元经济转型假设下的变量。在经济受到生产率冲击后，如果剩余劳动力不能转移，则两部门工资均等条件将不再成立，此时 $\hat{L}'_V$ 与 $\hat{L}'_M$ 均为 0。除此之外，前文中的在对数线性化方程对于剩余劳动力不能转移情况下的分析仍然适用。

---

① 在代理人框架下，本国总储蓄的变化在第 t+1 期为 0，进入新的稳态。

## 一、二元经济转型与经常项目

我们可以解出在剩余劳动力不能转移时各变量的值（具体求解过程见附录D）：

$$\hat{Y}'_M = \hat{A}_M \tag{4-88}$$

$$\hat{\bar{Y}}'_M = \frac{1}{1-\alpha}\hat{A}_M \tag{4-89}$$

根据式（4－81）和式（4－83）我们得出 $\hat{Y}'_M < \hat{Y}_M$，$\hat{\bar{Y}}'_M < \hat{\bar{Y}}_M$，即在农业部门剩余劳动力不能转移时，工业部门产出要低，同时我们得到：

$$C\hat{A}'_t = \left[\frac{1-\alpha}{2+r} - \frac{\alpha}{r(1-\alpha)\bar{\varepsilon}_{M0}}\right]\bar{\eta}_{M0}\hat{A}_M \tag{4-90}$$

$$C\hat{\bar{A}}'_{t+1} = \frac{\alpha\bar{\eta}_{M0}}{(2+r)}\hat{A}_M \tag{4-91}$$

$$C\hat{\bar{A}}'_{t+2} = 0 \tag{4-92}$$

根据式（4－85）、式（4－86）、式（4－90）、式（4－91）我们得出 $C\hat{A}'_t < C\hat{A}_t$，$C\hat{\bar{A}}'_{t+1} < C\hat{\bar{A}}_{t+1}$，即在农业部门剩余劳动力不能转移时，经常项目变化率要小。我们知道，在农业部门剩余劳动力可以转移时，工业部门需要更多的资本存量来吸收劳动力，所以本国需要更多的短期投资。此外，在劳动力可以转移时，年轻人的工资上升幅度更大，且工资上升的年轻人数量更多，进而导致本国总储蓄上升较多。而在劳动力不能转移时，由于投资水平相对较低，导致年轻人的工资上升幅度不高，并且只有工业部门的年轻人能获得工资增长，这会导致本国总储蓄上升幅度较小。所以，虽然在农业部门剩余劳动力可以转移时，本国的投资增加较多，然而储蓄增加更多，并最终导致此种情况下的经常项目变化大于二元经济不能转型时的经常项目变化。

通过以上分析，我们发现，二元经济转型因素的存在在短期会对经常项目有正向的推动作用。具体来说，在短期，如果经常项目是顺差，则二元经济转型的存在会增大顺差；如果是逆差，则二元经济转型的存在会缩小逆差。

## 二、数值模拟

在前文中，我们对比分析了两种极端情况下（剩余劳动力不能转移和剩余劳动力完全自由转移），工业全要素生产率增长对二元经济转型与经常项目的动态影响。下面，我们通过数值模拟从两方面来分析在上述两种情况下二元经济转型与经常项目的动态效应。

式（4-78）、式（4-79）、式（4-85）至式（4-87）、式（4-90）至式（4-92）是我们进行数值模拟的表达式。式中，$\alpha$ 表示资本的产出份额，我们设定其为1/3。$\bar{\varepsilon}_{M0}$ 为初始稳态时工业劳动力占总劳动力的比重，根据中国2011年的劳动力数据，我们设定其为0.46①。$\bar{\eta}_{M0}$ 为初始稳态时工业产出占总产出的比重，根据中国2011年的产出数据，我们设定其为0.82②。$r$ 为世界实际利率，我们设定其为0.02。

### （一）二元经济转型数值模拟

我们首先考虑二元经济转型的动态变化，数值模拟图中，横坐标为时间，纵坐标为 $\varphi$ 增长率。

如图4-1所示，工业全要素生产率第t期的永久性增长会促进二元经济转型。并且，第t+1期的二元经济转型程度高于第t期。表明工业部门的长期资本存量高于短期，可以吸纳更多的农业部门剩余劳动力，进而导致长期二元经济转型程度更高。

### （二）工业全要素生产率增长率与经常项目数值模拟

在此我们考虑不同的工业全要素生产率增长率对经常项目的动态效

---

① 由于本书的理论模型没有考虑第三产业（服务业）部门，因此在设定劳动力占比时不考虑服务业的劳动力数量。2011年中国的工业劳动力为2.25亿，农业劳动力为2.66亿［《中国统计年鉴》（2012）］。因为不考虑服务业劳动力数量，所以总劳动力数量为工业和农业之和。最终我们可以算出工业劳动力占比为2.25/（2.25+2.66）=0.46。

② 由于本书的理论模型没有考虑第三产业（服务业）部门，因此在设定产出占比时不考虑服务业产出。2011年中国的工业产出220412.8亿元，农业产出为47486.2亿元［《中国统计年鉴》（2012）］。因为不考虑服务业产出，所以总产出为工业和农业之和。最终我们可以算出工业产出占比为0.82。

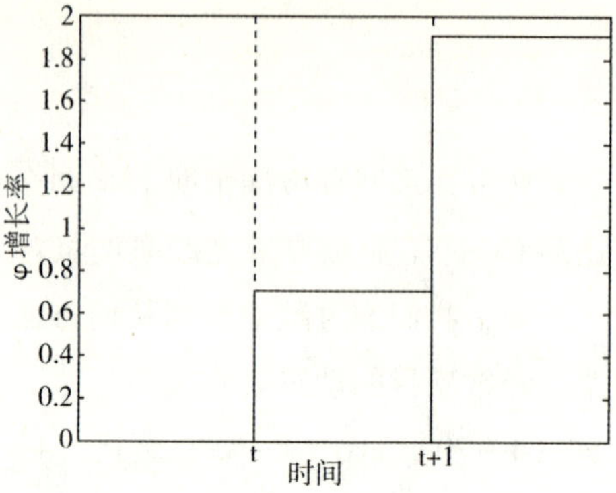


**图 4－1　二元经济转型动态路径**

应。因此数值模拟图以工业全要素生产率增长率为横坐标、经常项目为纵坐标。$\hat{A}_M$ 为工业部门全要素生产率的增长率，我们设定其取值范围为 0～0.1。

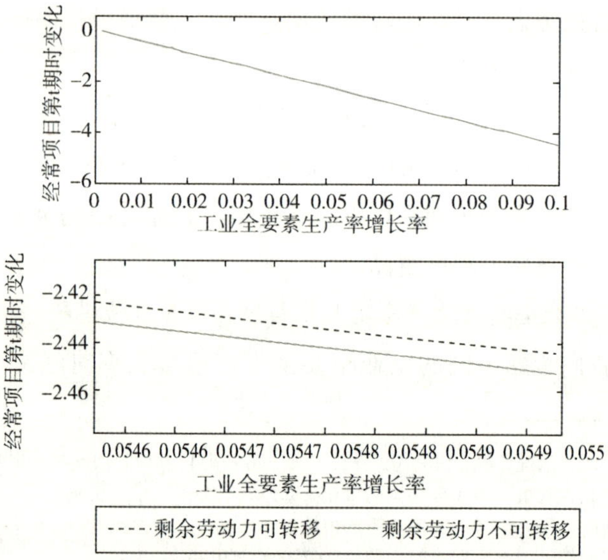


**图 4－2　第 t 期工业全要素生产率增长率与经常项目关系**

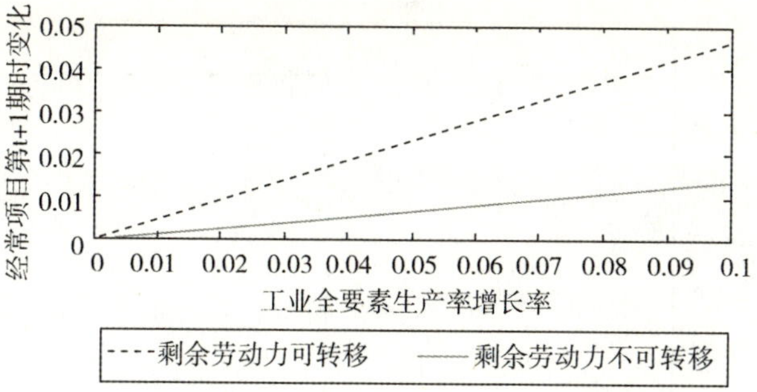


**图 4－3　第 t＋1 期工业全要素生产率增长率与经常项目关系**

图 4－2 显示了第 t 期，在剩余劳动力可以转移与不可转移两种情况下，工业全要素生产率增长率与经常项目变化率之间的关系。很明显，两者呈反比例关系，即工业全要素生产率增长率的提高会使第 t 期经常项目的逆差幅度增加。图 4－3 显示了在第 t＋1 期，两者呈正比例关系，即工业全要素生产率增长率的提高会使经常项目的顺差幅度增加。同时结合两图可以看出，虚线（剩余劳动力可转移）在实线（剩余劳动力不可转移）的上方。这说明二元经济转型因素的存在在短期内会对经常项目有正向的推动作用。具体来说，在短期内如果经常项目出现逆差，则二元经济转型因素的存在会缩小逆差；如果经常项目出现顺差，则二元经济转型因素的存在会增大顺差。同时由图 4－2 与图 4－3 中纵坐标大小关系可知，第 t 期时逆差的幅度要大于第 t＋1 期时顺差的幅度。

（三）经常项目随时间变化数值模拟

我们再来考虑随时间的变化二元经济转型因素对经常项目的动态效应。在这里我们考虑 $\hat{A}_M=0.01$ 时的情况。图 4－4 中，横坐标为时间，纵坐标为经常项目变化率。

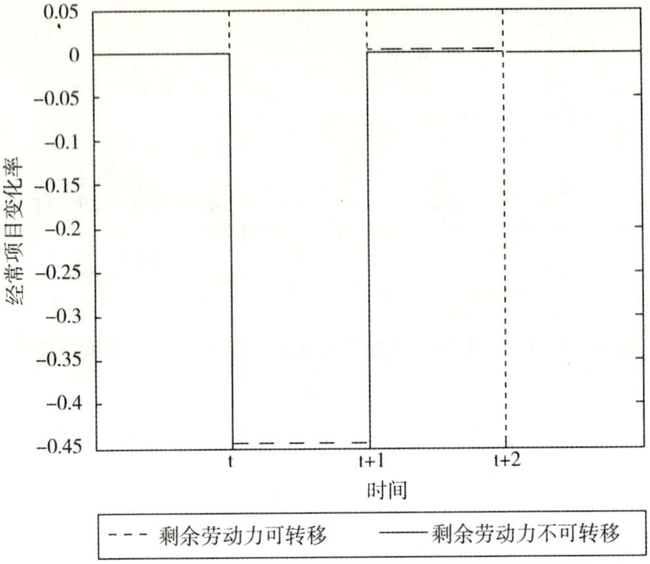


**图 4-4　经常项目变化**

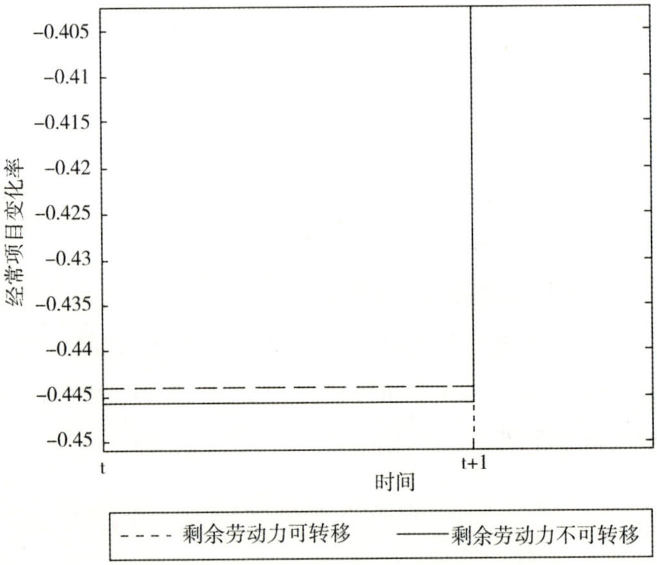


**图 4-5　图 4-4 中第 t 期至第 t+1 期部分放大**

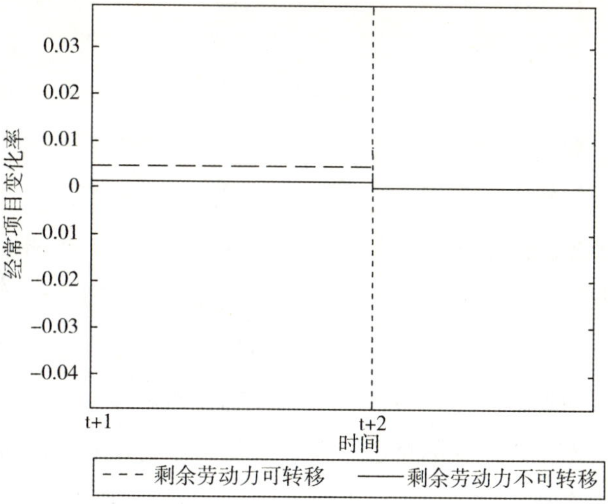


**图 4-6　图 4-4 中第 t+1 期至第 t+2 期部分放大**

图 4-4 显示，当第 t 期未预期到的工业全要素生产率的冲击到来之前，经常项目处于稳态水平（即经常项目余额为 0）；当第 t 期的冲击到来时，会导致经常项目在第 t 期出现逆差；到第 t+1 期时，经常项目变为顺差；到第 t+2 期时，经常项目又回到稳态水平。同时从图 4-5、图 4-6 可以看出，二元经济转型因素的存在会对经常项目产生正向推动作用。

## 第四节　本章小结

本章中，我们在 OLG 框架下建立了一个具有二元经济结构的经常项目跨期模型，并利用该模型分析了工业部门全要素生产率的永久性增长对二元经济结构和经常项目的动态影响。

通过理论模型的分析，我们得出以下结论：工业部门全要素生产率的永久性增长会导致二元经济转型（即剩余劳动力由农业部门向工业部门转移），且长期二元经济转型程度高于短期；第 t 期工业部门全要素生产率的永久性增长会导致当期的经常项目发生变化，但是变化方向不确定（取决于总储蓄和总投资的相对变化幅度）；会导致第 t+1 期的经常项目出现顺差，然后经常项目在第 t+2 期实现平衡，进入新的稳态；二元经济转型因素的存在会对短期经常项目的动态变化产生正向拉动作用。

然后，我们对本章的理论模型进行数值模拟，来得出更加直观的分析结论。数值模拟的结果显示：第 t 期工业部门全要素生产率的永久性增长会导致当期和第 t+1 期出现二元经济转型（即剩余劳动力由农业部门向工业部门转移），且第 t+1 期二元经济转型程度高于第 t 期；会导致当期的经常项目出现逆差，而第 t+1 期的经常项目出现顺差，然后经常项目在第 t+2 期实现平衡，进入新的稳态；全要素生产率的增长率越高，经常项目的动态反应幅度越大；二元经济转型因素的存在会导致第 t 期经常项目的逆差幅度下降，导致第 t+1 期经常项目的顺差幅度增加，所以其对经常项目的动态变化存在正向拉动作用。

本章理论模型的结论与上一章的代理人模型存在一定的差异。其中，两章的模型均认为，工业部门全要素生产率的永久性增长会导致剩余劳动力由农业部门向工业部门转移，且长期的转移程度高于短期。但是，两章的模型在经常项目的动态反应方面却并不完全一致。代理人模型认为，第 t 期工业部门全要素生产率的永久性增长会导致第 t 期经常项目出现逆差，然后在第 t+1 期实现平衡；而 OLG 模型则认为第 t 期经常项目的变化方向不确定（数值模拟的结果显示第 t 期经常项目会出现逆差），第 t+1 期经常项目会出现顺差，直到第 t+2 期经常项目才实现平衡。另外，两个理论模型在二元经济转型如何影响经常项目的结论方面存在明显差异。其中，代理人模型认为二元经济转型会导致经常项目恶化，而 OLG 模型则认为二元经济转型会导致经常项目改善。哪种模型的结果更贴近现实，还需要我们利用现实数据进行实证研究。

需要说明的是，本书的理论模型的主要特点是在经常项目跨期模型中引入了二元经济结构，使其具有了发展中国家的典型特征，但是仍存在许多不足之处。如本书模型是一个小国模型，没有考虑服务业部门，没有引入货币和政府等。这些不足都是未来模型拓展的方向。

## 附录 A：最优化与初始稳态

1. 消费者效用最大化的一阶条件：

$$\max[U(c_t)+\beta U(c_{t+1})] \tag{4-7}$$

$$U(c_t)=\log c_t=\frac{1}{2}\log c_{F,t}^{Y}+\frac{1}{2}\log c_{M,t}^{Y} \tag{4-8}$$

$$U(c_{t+1})=\log c_{t+1}=\frac{1}{2}\log c_{F,t+1}^{O}+\frac{1}{2}\log c_{M,t+1}^{O} \tag{4-9}$$

$$U=\frac{1}{2}\log c_{F,t}^{Y}+\frac{1}{2}\log c_{M,t}^{Y}+\beta(\frac{1}{2}\log c_{F,t+1}^{O}+\frac{1}{2}\log c_{M,t+1}^{O})$$

对于农业部门有：

$$\text{s. t.}\quad c_{M,t}^{Y,F}+pc_{F,t}^{Y,F}+\frac{c_{M,t+1}^{O,F}+pc_{F,t+1}^{O,F}}{1+r_{t+1}}=w_t^F \tag{4-10}$$

先由上式解出 $c_{M,t}^{Y,F}$，再将其代入效用函数 $U$ 中，分别对余下三个变量求偏导。

$$c_{M,t}^{Y,F}=w_t^F-pc_{F,t}^{Y,F}-\frac{c_{M,t+1}^{O,F}+pc_{F,t+1}^{O,F}}{1+r_{t+1}}$$

代入效用函数 $U$ 中得：

$$\frac{\partial U}{\partial c_{F,t}^{Y,F}}=0\Rightarrow\frac{1}{2}\frac{1}{c_{F,t}^{Y,F}}-\frac{1}{2}\frac{1}{c_{M,t}^{Y,F}}p=0\Rightarrow c_{M,t}^{Y,F}=pc_{F,t}^{Y,F} \tag{4-12}$$

$$\frac{\partial U}{\partial c_{M,t+1}^{O,F}}=0\Rightarrow\frac{\beta}{2}\frac{1}{c_{M,t+1}^{O,F}}-\frac{1}{1+r_{t+1}}\frac{1}{2}\frac{1}{c_{M,t}^{Y,F}}=0\Rightarrow c_{M,t+1}^{O,F}=\beta(1+r_{t+1})c_{M,t}^{Y,F}$$

$$(4-13)$$

$$\frac{\partial U}{\partial c_{F,t+1}^{O,F}}=0\Rightarrow\frac{\beta}{2}\frac{1}{c_{F,t+1}^{O,F}}-\frac{1}{1+r_{t+1}}\frac{1}{2}\frac{1}{c_{M,t}^{Y,F}}p=0\Rightarrow pc_{F,t+1}^{O,F}=\beta(1+r_{t+1})c_{M,t}^{Y,F}$$

与式(4-12)得：

$$c_{F,t+1}^{O,F}=\beta(1+r_{t+1})c_{F,t}^{Y,F} \tag{4-14}$$

对于工业部门按照上述方法同理可得：

$$c_{M,t}^{Y,M}=pc_{F,t}^{Y,M} \tag{4-15}$$

$$c_{M,t+1}^{O,M}=\beta(1+r_{t+1})c_{M,t}^{Y,M} \tag{4-16}$$

$$c_{F,t+1}^{O,M} = \beta(1 + r_{t+1})c_{F,t}^{Y,M} \tag{4-17}$$

2. 求解初始稳态：

先根据式(4－24)$\bar{r}_M = r$ 和式(4－5)$r_{M,t} = \alpha A_{M,t}\left(\frac{K_t}{L_{M,t}}\right)^{\alpha-1}$ 得出：

$$\alpha A_{M,0}\left(\frac{K_0}{\bar{L}_M}\right)^{\alpha-1} = r \Rightarrow \bar{L}_M = K_0\left(\frac{r}{\alpha A_{M0}}\right)^{\frac{1}{1-\alpha}} \tag{4-26}$$

得出 $\bar{L}_M$ 后，将其代入式(4－4)$w_{M,t} = (1-\alpha)A_{M,t}\left(\frac{K_t}{L_{M,t}}\right)^{\alpha}$ 可得：

$$\bar{w}_M = (1-\alpha)A_{M0}\left(\frac{\alpha A_{M0}}{r}\right)^{\frac{\alpha}{1-\alpha}} \tag{4-29}$$

根据式(4－25)$\bar{w}_M = \bar{w}_F$ 可得：

$$\bar{w}_F = (1-\alpha)A_{M0}\left(\frac{\alpha A_{M0}}{r}\right)^{\frac{\alpha}{1-\alpha}} \tag{4-30}$$

根据式(4－25)$\bar{w}_M = \bar{w}_F$ 和式(4－6)$w_{F,t} = \frac{pY_{F,t}}{L_{F,t} + L_{V,t}} = \frac{pA_{F,t}T^{\alpha}L_{F,t}^{1-\alpha}}{L_{F,t} + L_{V,t}}$ 可得：

$(1-\alpha)A_{M0}\left(\frac{\alpha A_{M0}}{r}\right)^{\frac{\alpha}{1-\alpha}} = \frac{pA_{F0}T^{\alpha}\bar{L}_F^{1-\alpha}}{\bar{L}_F + \bar{L}_V}$，由于 $\bar{L}_F + \bar{L}_V = \frac{L}{2} - \bar{L}_M$，再结合式 $\bar{L}_M = K_0\left(\frac{r}{\alpha A_{M0}}\right)^{\frac{1}{1-\alpha}}$ 可得：

$$\bar{L}_F = \left(\frac{1}{pA_{F0}T^{\alpha}}\right)^{\frac{1}{1-\alpha}}\left\{\left[\frac{L}{2} - K_0\left(\frac{r}{\alpha A_{M0}}\right)^{\frac{1}{1-\alpha}}\right](1-\alpha)A_{M0}\left(\frac{\alpha A_{M0}}{r}\right)^{\frac{\alpha}{1-\alpha}}\right\}^{\frac{1}{1-\alpha}} \tag{4-27}$$

利用式(4－18)$L_{F,t} + L_{V,t} + L_{M,t} = \frac{L}{2}$ 可得：

$$\bar{L}_V = \frac{L}{2} - \bar{L}_M - \bar{L}_F \tag{4-28}$$

根据式(4－3)$K_{t+1} = K_t + I_t$ 和式(4－23)$\bar{K}_t = \bar{K}_{t+1}$ 可得：

$$\bar{I} = 0 \tag{4-31}$$

将 $\bar{L}_M$ 代入式(4－2)$Y_{M,t} = A_{M,t}K_t^{\alpha}L_{M,t}^{1-\alpha}$ 可得：

$$\bar{Y}_M = K_0 \frac{r}{\alpha} \tag{4-32}$$

将 $\bar{L}_F$ 代入式(4 - 1) $Y_{F,t} = A_{F,t}T^{\alpha}L_{F,t}^{1-\alpha}$ 可得：

$$\bar{Y}_F = \frac{1}{p}\left[\frac{L}{2} - K_0\left(\frac{r}{\alpha A_{M0}}\right)^{\frac{1}{1-\alpha}}\right](1-\alpha)A_{M0}\left(\frac{\alpha A_{M0}}{r}\right)^{\frac{\alpha}{1-\alpha}} \tag{4-33}$$

对于单个农业部门居民，将式(4 - 12)、式(4 - 13)、式(4 - 14)代入预算约束式(4 - 10)可得：

$$\bar{c}_M^{Y,F} = \bar{c}_M^{O,F} = \frac{1+r}{4+2r}\bar{w}_F \tag{4-34}$$

$$\bar{c}_F^{Y,F} = \bar{c}_F^{O,F} = \frac{1}{p}\frac{1+r}{4+2r}\bar{w}_F \tag{4-35}$$

对于单个工业部门居民，将式(4 - 15)、式(4 - 16)、式(4 - 17)代入预算约束式(4 - 11)可得：

$$\bar{c}_M^{Y,M} = \bar{c}_M^{O,M} = \frac{1+r}{4+2r}\bar{w}_M \tag{4-36}$$

$$\bar{c}_F^{Y,M} = \bar{c}_F^{O,M} = \frac{1}{p}\frac{1+r}{4+2r}\bar{w}_M \tag{4-37}$$

对于单个年轻人，其储蓄为工资收入减去其对工业品与农业品的消费：

$$\bar{s}^Y = \bar{w}^Y - \bar{c}_M^Y - p\bar{c}_F^Y = \bar{w} - \frac{1+r}{2+r}\bar{w} = \frac{2+r}{} \tag{4-38}$$

对于单个老年人，其储蓄为年轻时的利息收入减去其对工业品与农业品的消费：

$$\bar{s}^O = \mathrm{r}\bar{s}_Y - \bar{c}_M^O - p\bar{c}_F^O = \frac{r}{2+r}\bar{w} - \frac{1+r}{2+r}\bar{w} = -\frac{2+r}{} \tag{4-39}$$

且全社会年轻人与老年人人数相等，因此，稳态时全社会的总储蓄 $\bar{S}$ 为：

$$\bar{S} = (\bar{s}^Y + \bar{s}^O)\cdot L = 0 \tag{4-40}$$

根据经常项目表达式 $CA = S - I$ 得：

$$\bar{CA} = \bar{S} - \bar{I} = 0 \tag{4-41}$$

同时经常项目另一表达式为：

$$CA = \mathrm{Y} - \mathrm{C} - I$$

考虑到稳态时 $\bar{I}=0$,因此只要验证稳态时 $C\bar{A}=\bar{Y}-\bar{C}=0$,即只要验证 $C\bar{A}=p\bar{Y}_F+\bar{Y}_M-\bar{C}^{Y,F}-\bar{C}^{O,F}-\bar{C}^{Y,M}-\bar{C}^{O,M}(a)$ 是否为零。

农业部门年轻居民总消费 $\bar{C}^{Y,F}=\bar{C}_M^{Y,F}+\bar{C}_F^{Y,F}=\frac{1+r}{2+r}\bar{w}_F(\bar{L}_F+\bar{L}_V)$,根据式(4-6)得 $\bar{C}^{Y,F}=\frac{1+r}{2+r}p\bar{Y}_F$。

农业部门老年居民总消费 $\bar{C}^{O,F}=\bar{C}_M^{O,F}+\bar{C}_F^{O,F}=\frac{1+r}{2+r}\bar{w}_F(L_F+L_V)$,根据式(4-6)得 $\bar{C}^{O,F}=\frac{1+r}{2+r}p\bar{Y}_F$。

工业部门年轻居民总消费 $\bar{C}^{Y,M}=\bar{C}_M^{Y,M}+\bar{C}_F^{Y,M}=\frac{1+r}{2+r}\bar{w}_M\bar{L}_M$,根据式(4-2)、式(4-4)得 $\bar{C}^{Y,M}=\frac{1+r}{2+r}(1-\alpha)\bar{Y}_M$。

工业部门老年居民总消费 $\bar{C}^{O,M}=\bar{C}_M^{O,M}+\bar{C}_F^{O,M}=\frac{1+r}{2+r}\bar{w}_M\bar{L}_M$,根据式(4-2)、式(4-4)得 $\bar{C}^{O,M}=\frac{1+r}{2+r}(1-\alpha)\bar{Y}_M$。

农业部门产出完全由年轻农民分享,工业部门产出一部分以工资的形式由年轻工人获得,一部分以资本收入的形式由老年农民与老年工人共同获得。年轻农业部门居民总储蓄 $\bar{S}^{\mathrm{Y,F}}=p\bar{Y}_F-\bar{C}^{Y,F}=p\bar{Y}_F-\frac{1+r}{2+r}p\bar{Y}_F=\frac{1}{2+r}p\bar{Y}_F$。

同时,我们对总产出中的工业总产出 $Y_M$ 进行分解,稳态时有 $\bar{Y}_M=\bar{L}_{\mathrm{M}}(1-\alpha)\frac{\bar{Y}_M}{\bar{L}_{\mathrm{M}}}+\bar{K}\alpha\frac{\bar{Y}_M}{}$;等式右边第一项为工资收入,第二项为资本收入,同时稳态时有 $\alpha\frac{\bar{Y}_M}{}=r$。年轻工业部门居民总储蓄 $\bar{S}^{\mathrm{Y,M}}=(1-\alpha)\bar{Y}_M-\bar{C}^{Y,M}=(1-\alpha)\bar{Y}_M-\frac{1+r}{2+r}(1-\alpha)\bar{Y}_M=\frac{1}{2+r}(1-\alpha)\bar{Y}_M$。

全社会年轻居民总储蓄 $\bar{S}^{\mathrm{Y}}=\bar{S}^{\mathrm{Y,F}}+\bar{S}^{\mathrm{Y,M}}=\frac{1}{2+r}p\bar{Y}_F+\frac{1}{2+r}(1-\alpha)\bar{Y}_M$。

全社会老年居民总储蓄 $\bar{S}^O = \bar{K}r - \frac{1+r}{2+r}p\bar{Y}_F - \frac{1+r}{2+r}(1-\alpha)\bar{Y}_M$。

其中$K$代表资本存量，来自上一期年轻人的总储蓄，且稳态时，各期年轻人储蓄相等。

$$\bar{K} = \frac{1}{2+r}p\bar{Y}_F + \frac{1}{2+r}(1-\alpha)\bar{Y}_M$$

把 $\bar{K}$ 代入公式($a$) 得到全社会总储蓄 $\bar{S} = 0$。

即 $C\bar{A} = p\bar{Y}_F + \bar{Y}_M - \bar{C}^{Y,F} - \bar{C}^{O,F} - \bar{C}^{Y,M} - \bar{C}^{O,M} - \bar{I} = 0$(4 - 42) 得证。

同时，理性的个人会在其老年时消费掉其年轻时的储蓄加上利息。即：

$$\bar{c}^O = \frac{1+r}{2+r}p\bar{Y}_F + \frac{1+r}{2+r}(1-\alpha)\bar{Y}_M = (1+r)\left[\frac{1}{2+r}p\bar{Y}_F + \frac{1}{2+r}(1-\alpha)\bar{Y}_M\right] = (1+r)\bar{S}^Y$$

以上两种验证方法分别从微观个人与宏观整体的视角计算经常项目余额，两者可以相互转化。

例如：

$$\bar{s}^Y(L_F + L_V) + \bar{s}^Y L_M = \frac{1}{2+r}p\bar{Y}_F + \frac{1}{2+r}(1-\alpha)\bar{Y}_M = \bar{S}^Y$$

## 附录 B：对数线性化

1. $Y_{F,t} = A_{F,t}T^{\alpha}L_{F,t}^{1-\alpha}$

两边取对数得：$\ln Y_{F,t} = \ln A_{F,t} + \alpha \ln T + (1-\alpha)\ln L_{F,t}$。

t 期微分：$\frac{dY_{F,t}}{\bar{Y}_F} = \frac{dA_{F,t}}{A_{F0}} + \alpha\frac{dT}{T} + (1-\alpha)\frac{dL_{F,t}}{\bar{L}_F}$，因为土地不变，所以$\frac{dT}{T} = 0$。

上式变为：$\hat{Y}_F = \hat{A}_F + (1-\alpha)\hat{L}_F$。

t + 1 期微分：$\frac{dY_{F,t+1}}{\bar{Y}_F} = \frac{dA_{F,t+1}}{A_{F0}} + \alpha\frac{dT}{T} + (1-\alpha)\frac{dL_{F,t+1}}{\bar{L}_F}$，因为土地不变，所以$\frac{dT}{T} = 0$。

上式变为：$\hat{\dot{Y}}_F = \hat{\dot{A}}_F + (1-\alpha)\hat{\dot{L}}_F$。

2. $Y_{M,t} = A_{M,t}K_t^{\alpha}L_{M,t}^{1-\alpha}$

两边取对数得：$\ln Y_{M,t} = \ln A_{M,t} + \alpha\ln K_t + (1-\alpha)\ln L_{M,t}$。

t 期微分：$\frac{dY_{M,t}}{\bar{Y}_M} = \frac{dA_{M,t}}{A_{M0}} + \alpha\frac{dK_t}{K_0} + (1-\alpha)\frac{dL_{M,t}}{\bar{L}_M}$，因为资本存量当期无法调整，$K_t = K_0$，所以$\frac{dK_t}{K_0} = 0$。

上式变为：$\hat{Y}_M = \hat{A}_M + (1-\alpha)\hat{L}_M$。

t+1 期微分：$\frac{dY_{M,t+1}}{\bar{Y}_M} = \frac{dA_{M,t+1}}{A_{M0}} + \alpha\frac{dK_{t+1}}{K_0} + (1-\alpha)\frac{dL_{M,t+1}}{\bar{L}_M}$，因为第 t+1 期的资本存量可以调整。

上式变为：$\hat{\hat{Y}}_M = \hat{\hat{A}}_M + \alpha\hat{\hat{K}} + (1-\alpha)\hat{\hat{L}}_M$。

3. $K_{t+1} = K_t + I_t$

因为稳态时的投资为0，所以本书定义$\hat{I} = \frac{dI_t}{p\bar{Y}_F + \bar{Y}_M}$，其中分母表示稳态时的总产出。

先将式(4-3)全微分，得：$dK_{t+1} = dK_t + dI_t$。由于资本在当期无法调整，所以 $dK_t = 0$，上式变为 $dK_{t+1} = dI_t$。将该式两边同除以稳态总产出，可得：$\frac{dK_{t+1}}{p\bar{Y}_F + \bar{Y}_M} = \frac{dI_t}{p\bar{Y}_F + \bar{Y}_M} = \hat{I}$。

上式左边可变形：$\frac{dK_{t+1}}{p\bar{Y}_F + \bar{Y}_M} = \frac{dK_{t+1}}{K_0}\frac{K_0}{\bar{Y}_M}\frac{\bar{Y}_M}{p\bar{Y}_F + \bar{Y}_M} = \frac{dK_{t+1}}{K_0}\frac{K_0}{A_{M0}K_0^{\alpha}\bar{L}_M^{1-\alpha}}\frac{\bar{Y}_M}{p\bar{Y}_F + \bar{Y}_M} = \frac{\alpha}{}\bar{\eta}_{M0}\hat{\hat{K}}$。

上面的变形利用到 $\bar{Y}_M = K_0\frac{\alpha}{}$。其中，$\hat{\hat{K}} = \frac{dK_{t+1}}{K_0}$，表示长期资本相对于稳态的变化率。

最终，资本积累方程的线性化结果为：$\frac{\alpha}{}\bar{\eta}_{M0}\hat{\hat{K}} = \hat{I}$。

4. $w_{F,t} = \dfrac{pY_{F,t}}{L_{F,t} + L_{V,t}}$

两边取对数得：$\ln w_{F,t} = \ln p + \ln Y_{F,t} - \ln(L_{F,t} + L_{V,t})$。

t 期微分：$\dfrac{dw_{F,t}}{\bar{w}_F} = \dfrac{dp}{p} + \dfrac{dY_{F,t}}{\bar{Y}_F} - \dfrac{dL_{F,t} + dL_{V,t}}{\bar{L}_F + \bar{L}_V}$；因为 $p$ 外生给定，所以 $\dfrac{dp}{p} = 0$。

上式变为：$\dfrac{dw_{F,t}}{\bar{w}_F} = \dfrac{dY_{F,t}}{\bar{Y}_F} - \dfrac{dL_{F,t}}{\bar{L}_F}\dfrac{\bar{L}_F}{\bar{L}_F + \bar{L}_V} - \dfrac{dL_{V,t}}{\bar{L}_V}\dfrac{\bar{L}_V}{\bar{L}_F + \bar{L}_V}$。

继续变形：$\dfrac{dw_{F,t}}{\bar{w}_F} = \dfrac{dY_{F,t}}{\bar{Y}_F} - \dfrac{dL_{F,t}}{\bar{L}_F}\dfrac{\frac{\bar{L}_F}{L}}{\frac{\bar{L}_F + \bar{L}_V}{L}} - \dfrac{dL_{V,t}}{\bar{L}_V}\dfrac{\frac{\bar{L}_V}{L}}{\frac{\bar{L}_F + \bar{L}_V}{L}}$，定义 $\bar{\varepsilon}_{F0}$、$\bar{\varepsilon}_{M0}$ 和 $\bar{\varepsilon}_{V0}$ 分别为初始稳态时，农业就业劳动力比重、工业劳动力比重和农业剩余劳动力比重。

由此，上式可变形为：$\hat{w}_F = \hat{Y}_F - \dfrac{\bar{\varepsilon}_{F0}}{1 - \bar{\varepsilon}_{M0}}\hat{L}_F - \dfrac{\bar{\varepsilon}_{V0}}{1 - \bar{\varepsilon}_{M0}}\hat{L}_V$。

同理可得长期变化线性表达式：$\hat{\hat{w}}_F = \hat{\hat{Y}}_F - \dfrac{\bar{\varepsilon}_{F0}}{1 - \bar{\varepsilon}_{M0}}\hat{\hat{L}}_F - \dfrac{\bar{\varepsilon}_{V0}}{1 - \bar{\varepsilon}_{M0}}\hat{\hat{L}}_V$。

5. $w_{M,t} = (1 - \alpha)A_{M,t}\left(\dfrac{K_t}{L_{M,t}}\right)^{\alpha}$

两边取对数得：$\ln w_{M,t} = \ln(1 - \alpha) + \ln A_{M,t} + \alpha\ln K_t - \alpha\ln L_{M,t}$。

t 期微分：$\dfrac{dw_{M,t}}{\bar{w}_M} = \dfrac{dA_{M,t}}{A_{M0}} + \alpha\dfrac{dK_t}{K_0} - \alpha\dfrac{dL_{M,t}}{\bar{L}_M} \Rightarrow \hat{w}_M = \hat{A}_M - \alpha\hat{L}_M$。

t + 1 期微分：$\dfrac{dw_{M,t+1}}{\bar{w}_M} = \dfrac{dA_{M,t+1}}{A_{M0}} + \alpha\dfrac{dK_{t+1}}{K_0} - \alpha\dfrac{dL_{M,t+1}}{\bar{L}_M} \Rightarrow \hat{\hat{w}}_M = \hat{\hat{A}}_M + \alpha\hat{\hat{K}} - \alpha\hat{\hat{L}}_M$。

6. $r_{M,t} = \alpha A_{M,t}\left(\dfrac{K_t}{L_{M,t}}\right)^{\alpha-1}$

两边取对数得：$\ln r_{M,t} = \ln\alpha + \ln A_{M,t} + (\alpha - 1)\ln K_t - (\alpha - 1)\ln L_{M,t}$。

t 期微分：$\frac{dr_{M,t}}{r} = \frac{dA_{M,t}}{A_{M0}} + (\alpha - 1)\frac{dK_t}{K_0} - (\alpha - 1)\frac{dL_{M,t}}{\bar{L}_M} \Rightarrow \hat{r}_M = \hat{A}_M + (1 - \alpha)\hat{L}_M$。

t+1 期微分：$\frac{dr_{M,t+1}}{r} = \frac{dA_{M,t+1}}{A_{M0}} + (\alpha - 1)\frac{dK_{t+1}}{K_0} - (\alpha - 1)\frac{dL_{M,t+1}}{\bar{L}_M} \Rightarrow \hat{\bar{r}}_M = \hat{\bar{A}}_M - (1 - \alpha)\hat{\bar{K}} + (1 - \alpha)\hat{\bar{L}}_M$。

7. $c_{M,t} = pc_{F,t}$

两边取对数得：$\ln c_{M,t} = \ln p + \ln c_{F,t}$。

取微分：$\frac{dc_{M,t}}{c_M} = \frac{dp}{p} + \frac{dc_{F,t}}{\bar{c}_F}$，因为 $p$ 外生给定，所以$\frac{dp}{p} = 0$。

上式变为：$\hat{c}_M = \hat{c}_F$。

8. $c_{M,t+1} = \beta(1 + r)c_{M,t}$

两边取对数得：$\ln c_{M,t+1} = \ln\beta + \ln(1 + r) + \ln c_{M,t}$。

取微分：$\frac{dc_{M,t+1}}{\bar{c}_M} = \frac{d\beta}{\beta} + \frac{d(1 + r)}{(1 + r)} + \frac{dc_{M,t}}{\bar{c}_M}$，因为 $\beta$ 和 $r$ 外生给定，所以$\frac{d\beta}{\beta} = 0$，$\frac{d(1 + r)}{(1 + r)} = 0$。

上式变为：$\hat{\bar{c}}_M = \bar{c}_M$。

9. $c_{F,t+1} = \beta(1 + r)c_{F,t}$

两边取对数得：$\ln c_{F,t+1} = \ln\beta + \ln(1 + r) + \ln c_{F,t}$。

取微分：$\frac{dc_{F,t+1}}{\bar{c}_F} = \frac{d\beta}{\beta} + \frac{d(1 + r)}{(1 + r)} + \frac{dc_{F,t}}{\bar{c}_F}$，因为 $\beta$ 和 $r$ 外生给定，所以$\frac{d\beta}{\beta} = 0$，$\frac{d(1 + r)}{(1 + r)} = 0$。

上式变为：$\hat{\bar{c}}_F = \bar{c}_F$。

10. $L_{F,t} + L_{V,t} + L_{M,t} = L$

两边取对数得：$\ln(L_{F,t} + L_{V,t} + L_{M,t}) = \ln L$。

取微分：$\frac{dL_{F,t} + dL_{V,t} + dL_{M,t}}{\bar{L}_F + \bar{L}_V + \bar{L}_M} = \frac{dL}{L}$，因为 $L$ 给定，所以$\frac{dL}{L} = 0$；并且 $\bar{L}_F + \bar{L}_V + \bar{L}_M = L$。

所以，上式变形为：$\frac{dL_{F,t}}{L} + \frac{dL_{V,t}}{L} + \frac{dL_{M,t}}{L} = 0$，继续变形：$\frac{dL_{F,t}}{\bar{L}_F}\frac{\bar{L}_F}{L} + \frac{dL_{V,t}}{\bar{L}_V}\frac{\bar{L}_V}{L} + \frac{dL_{M,t}}{\bar{L}_M}\frac{\bar{L}_M}{L} = 0$。

最终得出：$\bar{\varepsilon}_{F0}\hat{L}_F + \bar{\varepsilon}_{V0}\hat{L}_V + \bar{\varepsilon}_{M0}\hat{L}_M = 0$。

该表达式同时也适用于长期：$\bar{\varepsilon}_{F0}\hat{\bar{L}}_F + \bar{\varepsilon}_{V0}\hat{\bar{L}}_V + \bar{\varepsilon}_{M0}\hat{\bar{L}}_M = 0$。

11. $w_{M,t} = w_{F,t}$

该式表示每一时期均衡时，两部门工资应该相等，由于劳动力自由流动。

两边取对数：$\ln w_{M,t} = \ln w_{F,t}$；再微分：$\frac{dw_{M,t}}{\bar{w}_M} = \frac{dw_{F,t}}{\bar{w}_F}$。

所以上式变为：$\hat{w}_M = \hat{w}_F$。

该表达式同时也适用于长期：$\hat{\bar{w}}_M = \hat{\bar{w}}_F$。

12. $\bar{r}_M = r$

该式表示稳态时，资本回报率等于世界实际利率。

两边取对数：$\ln\bar{r}_M = \ln r$；再微分：$\frac{d\bar{r}_M}{\bar{r}_M} = \frac{dr}{r}$；因为 $r$ 为世界利率，外生给定，所以$\frac{dr}{r} = 0$。

因为我们假设经济在第 t 期受到冲击时，会在第 t + 1 期进入新的稳态，所以$\frac{d\bar{r}_M}{\bar{r}_M} = \hat{\bar{r}}_M$。

最终得到：$\hat{\bar{r}}_M = \hat{r} = 0$。

13. 稳态时单个居民预算约束为：$c^Y_{M,t} + pc^Y_{F,t} + \frac{c^O_{M,t+1} + pc^O_{F,t+1}}{1 + r_{t+1}} = w_t$；且稳

态时 $r_{t+1} = r$。

两边取对数：$\ln(c_{M,t}^{Y} + pc_{F,t}^{Y} + \frac{c_{M,t+1}^{O} + pc_{F,t+1}^{O}}{1+r}) = \ln w_t$ 再微分有

$$\frac{dc_{M,t}^{Y} + dpc_{F,t}^{Y} + \frac{1}{1+r}(dc_{M,t+1}^{O} + dpc_{F,t+1}^{O})}{\bar{c}_{M,t}^{Y} + p\bar{c}_{F,t}^{Y} + \frac{\bar{c}_{M,t+1}^{O} + p\bar{c}_{F,t+1}^{O}}{1+r}} = \frac{dw_t}{}。$$

且稳态时 $\bar{c}_{M}^{Y} = p\bar{c}_{F}^{Y} = \bar{c}_{M}^{O} = p\bar{c}_{F}^{O}$。

因此有 $\frac{1+r}{4+2r}\frac{dc_{M,t}^{Y}}{\bar{c}_{M}^{Y}} + \frac{1+r}{4+2r}\frac{dc_{F,t}^{Y}}{\bar{c}_{F}^{Y}} + \frac{1}{4+2r}\frac{dc_{M,t+1}^{O}}{\bar{c}_{M}^{O}} + \frac{1}{4+2r}\frac{dc_{F,t+1}^{O}}{\bar{c}_{F}^{O}} = \frac{dw_t}{}$。

最终得到：$\frac{1+r}{4+2r}\hat{c}_M + \frac{1+r}{4+2r}\hat{c}_F + \frac{1}{4+2r}\hat{\bar{c}}_M + \frac{1}{4+2r}\hat{\bar{c}}_F = \hat{w}$。

14. $\varphi_t = \frac{L_{M,t}}{L}$

两边取对数：$\ln\varphi_t = \ln L_{M,t} - \ln L$；再微分：$\frac{d\varphi_t}{} = \frac{dL_{M,t}}{\bar{L}_M}$。

得出：$\hat{\varphi} = \hat{L}_M$。

取 t + 1 期微分可得：$\hat{\bar{\varphi}} = \hat{\bar{L}}_M$。

15. 下式为第 t 期的经常项目表达式：

$CA_t = pY_{F,t} + Y_{M,t} - C_t^{Y,F} - C_t^{O,F} - C_t^{Y,M} - C_t^{O,M} - I_t = 0$

也可以转化成如下形式，即总储蓄由两部分构成，分别是年轻人总储蓄与老年人总储蓄：$CA_t = S_t^Y + S_t^O - I_t$，因为初始稳态时的 $C\bar{A} = 0$，所以定义 $C\hat{A} = \frac{dCA_t}{p\bar{Y}_F + \bar{Y}_M}$。此时我们采用另一种方法，先取微分：$dCA_t = dS_t^Y + dS_t^O - dI_t$，再将上式两边同除以 $p\bar{Y}_F + \bar{Y}_M$：$\frac{dCA_t}{p\bar{Y}_F + \bar{Y}_M} = \frac{dS_t^Y + dS_t^O - dI_t}{p\bar{Y}_F + \bar{Y}_M}$。

上式变形为：

$$\frac{dCA_t}{p\bar{Y}_F + \bar{Y}_M} = \frac{dS_t^Y}{\bar{S}^Y}\frac{\bar{S}^Y}{p\bar{Y}_F + \bar{Y}_M} + \frac{dS_t^O}{\bar{S}^O}\frac{\bar{S}^O}{p\bar{Y}_F + \bar{Y}_M} - \frac{dI_t}{p\bar{Y}_F + \bar{Y}_M}$$

且

$$\bar{S}^{Y} = \frac{1}{2+r}p\bar{Y}_F + \frac{1}{2+r}(1-\alpha)\bar{Y}_M$$

$$\bar{S}^{O} = -\bar{S}^{Y} = -\left[\frac{1}{2+r}p\bar{Y}_F + \frac{1}{2+r}(1-\alpha)\bar{Y}_M\right]$$

最终得出：

$$C\hat{A} = \left[\frac{1}{2+r}\bar{\eta}_{F0} + \frac{1}{2+r}(1-\alpha)\bar{\eta}_{M0}\right]\hat{S}^{Y} - \left[\frac{1}{2+r}\bar{\eta}_{F0} + \frac{1}{2+r}(1-\alpha)\bar{\eta}_{M0}\right]\hat{S}^{O} - \hat{I}$$

用同样的方法可以得到长期表达式：

$$C\hat{\bar{A}} = \left[\frac{1}{2+r}\bar{\eta}_{F0} + \frac{1}{2+r}(1-\alpha)\bar{\eta}_{M0}\right]\hat{\bar{S}}^{Y} - \left[\frac{1}{2+r}\bar{\eta}_{F0} + \frac{1}{2+r}(1-\alpha)\bar{\eta}_{M0}\right]\hat{\bar{S}}^{O} - \hat{\bar{I}}$$

## 附录 C：求解线性化方程组

因为本书不考虑农业部门剩余劳动力完全消失的情况，所以可得出：

$$\hat{L}_F = 0 \tag{4-67}$$

$$\hat{\bar{L}}_F = 0 \tag{4-74}$$

又因为 $\hat{A}_F = \hat{\bar{A}}_F = 0$ 和土地固定，所以结合式(4－43)和式(4－44)可得出：

$$\hat{Y}_F = 0 \tag{4-80}$$

$$\hat{\bar{Y}}_F = 0 \tag{4-82}$$

将式(4－67)代入式(4－57)可得：$\hat{L}_V = -\frac{\bar{\varepsilon}_{M0}}{\bar{\varepsilon}_{V0}}\hat{L}_M$，将式(4－67)和式(4－80)代入式(4－48)可得 $\hat{w}_F = -\frac{\bar{\varepsilon}_{V0}}{1-\bar{\varepsilon}_{M0}}\hat{L}_V$；将以上二式结合式(4－50) $\hat{w}_M = \hat{A}_M - \alpha\hat{L}_M$ 和式(4－58) $\hat{w}_M = \hat{w}_F$ 可得：

$$\hat{L}_M = \frac{1-\bar{\varepsilon}_{M0}}{\alpha + \bar{\varepsilon}_{M0} - \alpha\bar{\varepsilon}_{M0}}\hat{A}_M \tag{4-68}$$

将式(4－68)代入式 $\hat{L}_V = -\frac{\bar{\varepsilon}_{M0}}{\bar{\varepsilon}_{V0}}\hat{L}_M$ 可得：

$$\hat{L}_V = -\frac{\bar{\varepsilon}_{M0}}{\bar{\varepsilon}_{V0}}\frac{1-\bar{\varepsilon}_{M0}}{\alpha+\bar{\varepsilon}_{M0}-\alpha\bar{\varepsilon}_{M0}}\hat{A}_M \qquad (4-66)$$

将式(4－68)代入式(4－50)并结合式(4－58)可得：

$$\hat{w}_F = \hat{w}_M = \frac{\bar{\varepsilon}_{M0}}{\alpha+\bar{\varepsilon}_{M0}-\alpha\bar{\varepsilon}_{M0}}\hat{A}_M \qquad (4-65)$$

将式(4－68)代入式(4－52) $\hat{r}_M = \hat{A}_M + (1-\alpha)\hat{L}_M$ 可得：

$$\hat{r}_M = \frac{1}{\alpha+\bar{\varepsilon}_{M0}-\alpha\bar{\varepsilon}_{M0}}\hat{A}_M \qquad (4-69)$$

将式(4－74)和式(4－82)代入式(4－49)可得：$\hat{\bar{w}}_F = -\frac{\bar{\varepsilon}_{V0}}{1-\bar{\varepsilon}_{M0}}\hat{\bar{L}}_V$；将式(4－74)代入式(4－57)的长期表达式可得：$\hat{\bar{L}}_V = -\frac{\bar{\varepsilon}_{M0}}{\bar{\varepsilon}_{V0}}\hat{\bar{L}}_M$，将以上二式结合式(4－51)和 $\hat{\bar{w}}_M = \hat{\bar{w}}_F$ 可得：$\hat{\bar{A}}_M + \alpha\hat{\bar{K}} - \left(\alpha + \frac{\bar{\varepsilon}_{M0}}{1-\bar{\varepsilon}_{M0}}\right)\hat{\bar{L}}_M = 0$，由式(4－53) $\hat{\bar{r}}_M = \hat{\bar{A}}_M - (1-\alpha)\hat{\bar{K}} + (1-\alpha)\hat{\bar{L}}_M$ 和式(4－59) $\hat{\bar{r}}_M = \hat{r} = 0$ 可得：$\hat{\bar{A}}_M - (1-\alpha)\hat{\bar{K}} + (1-\alpha)\hat{\bar{L}}_M = 0$，将该式与上一表达式联立，即可解出 $\hat{\bar{K}}$ 和 $\hat{\bar{L}}_M$：

$$\hat{\bar{K}} = \frac{1}{\bar{\varepsilon}_{M0}-\alpha\bar{\varepsilon}_{M0}}\hat{A}_M \qquad (4-71)$$

$$\hat{\bar{L}}_M = \frac{1-\bar{\varepsilon}_{M0}}{\bar{\varepsilon}_{M0}-\alpha\bar{\varepsilon}_{M0}}\hat{A}_M \qquad (4-75)$$

将式(4－71)代入式(4－47) $\frac{\alpha}{r}\bar{\eta}_{M0}\hat{\bar{K}} = \hat{I}$ 可得：

$$\hat{I} = \frac{\alpha}{r}\bar{\eta}_{M0}\frac{1}{\bar{\varepsilon}_{M0}-\alpha\bar{\varepsilon}_{M0}}\hat{A}_M \qquad (4-70)$$

将式(4－75)代入 $\hat{\bar{L}}_V = -\frac{\bar{\varepsilon}_{M0}}{\bar{\varepsilon}_{V0}}\hat{\bar{L}}_M$ 可得：

$$\hat{\bar{L}}_V = -\frac{1-\bar{\varepsilon}_{M0}}{\bar{\varepsilon}_{M0}-\alpha\bar{\varepsilon}_{M0}}\hat{A}_M \tag{4-73}$$

将式(4－71)和式(4－75)代入式(4－51)可得：

$$\hat{\bar{w}}_M = \frac{1}{1-\alpha}\hat{A}_M = \hat{\bar{w}}_F \tag{4-72}$$

将式(4－68)和式(4－75)代入式(4－61)和式(4－62)可得：

$$\hat{\varphi} = \frac{1-\bar{\varepsilon}_{M0}}{\alpha+\bar{\varepsilon}_{M0}-\alpha\bar{\varepsilon}_{M0}}\hat{A}_M \tag{4-78}$$

$$\hat{\bar{\varphi}} = \frac{1-\bar{\varepsilon}_{M0}}{\bar{\varepsilon}_{M0}-\alpha\bar{\varepsilon}_{M0}}\hat{A}_M \tag{4-79}$$

将式(4－68)代入式(4－45)可得：

$$\hat{Y}_M = \frac{1}{\alpha+\bar{\varepsilon}_{M0}-\alpha\bar{\varepsilon}_{M0}}\hat{A}_M \tag{4-81}$$

将式(4－71)和式(4－75)代入式(4－46)可得：

$$\hat{\bar{Y}}_M = \frac{1}{\bar{\varepsilon}_{M0}-\alpha\bar{\varepsilon}_{M0}}\hat{A}_M \tag{4-83}$$

将式(4－54)至式(4－56)与式(4－65)联立求解可得：

$$\hat{c}_F = \hat{\bar{c}}_F = \hat{c}_M = \hat{\bar{c}}_M = \frac{\bar{\varepsilon}_{M0}}{\alpha+\bar{\varepsilon}_{M0}-\alpha\bar{\varepsilon}_{M0}}\hat{A}_M \tag{4-84}$$

稳态时有 $\bar{S}^{Y,F} = \frac{1}{2+r}p\bar{Y}_F$；$\bar{S}^{Y,M} = \frac{1}{2+r}(1-\alpha)\bar{Y}_M$。

且年轻时 $r$ 不变，在老年时 $r$ 才对其储蓄有影响。

因此 $\hat{S}_t^{Y,F} = \hat{Y}_F = 0$；冲击来临时第 t 期年轻农业居民储蓄变化率为 0。

$\hat{S}_t^{Y,M} = \hat{Y}_M = \frac{1}{\alpha+\bar{\varepsilon}_{M0}-\alpha\bar{\varepsilon}_{M0}}\hat{A}_M$；冲击来临时第 t 期年轻工业居民储蓄变化率为正。

$S^Y = S^{Y,F} + S^{Y,M}$，进行对数线性化得到：

$$\hat{S}_t^Y = \frac{pY_F}{pY_F+(1-\alpha)Y_M}\hat{S}_t^{Y,F} + \frac{(1-\alpha)Y_M}{pY_F+(1-\alpha)Y_M}\hat{S}_t^{Y,M}$$

老年人储蓄为：

$S_t^O = Kr - C_t^O$

其中资本存量为上一期的年轻人储蓄，理性的人老年时把其上期年轻时的储蓄和得到的利息消费完。

$S_t^O = S_{t-1}^Y r - (1+r)S_{t-1}^Y = -S_{t-1}^Y$ 对数线性化得到 $\hat{S}_t^O = \hat{S}_{t-1}^Y$；由于全要素生产率 $A_M$ 的冲击是未预料到的，冲击来之前系统处于稳态，因此有：$\hat{S}_t^O = \hat{S}_{t-1}^Y = 0$；冲击来临时第 t 期老年人储蓄变化率为 0。

根据式（4－59）：

$$C\hat{A}_t = \left[\frac{1}{2+r}\bar{\eta}_{F0} + \frac{1}{2+r}(1-\alpha)\bar{\eta}_{M0}\right]\hat{S}_t^Y - \left[\frac{1}{2+r}\bar{\eta}_{F0} + \frac{1}{2+r}(1-\alpha)\bar{\eta}_{M0}\right]\hat{S}_t^O - \hat{I} =$$

$$\left[\frac{1}{2+r}\bar{\eta}_{F0} + \frac{1}{2+r}(1-\alpha)\bar{\eta}_{M0}\right]\cdot \frac{(1-\alpha)Y_M}{pY_F + (1-\alpha)Y_M}\cdot \frac{1}{\alpha + \bar{\varepsilon}_{M0} - \alpha\bar{\varepsilon}_{M0}}\hat{A}_M -$$

$$\frac{\alpha}{r}\frac{\bar{\eta}_{M0}}{\bar{\varepsilon}_{M0} - \alpha\bar{\varepsilon}_{M0}}\hat{A}_M = \frac{(1-\alpha)\bar{\eta}_{M0}}{2+r}\frac{1}{\alpha + \bar{\varepsilon}_{M0} - \alpha\bar{\varepsilon}_{M0}}\hat{A}_M - \frac{\alpha}{r}\frac{\bar{\eta}_{M0}}{\bar{\varepsilon}_{M0} - \alpha\bar{\varepsilon}_{M0}}\hat{A}_M =$$

$$\left[\frac{1-\alpha}{(2+r)(\alpha + \bar{\varepsilon}_{M0} - \alpha\bar{\varepsilon}_{M0})} - \frac{\alpha}{r(1-\alpha)\bar{\varepsilon}_{M0}}\right]\bar{\eta}_{M0}\hat{A}_M$$

说明经常项目第 $t$ 期变化不确定。在长期 $r$ 等于世界实际利率。

$\hat{\bar{S}}_{t+1}^{Y,F} = \hat{\bar{Y}}_F = 0$；冲击来临时第 $t+1$ 期年轻农业居民储蓄变化率为 0。

$\hat{\bar{S}}_{t+1}^{Y,M} = \hat{\bar{Y}}_M = \frac{1}{\bar{\varepsilon}_{M0} - \alpha\bar{\varepsilon}_{M0}}\hat{A}_M$；冲击来临时第 $t+1$ 期年轻工业居民储蓄变化率为正。

$S^Y = S^{Y,F} + S^{Y,M}$，进行对数线性化得：

$$\hat{\bar{S}}_{t+1}^Y = \frac{pY_F}{pY_F + (1-\alpha)Y_M}\hat{\bar{S}}_{t+1}^{Y,F} + \frac{(1-\alpha)Y_M}{pY_F + (1-\alpha)Y_M}\hat{\bar{S}}_{t+1}^{Y,M}$$

按上文类推有：$\hat{S}_{t+1}^O = \hat{S}_t^Y$，第 $t+1$ 期老年人储蓄变化率与第 $t$ 期年轻人储蓄率变化率相等。

$$C\hat{\bar{A}}_{t+1} = \left[\frac{1}{2+r}\bar{\eta}_{F0} + \frac{1}{2+r}(1-\alpha)\bar{\eta}_{M0}\right]\hat{\bar{S}}_{t+1}^Y - \left[\frac{1}{2+r}\bar{\eta}_{F0} + \frac{1}{2+r}(1-\alpha)\bar{\eta}_{M0}\right]\hat{\bar{S}}_{t+1}^O - \hat{\bar{I}} =$$

$$\left[\frac{1}{2+r}\bar{\eta}_{F0} + \frac{1}{2+r}(1-\alpha)\bar{\eta}_{M0}\right]\hat{\bar{S}}_{t+1}^Y - \left[\frac{1}{2+r}\bar{\eta}_{F0} + \frac{1}{2+r}(1-\alpha)\bar{\eta}_{M0}\right]\hat{\bar{S}}_t^Y - \hat{\bar{I}} =$$

$$\left[\frac{1}{2+r}\bar{\eta}_{F0}+\frac{1}{2+r}(1-\alpha)\bar{\eta}_{M0}\right]\frac{(1-\alpha)Y_M}{pY_F+(1-\alpha)Y_M}\left[\frac{1}{\bar{\varepsilon}_{M0}-\alpha\bar{\varepsilon}_{M0}}\hat{A}_M-\frac{1}{\alpha+\bar{\varepsilon}_{M0}-\alpha\bar{\varepsilon}_{M0}}\hat{A}_M\right]=$$

$$\frac{(1-\alpha)\bar{\eta}_{M0}}{2+r}\frac{\alpha}{(\bar{\varepsilon}_{M0}-\alpha\bar{\varepsilon}_{M0})(\alpha+\bar{\varepsilon}_{M0}-\alpha\bar{\varepsilon}_{M0})}\hat{A}_M=\frac{\alpha\bar{\eta}_{M0}}{(2+r)(\alpha+\bar{\varepsilon}_{M0}-\alpha\bar{\varepsilon}_{M0})\bar{\varepsilon}_{M0}}\hat{A}_M>0$$

同理根据上述方法有：

$$\hat{S}^{O}_{t+2}=\hat{S}^{Y}_{t+1}C\ \hat{\hat{A}}_{t+2}=\left[\frac{1}{2+r}\bar{\eta}_{F0}+\frac{1}{2+r}(1-\alpha)\bar{\eta}_{M0}\right]\hat{\hat{S}}^{Y}_{t+2}-$$

$$\left[\frac{1}{2+r}\bar{\eta}_{F0}+\frac{1}{2+r}(1-\alpha)\bar{\eta}_{M0}\right]\hat{\hat{S}}^{O}_{t+2}-\hat{\hat{I}}=\left[\frac{1}{2+r}\bar{\eta}_{F0}+\frac{1}{2+r}(1-\alpha)\bar{\eta}_{M0}\right]\hat{\hat{S}}^{Y}_{t+2}-$$

$$\left[\frac{1}{2+r}\bar{\eta}_{F0}+\frac{1}{2+r}(1-\alpha)\bar{\eta}_{M0}\right]\hat{\hat{S}}^{Y}_{t+1}-\hat{\hat{I}}$$

且第 $t+2$ 期与第 $t+1$ 期都是长期变化，有$\hat{\hat{S}}^{Y}_{t+2}=\hat{\hat{S}}^{Y}_{t+1}$，最终得到：

$$C\hat{\hat{A}}_{t+2}=0$$

## 附录 D：二元经济转型因素对经常项目的动态影响

1. 求解式(4－88)和式(4－89)：

若经济在受到冲击时，剩余劳动力不能转移，则 $\hat{L}_M$ 和$\hat{\hat{L}}_M$ 均为 0。根据式(4－45)和式(4－46)可得出：$\hat{Y}'_M=\hat{A}_M$ 和$\hat{\hat{Y}}'_M=\hat{\hat{A}}_M+\alpha\hat{\hat{K}}'$。

下面我们求解$\hat{\hat{K}}'$。根据式(4－53)$\hat{\hat{r}}_M=\hat{\hat{A}}_M-(1-\alpha)\hat{\hat{K}}+(1-\alpha)\hat{\hat{L}}_M$ 和式(4－59)$\hat{\hat{r}}_M=\hat{\hat{r}}=0$ 可得：$\hat{\hat{A}}_M-(1-\alpha)\hat{\hat{K}}'=0\Rightarrow\hat{\hat{K}}'=\frac{1}{1-\alpha}\hat{A}_M$。从而得到$\hat{\hat{Y}}'_M=\frac{1}{1-\alpha}\hat{A}_M$。

2. 求解式(4－90)至式(4－92)：

根据附录 C 的求解方法，我们得出：

$$C\hat{A}'_t=\left[\frac{1}{2+r}\bar{\eta}_{F0}+\frac{1}{2+r}(1-\alpha)\bar{\eta}_{M0}\right]\hat{S}'^{Y}_t-\left[\frac{1}{2+r}\bar{\eta}_{F0}+\frac{1}{2+r}(1-\alpha)\bar{\eta}_{M0}\right]\hat{S}'^{O}_t-$$

$$\hat{I}=\left[\frac{1}{2+r}\bar{\eta}_{F0}+\frac{1}{2+r}(1-\alpha)\bar{\eta}_{M0}\right]\frac{(1-\alpha)Y_M}{pY_F+(1-\alpha)Y_M}\hat{A}_M-\frac{\alpha}{r}\frac{\bar{\eta}_{M0}}{\bar{\varepsilon}_{M0}-\alpha\bar{\varepsilon}_{M0}}\hat{A}_M=$$

$$\frac{(1-\alpha)\bar{\eta}_{M0}}{2+r}\hat{A}_M - \frac{\alpha}{r}\frac{\bar{\eta}_{M0}}{\bar{\varepsilon}_{M0}-\alpha\bar{\varepsilon}_{M0}}\hat{A}_M$$

最终得到：$C\hat{A}'_t = \left[\frac{1-\alpha}{2+r} - \frac{\alpha}{r(1-\alpha)\bar{\varepsilon}_{M0}}\right]\bar{\eta}_{M0}\hat{A}_M$

$$C\hat{\hat{A}}'_{t+1} = \left[\frac{1}{2+r}\bar{\eta}_{F0} + \frac{1}{2+r}(1-\alpha)\bar{\eta}_{M0}\right]\hat{\hat{S}}'^{Y}_{t+1} - \left[\frac{1}{2+r}\bar{\eta}_{F0} + \frac{1}{2+r}(1-\alpha)\bar{\eta}_{M0}\right]\hat{\hat{S}}'^{O}_{t+1} -$$

$$\hat{\hat{I}} = \left[\frac{1}{2+r}\bar{\eta}_{F0} + \frac{1}{2+r}(1-\alpha)\bar{\eta}_{M0}\right]\hat{\hat{S}}'^{Y}_{t+1} - \left[\frac{1}{2+r}\bar{\eta}_{F0} + \frac{1}{2+r}(1-\alpha)\bar{\eta}_{M0}\right]\hat{\hat{S}}'^{Y}_{t} -$$

$$\hat{\hat{I}} = \left[\frac{1}{2+r}\bar{\eta}_{F0} + \frac{1}{2+r}(1-\alpha)\bar{\eta}_{M0}\right]\frac{(1-\alpha)Y_M}{pY_F+(1-\alpha)Y_M}\left[\hat{A}_M - \frac{1}{1-\alpha}\hat{A}_M\right] =$$

$$\frac{(1-\alpha)\bar{\eta}_{M0}}{2+r}\frac{\alpha}{(1-a)}\hat{A}_M = \frac{\alpha\bar{\eta}_{M0}}{(2+r)}\hat{A}_M$$

最终得到：

$$C\hat{\hat{A}}'_{t+1} = \frac{\alpha\bar{\eta}_{M0}}{(2+r)}\hat{A}_M$$

根据附录 C 求法同理可得：

$$C\hat{\hat{A}}'_{t+2} = 0$$

| 第五章 |

# 二元经济转型与经常项目：基于世界样本的实证研究

在前两章中，我们分别在代理人框架下和 OLG 框架下建立了具有二元经济结构经常项目动态模型。通过这两个模型，我们首先分析了全要素生产率增长对二元经济结构和经常项目产生的动态影响。然后我们从中分离出了二元经济转型对经常项目动态反应的影响。不过，我们从两个模型中得出的结论并不一致。代理人框架下，我们发现二元经济转型会扩大经常项目的短期逆差幅度，意味着二元经济转型倾向于对经常项目产生负向影响。而在 OLG 框架下，我们发现二元经济转型会缩小第 t 期的经常项目逆差幅度，会扩大第 t+1 期经常项目的顺差幅度，这意味着二元经济转型倾向于对经常项目产生正向影响。由于两个模型得出的结论不同，所以我们需要运用现实数据进行实证检验。在本章中，我们采用世界 120 个国家（或地区）的面板数据进行实证分析。然后在下一章，我们分别采用中国的国家时间序列数据和省际面板数据进行实证分析。

本章的结构安排如下：第一节是建立计量模型，并对变量的选取和数据进行说明；第二节中，我们将利用 120 个国家（或地区）的面板数据实证研究二元经济结构变化对储蓄率、投资率和经常项目的影响；在第三节、第四节和第五节中，我们将 120 个样本国家分为高收入国家、中等收入国家和低收入国家，然后分别利用这三个子样本实证分析二元经济结构变化对储蓄率、投资率和经常项目的影响；第六节为本章小结；附录 A 中，我们给出了一个既包括二元经济结构（即二元经济结构），又包括人口年龄结构的简化经常项目动态模型。

## 第一节　计量模型与数据说明

### 一、计量模型

储蓄率和投资率是二元经济结构影响经常项目的两个渠道，因此，本书首先检验二元经济结构变化对储蓄率的影响，然后检验二元经济结构变化对投资率的影响，最后检验二元经济结构变化对经常项目的影响。根据相关经济理论，本章建立的计量模型如下：

$$Sav_{it} = \alpha_0 + \alpha_1 Sav_{it-1} + \alpha_2 You_{it} + \alpha_3 Old_{it} + \alpha_4 Dua_{it} + \alpha_5 Grow_{it} + \alpha_6 R_{it} + u_i + \varepsilon_{it} \tag{5-1}$$

$$Inv_{it} = \beta_0 + \beta_1 Inv_{it-1} + \beta_2 You_{it} + \beta_3 Old_{it} + \beta_4 Dua_{it} + \beta_5 Grow_{it} + \beta_6 R_{it} + u_i + \varepsilon_{it} \tag{5-2}$$

$$Cur_{it} = \gamma_0 + \gamma_1 Cur_{it-1} + \gamma_2 You_{it} + \gamma_3 Old_{it} + \gamma_4 Dua_{it} + \gamma_5 Grow_{it} + \gamma_6 R_{it} + u_i + \varepsilon_{it} \tag{5-3}$$

式（5－1）、式（5－2）和式（5－3）分别为储蓄率、投资率和经常项目的计量模型。其中，下标 $i$ 代表国家，$t$ 表示时间，$Sav_{it}$ 表示第 $t$ 期第 $i$ 个截面的储蓄率；$Inv_{it}$ 表示投资率；$Cur_{it}$ 表示经常项目；$You_{it}$ 和 $Old_{it}$ 分别为少儿抚养比和老年抚养比，用来衡量人口年龄结构变化；$Dua_{it}$ 表示二元经济结构；$Grow_{it}$ 表示技术进步率；$R_{it}$ 为世界实际利率；$u_i$ 和 $\varepsilon_{it}$ 为随机扰动项。

根据前两章的理论模型我们知道，二元经济结构的变化对经常项目的影响并不确定。少儿和老年在经济理论中通常被看作负储蓄者，因为他们没有收入，却要进行消费。所以当一国的少儿抚养比和老年抚养比上升时，会导致该国的储蓄率下降。另外，少儿抚养比和老年抚养比上升意味着本国劳动年龄人口比重下降，会导致人均资本存量增加，进而导致资本回报率减少，并最终导致投资率下降。由于少儿抚养比和老年抚养比上升会同时导致储蓄率和投资率下降，所以这两个变量对经常项目的影响是不确定的，取决于储蓄率和投资率的相对变化程度。

技术进步在代理人模型中会导致当期储蓄率下降，而在 OLG 模型中却会导致当期储蓄率上升，所以其对储蓄率的影响不确定。技术进步由于会导致资本回报率上升，所以会导致本国投资率增加。但是由于其对储蓄率的影响方向不确定，所以其对经常项目的影响也不确定。世界实际利率上升对储蓄率的影响不确定，但是会导致投资率下降，最终对经常项目的影响也不确定。

需要说明的是，我们将分别采用三种面板数据分析方法来进行实证研究，以考察实证结果的稳健性。三种方法分别为混合 OLS 回归、固定效应模型和 GMM。当我们采用混合 OLS 回归和固定效应模型方法时，计量方程的解释变量中不包含被解释变量的滞后项 $Sav_{it-1}$ 、$Inv_{it-1}$ 和 $Cur_{it-1}$ 。而当我们采用 GMM 方法时，解释变量中会包含被解释变量的滞后项 $Sav_{it-1}$ 、$Inv_{it-1}$ 和 $Cur_{it-1}$ 。

解释变量中包含被解释变量滞后项的面板数据模型被称为动态面板模型（Dynamic Panel Data）。之所以要采用动态面板模型，主要是因为一些经济理论认为，由于惯性和部分调整，个体的当前行为经常会取决于其过去的行为（陈强，2010）。采用动态面板模型除了可以考察被解释变量的惯性特征外，还可以有效地缓解计量模型的内生性问题。广义矩估计（GMM）方法是估计动态面板模型的较好方法。而且 GMM 方法是一个稳健估计量，因为它允许随机误差项存在异方差和序列相关，并不要求扰动项的准确分布信息，其所得到的参数估计量比其他参数估计方法更合乎实际（高铁梅，2006）。而在广义矩估计的具体方法中，目前比较流行的主要有差分 GMM（Arellano 和 Bond，1991）和系统 GMM（Blundll 和 Bond，1998）。Arellano 通过蒙特卡罗模拟方法，对上述两种广义矩估计方法的估计结果进行比较分析，发现系统 GMM 比差分 GMM 具有更好的有限样本性质。其主要原因是系统 GMM 利用滞后水平值作为工具变量，而不是一阶差分值，利用滞后水平值作为工具变量会具有更小的方差，且不存在奇异点。而且，系统 GMM 可以通过增加原始水平值的回归方程来解决工具变量弱的问题和弥补单使用差分方程所产生的不足。鉴于此，本书采用系统 GMM 方法进行实证检验。

对系统 GMM 结果的检验标准主要是关于扰动项的差分是否存在二阶自相关（AR（2）检验）和所有工具变量是否有效（过度识别检验）。AR（1）检验和 AR（2）检验分别为一阶序列相关检验和二阶序列相关检验，其原假设均是存在序列自相关，即若检验结果拒绝原假设，则通过检验，说明扰动项的差分不存在二阶自相关；Hansen 检验是检验系统 GMM 中工具变量是否存在有效性过度识别，其原假设是所有工具变量都是有效的，即若检验结果接受原假设，则通过检验，说明所有工具变量都是有效的，否则，通不过检验。因此，本书在实证中通过对扰动项进行序列相关检验来确定使用系统 GMM 方法的合理性，另外，还通过 Hansen 检验来检验工具变量的有效性。

本章的估计软件为 STATA11.0。

## 二、数据说明

基于数据的可得性，本书最终选取了 120 个国家 1990—2011 年的跨国年度面板数据进行实证研究。在实证研究中，这 120 个样本国家代表全世界，全体样本国家又根据收入水平不同分为高收入（High Income）国家、中等收入（Middle Income）国家和低收入（Low Income）国家。

120 个样本国家包括 37 个高收入国家①、60 个中等收入国家②和 23 个低收入国家③。储蓄率为总储蓄占 GDP 之比④；投资率为资本形成总值占 GDP 之比；经常项目为经常项目余额占 GDP 之比⑤。人口年龄结构主要用少儿抚养比和老年抚养比来衡量。其中少儿抚养比为 14 岁以下人口与 15～64 岁的劳动年龄人口的比值，老年抚养比为 65 岁以上人口与 15～64 岁的劳动年龄人口的比值。因为部分样本国家的非农业就业人口占总就业人口的比重数据缺失严重，而且劳动力由农业部门向非农业部门转移的过程必然伴随着农村人口向城镇人口转化的过程，所以本书首先采用城市化率（URB，城镇人口占总人口比重）来衡量二元经济结构，然后在稳健性检验中还采用农业增加值占 GDP 之比和工业增加值占 GDP 之比来衡量二元经济结构。技术进步率由人均 GDP 增长率表示。世界实际利率由美国实际利率表示。以上所有数据均为比率，且均来源于世界银行的世界发展指标（WDI）数据库（http：//databank. worldbank. org/）。

---

① 37 个高收入国家包括：澳大利亚、奥地利比利时、加拿大、捷克、丹麦、芬兰、法国、德国、匈牙利、冰岛、爱尔兰、意大利、日本、韩国、卢森堡、荷兰、新西兰、挪威、波兰、葡萄牙、斯洛伐克、斯洛文尼亚、西班牙、瑞典、英国、美国、巴哈马、巴巴多斯、文莱、塞浦路斯、科威特、马耳他、阿曼、沙特阿拉伯、新加坡、特立尼达和多巴哥。

② 60 个中收入国家包括：安哥拉、阿根廷、博茨瓦纳、巴西、保加利亚、智利、中国、哥伦比亚、哥斯达黎加、古巴、多米尼加共和国、格林纳达、约旦、拉脱维亚、立陶宛、马来西亚、毛里求斯、墨西哥、纳米比亚、巴拿马、秘鲁、罗马尼亚、俄罗斯、南非、卢西亚、圣文森特和格林纳斯丁、泰国、突尼斯、土耳其、乌拉圭、委内瑞拉、阿尔巴尼亚、亚美尼亚、伯利兹、玻利维亚、喀麦隆、佛得角、科特迪瓦、吉布提、埃及、萨瓦尔多、斐济、加纳、圭亚那、洪都拉斯、印度、印尼、莱索托、蒙古、摩洛哥、巴基斯坦、巴布亚新几内亚、巴拉圭、菲律宾、塞内加尔、斯里兰卡、苏丹、斯威士兰、叙利亚、也门。

③ 23 个低收入国家包括：孟加拉国、贝宁、布隆迪、柬埔寨、中非、乍得、科摩罗、刚果、埃塞俄比亚、几内亚、肯尼亚、吉尔吉斯斯坦、马达加斯加、马拉维、马里、莫桑比克、尼泊尔、卢旺达、塞拉利昂、塔吉克斯坦、坦桑尼亚、多哥、乌干达。

④ 由于数据缺失严重，古巴、中非、乍得、科摩罗、刚果、塔吉克斯坦的储蓄率为国民储蓄占 GDP 之比。

⑤ 由于数据缺失严重，古巴、中非、乍得、科摩罗、刚果、塔吉克斯坦的经常项目为国家净出口占 GDP 之比。

## 第二节 基于总体国家样本的实证研究

本节将基于120个国家1990—2011年的跨国面板数据进行实证研究。表5-1为全世界国家各变量的统计性描述。

**表5-1 主要变量的描述性统计量**

| 变量 | 变量名 | 单位 | 平均值 | 标准差 | 最小值 | 最大值 |
|---|---|---|---|---|---|---|
| Sav | 储蓄率 | % | 19.072 | 11.969 | -233.923 | 77.342 |
| Inv | 投资率 | % | 21.949 | 7.474 | 1.631 | 76.695 |
| Cur | 经常项目 | % | -3.100 | 11.336 | -240.496 | 48.210 |
| You | 少年抚养比 | % | 53.958 | 23.541 | 19.504 | 118.380 |
| Old | 老年抚养比 | % | 11.428 | 6.913 | 2.363 | 36.928 |
| Urb | 城市化率 | % | 54.093 | 24.170 | 5.416 | 99.966 |
| Grow | 技术进步率 | % | 1.963 | 4.851 | -47.287 | 37.120 |
| R | 世界实际利率 | % | 4.302 | 1.847 | 0.999 | 6.920 |
| Ind | 工业产值占比 | % | 29.634 | 10.802 | 7.049 | 74.113 |
| Agr | 农业产值占比 | % | 15.449 | 14.269 | 0.034 | 68.880 |

资料来源：世界银行的世界发展指标（WDI）数据库（http://databank.worldbank.org/）。

由于本章的数据时间跨度较长，所以在对面板数据进行回归之前，有必要对其进行单位根检验，以防止出现伪回归。近些年来，出现了很多种不同的面板数据单位根的检验方法，由于不同检验方法得到的结论可能会不同，为了使检验结果更加稳健，本书同时采用LLC检验、IPS检验、Fisher-ADF检验和Fisher-PP检验四种方法进行面板单位根检验（巴尔塔基，2010）①。检验结果如表5-2所示。除LLC检验得出变量*Old*，IPS检验得出变量*Old*和*Urb*，Fisher-PP检验得出变量*R*在相应的显著水平下

① 在本书中，所有面板单位根检验均采用LLC检验、IPS检验、Fisher-ADF检验和Fisher-PP检验四种方法，限于篇幅，在下文的面板单位根检验部分不再赘述。

没有拒绝原假设的结论外，其余的检验结果均表明各变量原序列是平稳的，因此综合来看我们可以得出所有变量的原序列是平稳的，可以直接用于回归分析。

**表 5 - 2 面板数据单位根检验结果**

| 变量 | LLC 检验 | IPS 检验 | Fisher - ADF 检验 | Fisher - PP 检验 |
|---|---|---|---|---|
| Sav | -5.406*** | -4.977*** | 399.001*** | 356.514*** |
| Inv | -5.884*** | -7.400*** | 459.401*** | 423.361*** |
| Cur | -8.732*** | -9.009*** | 481.686*** | 473.579*** |
| You | -16.618*** | -13.368*** | 961.039*** | 864.199*** |
| Old | 6.997 | 8.345 | 421.495*** | 316.295*** |
| Urb | -8.947*** | 6.846 | 1188.36*** | 1756.92*** |
| Grow | -25.977*** | -24.132*** | 1129.58*** | 1300.29*** |
| R | -4.789*** | -7.028*** | 357.577*** | 122.622 |
| Ind | -10.023*** | -6.156*** | 430.319*** | 452.959*** |
| Agr | -12.534*** | -4.437*** | 390.059*** | 477.459*** |

注：*、**、*** 分别表示在 10%、5%、1% 的水平下显著，变量最佳滞后期数根据 SIC 最小原则确定。

## 一、二元经济结构与储蓄率

下面我们要分析储蓄率模型的估计结果（见表 5 - 3）。表 5 - 3 给出了储蓄率模型的系统 GMM 估计结果以及 OLS 和固定效应模型（FE）的估计结果。其中 GMM1 是采用城市化率衡量二元经济结构的估计结果，而 GMM2 是采用农业增加值占比衡量二元经济结构的估计结果，GMM3 则是采用工业增加值占比衡量二元经济结构的估计结果（下同）。本书主要关注 GMM1 的估计结果，同时给出混合回归和固定效应模型的估计结果作为更换方法的稳健性检验，给出 GMM2 和 GMM3 的估计结果作为更换变量的稳健性检验。

**表 5-3 储蓄率（Sav）方程的估计结果**

| | Sav | | | | |
|---|---|---|---|---|---|
| | OLS | FE | GMM1 | GMM2 | |
| $Sav_{-1}$ | | | 0.820***<br>(17.86) | 0.813***<br>(16.40) | 0.792***<br>(15.25) |
| You | -0.253***<br>(-4.81) | -0.014<br>(-0.49) | -0.044**<br>(-2.39) | -0.037**<br>(-2.09) | -0.037**<br>(-2.05) |
| Old | -0.624***<br>(-3.69) | -0.096<br>(-0.76) | -0.122***<br>(-2.64) | -0.107**<br>(-2.36) | -0.070<br>(-1.54) |
| Urb | 0.053<br>(1.42) | 0.185***<br>(2.91) | 0.013*<br>(1.69) | | |
| Grow | 0.315**<br>(2.45) | 0.187***<br>(6.21) | 0.155**<br>(2.31) | 0.147**<br>(2.16) | 0.143**<br>(2.20) |
| R | 0.245*<br>(1.85) | 0.077<br>(0.90) | -0.008<br>(-0.21) | 0.004<br>(0.10) | -0.013<br>(-0.33) |
| Agr | | | | -0.030*<br>(-1.67) | |
| Ind | | | | | 0.071**<br>(2.07) |
| C | 35.38***<br>(6.62) | 10.33**<br>(2.34) | 6.167***<br>(2.67) | 6.824***<br>(3.13) | 4.394**<br>(1.99) |
| N | 2512 | 2512 | 2392 | 2332 | 2337 |
| $R^2$ | 0.1887 | 0.1500 | | | |
| AR（1） | | | 0.000 | 0.000 | 0.000 |
| AR（2） | | | 0.454 | 0.591 | 0.601 |
| Hansen-P | | | 0.215 | 0.194 | 0.176 |

注：*、**、***分别表示在10%、5%、1%的水平下显著。系数下方的括号内为t统计量。AR（1）、AR（2）、Hansen检验给出的都是统计量相对应的P值。

由AR（1）和AR（2）检验的P值可知，各方程扰动项的差分只存在一阶自相关，不存在二阶自相关，因此满足进行系统GMM的假设前提。另外，Hansen检验结果表明各方程的工具变量是有效的，不存在过度识别问题。

系统GMM方法较好地捕捉到了储蓄率滞后项（$Sav_{-1}$）的影响。GMM1估计结果显示，$Sav_{-1}$的系数为0.820，并且在1%的显著水平下显著，表明储蓄率具有很强的惯性特征。由于各变量均没有取对数，所以系数0.820意味着上一期储蓄率增加1个单位会使得当期储蓄率上升0.820个单位。少儿抚养比的系数为-0.044，并且在5%的显著水平下显著，说明少儿抚养负担下降会导致储蓄率上升；老年抚养比的系数为-0.122，并且在1%的显著水平下显著，这表明老年抚养负担下降同样会导致储蓄率上升。二元经济结构的系数为0.013，并且显著，说明二元经济转型会导致储蓄率上升。技术进步率的系数为0.155，并且显著，说明技术进步率上升会导致储蓄率提高。世界实际利率系数符号为负，但是不显著。

表5-3除了给出系统GMM的估计结果，同时也给出了混合回归和固定效应模型的估计结果。混合回归的估计结果显示二元经济结构变量不显著；而固定效应模型则显示二元经济转型会对储蓄率产生显著的正向影响，与GMM估计结果一致。相对来说，由于混合回归不考虑个体效应，所以其估计结果的参照意义较弱。在表5-3中我们还给出了采用农业增加值占比和工业增加值占比作为二元经济结构代理指标的估计结果（GMM2和GMM3）。GMM2中，*Agr*的系数为负，且显著，意味着农业部门比重下降会促进储蓄率提高；GMM3中，*Ind*的系数为正，且显著，意味着工业部门比重上升会促进储蓄率提高①。可见，这两个估计结果均表明二元经济转型会导致储蓄率上升。总体来说，二元经济转型会导致储蓄率上升的估计结果比较稳健。

以上各方程对于其他解释变量的估计结果也比较一致，大多显示技术进步会导致储蓄率上升，少儿抚养比和老年抚养比上升会导致储蓄率下降，世界实际利率对储蓄率影响不显著。

## 二、二元经济结构与投资率

表5-4给出了投资率模型的估计结果。由AR（1）和AR（2）检验

① 城镇人口占比和工业增加值占比表示劳动力向非农业部门转移，农业增加值占比则表示劳动力向农业部门转移，这意味着如果城镇人口占比系数与工业增加值占比系数的符号相同以及城镇人口占比系数与农业增加值占比系数的符号相反，那么它们的系数符号含义一致，表达的经济含义一致。

的P值可知，各方程扰动项的差分不存在二阶自相关，只存在一阶自相关，因此满足进行系统GMM的假设前提。另外，从表5-4Hansen统计量的P值可知，系统GMM方法中使用的工具变量都是合理的，不存在过度识别问题。

**表5-4 投资率（Inv）方程的估计结果**

| | Inv | | | | |
|---|---|---|---|---|---|
| | OLS | FE | GMM1 | GMM2 | GMM3 |
| $Inv_{-1}$ | | | 0.722*** (11.09) | 0.725*** (11.75) | 0.754*** (10.07) |
| You | -0.140*** (-3.76) | -0.056 (-1.16) | -0.029** (-2.01) | -0.015 (-1.03) | -0.078** (-2.42) |
| Old | -0.218** (-2.20) | -0.347 (-1.63) | -0.055* (-1.74) | -0.060* (-1.82) | -0.215 (-1.53) |
| Urb | 0.050* (1.86) | 0.027 (0.19) | 0.010** (2.35) | | |
| Grow | 0.331*** (4.21) | 0.208*** (3.57) | 0.223*** (4.49) | 0.225*** (4.44) | 0.236*** (4.24) |
| R | 0.170* (1.66) | 0.029 (0.32) | -0.047 (-0.23) | -0.095 (-0.35) | 0.096 (1.64) |
| Agr | | | | -0.019** (-2.15) | |
| Ind | | | | | 0.046 (0.79) |
| C | 33.30*** (9.46) | 29.89*** (3.59) | 8.707*** (3.48) | 8.001*** (3.55) | 12.53** (2.07) |
| N | 2588 | 2588 | 2475 | 2408 | 2413 |
| $R^2$ | 0.1211 | 0.0465 | | | |
| AR（1） | | | 0.000 | 0.000 | 0.000 |
| AR（2） | | | 0.903 | 0.950 | 0.846 |
| Hansen-P | | | 0.509 | 0.575 | 0.273 |

注：*、**、***分别表示在10%、5%、1%的水平下显著。系数下方的括号内为t统计量。AR（1）、AR（2）、Hansen检验给出的都是统计量相对应的P值。

我们仍然以GMM1的估计结果为主进行分析。GMM1的估计结果表明，投资率主要受自身惯性、人口年龄结构、二元经济结构和技术进步的影响，且都比较显著。投资率滞后值的系数为0.722，表明前一期投资率上升 1 个单位会导致当期投资率增加 0.722 个单位。人口年龄结构指标当中，少儿抚养比下降 1 个单位会导致投资率上升 0.029 个单位；老年抚养比下降 1 个单位会导致投资率上升 0.055 个单位。二元经济结构的系数为 0.010，并且显著，说明二元经济转型会导致投资率上升。生产率提高 1 个单位会导致投资率上升 0.223 个单位。世界实际利率系数符号为负，但是不显著。

表 5－4 除了给出系统 GMM 的估计结果，同时也给出了混合回归和固定效应模型的估计结果。其中，混合回归的估计结果显示二元经济结构变量的系数为正，且显著；而固定效应模型则显示二元经济结构的系数不显著。在表 5－4 中我们还给出了采用农业增加值占比和工业增加值占比作为二元经济结构代理指标的估计结果（GMM2 和 GMM3）。GMM2 中，*Agr* 的系数为负，且显著，意味着农业部门比重下降会促进投资率提高；GMM3 中，*Ind* 的系数为正，但不显著。总体来说，5 个估计结果中有 3 个支持二元经济转型会导致投资率上升，符合理论预期。

以上各方程对于其他解释变量的估计结果也比较一致，大多显示技术进步会导致投资率上升，少儿抚养比和老年抚养比上升会导致投资率下降，而世界实际利率对投资率影响不显著。

## 三、二元经济结构与经常项目

下面我们要分析经常项目模型的估计结果（见表 5－5）。作为一致估计，系统 GMM 能够成立的前提是残差项不存在自相关。在 3 个系统 GMM 估计结果中，虽然各方程残差的差分存在一阶自相关，但是 AR（2）统计量的 P 值均在 0.100 以上，表明各方程残差的差分在回归过程中不存在二阶自相关，因此满足进行系统广义矩估计的假设前提。Hansen 统计量的 P 值表明没有拒绝过度识别条件，动态估计模型工具变量的使用在整体上是有效的，因此模型的设定是合理的。

**表 5 -5　经常项目（Cur）方程的估计结果**

| | Cur | | | | |
|---|---|---|---|---|---|
| | OLS | FE | GMM1 | GMM2 | GMM3 |
| $Cur_{-1}$ | | | 0.609***<br>(5.10) | 0.592***<br>(5.12) | 0.551***<br>(6.25) |
| You | -0.126***<br>(-2.68) | 0.080**<br>(2.42) | -0.058**<br>(-2.43) | -0.049**<br>(-2.25) | -0.031*<br>(-1.88) |
| Old | -0.400**<br>(-2.45) | 0.007<br>(0.05) | -0.171**<br>(-2.12) | -0.132*<br>(-1.80) | -0.003<br>(-0.06) |
| Urb | -0.103***<br>(-2.87) | 0.197***<br>(2.69) | 0.040**<br>(2.09) | | |
| Grow | -0.095<br>(-1.45) | -0.083**<br>(-2.38) | -0.096**<br>(-2.10) | -0.110**<br>(-2.44) | -0.111**<br>(-2.45) |
| R | 0.092<br>(0.70) | -0.100<br>(-1.01) | 0.048<br>(0.80) | 0.078<br>(1.24) | 0.015<br>(0.28) |
| Agr | | | | -0.064**<br>(-2.33) | |
| Ind | | | | | 0.200***<br>(5.02) |
| C | 2.622<br>(0.52) | -17.42***<br>(-3.46) | 1.677<br>(0.78) | 3.645*<br>(1.75) | -5.458***<br>(-2.79) |
| N | 2539 | 2535 | 2422 | 2342 | 2349 |
| $R^2$ | 0.1080 | 0.1241 | | | |
| AR（1） | | | 0.000 | 0.000 | 0.066 |
| AR（2） | | | 0.271 | 0.276 | 0.296 |
| Hansen - P | | | 0.170 | 0.232 | 0.267 |

注：*、**、***分别表示在10%、5%、1%的水平下显著。系数下方的括号内为t统计量。AR（1）、AR（2）、Hansen检验给出的都是统计量相对应的P值。

我们主要以GMM1的估计结果为准进行分析。GMM1估计结果表明，经常项目滞后项的系数显著为正，说明经常项目也存在较强的惯性特征，在其他条件不变的情况下，前一期经常项目上升1个单位将引起当期经常项目增加0.722个单位。

人口年龄结构指标中，少儿抚养比对经常项目存在显著的负向影响，少儿抚养比下降1个单位会导致当期经常项目上升0.058个单位。由于经常项目存在惯性特征，所以结合经常项目滞后项 $Cur_{-1}$ 的系数，我们可以计算出少儿抚养比下降 1 个单位会导致长期经常项目累积改善 0.15 个单位①。老年抚养比对经常项目也存在显著的负向影响，这一结果说明人口老龄化会导致经常项目恶化。经济学理论告诉我们，人口老龄化对经常项目的影响方向是不确定的，因为人口老龄化会同时导致储蓄率和投资率下降。表 5－3 的估计结果表明，全体国家的人口老龄化会导致储蓄率下降。表 5－4 的估计结果表明，全体国家的人口老龄化会导致投资率下降。但是人口老龄化对储蓄率的影响大于对投资率的影响，前者的系数为－0.122，后者的系数为－0.055。显然，表 5－3、表 5－4 与表 5－5 的结果存在一致性。这说明全体国家的人口老龄化会同时影响储蓄和投资，并通过这两个渠道使经常项目恶化。老年抚养比的系数为－0.171，该数值只反映人口老龄化对经常项目的短期影响，即老龄化上升 1 个单位会导致当期经常项目下降 0.171 个单位。结合经常项目滞后项 $Cur_{-1}$ 的系数，我们可以计算出人口老龄化对经常项目的长期累积影响系数为－0.44②。

二元经济结构的系数显著为正，表明二元经济转型会导致经常项目改善。二元经济结构增加 1 个单位会导致当期经常项目余额上升 0.044 个单位，会导致长期经常项目累积改善 0.10 个单位③。同样，理论模型告诉我们，二元经济转型对经常项目的影响方向也不确定。本节中，二元经济转型之所以会对经常项目产生正向影响，主要是由于劳动力转移对储蓄率的影响大于对投资率的影响，前者的系数为 0.013，后者的系数为 0.010。

技术进步率对经常项目存在显著的负向影响，技术进步率上升 1 个单位会导致经常项目下降 0.096 个单位。世界实际利率的系数未能通过显著性检验，其符号为正。

混合回归的结果显示，二元经济结构的系数显著为负，与 GMM1 的结果不一致。而固定效应模型、GMM2 和 GMM3 的估计结果均与 GMM1 一

---

① 长期累积影响系数计算公式为［－0.058/（1－0.609）］＝－0.15。
② 长期累积影响系数计算公式为［－0.171/（1－0.609）］＝－0.44。
③ 经常项目的累积改善系数计算公式为［0.040/（1－0.609）］＝0.10。

致，表明二元经济转型会对经常项目产生显著的正向影响。需要说明的是，GMM2 中农业增加值占比 *Agr* 的系数为负，同样意味着二元经济转型会导致经常项目上升。因为 *Agr* 下降对应着二元经济转型。

以上各方程对于其他解释变量的估计结果也比较一致，大多显示技术进步会导致经常项目下降，少儿抚养比和老年抚养比上升也会导致经常项目下降，而世界实际利率对经常项目没有显著影响。

## 第三节　基于高收入国家样本的实证研究

在分析完全体国家的面板数据之后，我们根据收入水平差异把全体样本国家分为高收入国家、中等收入国家和低收入国家，然后对不同收入水平的国家面板数据进行实证分析，这有助于我们了解不同收入水平的国家的二元经济结构变化对经常项目的影响。本节将基于 37 个高收入国家 1990—2011 年的面板数据二元经济结构变化对经常项目的动态影响。表 5 -6 为高收入国家各变量的统计性描述。

**表 5 -6　主要变量的描述性统计量**

| 变量 | 变量名 | 单位 | 平均值 | 标准差 | 最小值 | 最大值 |
|---|---|---|---|---|---|---|
| Sav | 储蓄率 | % | 22. 894 | 13. 014 | -233. 923 | 64. 716 |
| Inv | 投资率 | % | 22. 050 | 4. 964 | 9. 474 | 41. 856 |
| Cur | 经常项目 | % | 0. 801 | 12. 758 | -240. 496 | 48. 210 |
| You | 少年抚养比 | % | 31. 172 | 10. 298 | 19. 680 | 87. 443 |
| Old | 老年抚养比 | % | 18. 131 | 6. 949 | 2. 363 | 36. 938 |
| Urb | 城市化率 | % | 74. 212 | 16. 995 | 8. 534 | 100. 000 |
| Grow | 技术进步率 | % | 1. 744 | 3. 223 | -14. 640 | 14. 177 |
| R | 世界实际利率 | % | 4. 302 | 1. 846 | 0. 999 | 6. 920 |
| Agr | 农业产值占比 | % | 3. 182 | 2. 247 | 0. 034 | 14. 541 |
| Ind | 工业产值占比 | % | 32. 531 | 10. 944 | 12. 971 | 74. 113 |

资料来源：世界银行的世界发展指标（WDI）数据库（http：//databank. worldbank. org/）。

在对面板数据进行回归之前，我们同样需要对其进行单位根检验。面板单位根检验结果如表 5 - 7 所示。除 Fisher - PP 检验得出变量 *Old* 和变量 R 在相应的显著水平下没有拒绝原假设的结论外，其余的检验结果均表明各变量原序列是平稳的，因此综合来看，我们可以得出所有变量的原序列是平稳的。

**表 5 - 7 面板数据变量的单位根检验**

| 变量 | LLC 检验 | IPS 检验 | Fisher - ADF 检验 | Fisher - PP 检验 |
|---|---|---|---|---|
| Sav | - 11.680*** | - 6.618*** | 156.701*** | 145.278*** |
| Inv | - 3.698*** | - 5.011*** | 145.261*** | 118.169*** |
| Cur | - 3.979*** | - 3.804*** | 124.810*** | 124.972*** |
| You | - 9.211*** | - 7.243*** | 279.294*** | 287.482*** |
| Old | - 8.181*** | - 14.035*** | 525.891*** | 18.953 |
| Urb | - 10.431*** | - 2.723*** | 570.650*** | 911.234*** |
| Grow | - 13.751*** | - 12.227*** | 284.825*** | 339.462*** |
| R | - 2.659*** | - 3.903*** | 110.253*** | 37.809 |
| Ind | - 5.829*** | - 2.126** | 117.377*** | 151.543*** |
| Agr | - 7.985*** | - 2.398*** | 113.588*** | 207.712*** |

注：*、**、*** 分别表示在 10%、5%、1% 的水平下显著，变量最佳滞后期数根据 SIC 最小原则确定。

## 一、二元经济结构与储蓄率

表 5 - 8 给出了储蓄率模型的估计结果，其中第 2 列为混合回归估计结果，第 3 列为固定效应模型估计结果，第 4 列 GMM1 为用城市化率衡量二元经济结构的系统 GMM 估计结果，第 5 列 GMM2 为用农业增加值占比衡量二元经济结构的系统 GMM 估计结果，第 6 列 GMM3 则为用工业增加值占比衡量二元经济结构的系统 GMM 估计结果（下同）。

**表 5-8　储蓄率（Sav）方程的估计结果**

| | Sav | | | | |
|---|---|---|---|---|---|
| | OLS | FE | GMM1 | GMM2 | GMM3 |
| $Sav_{-1}$ | | | 0.790***<br>(11.40) | 0.789***<br>(16.76) | 0.724***<br>(8.00) |
| You | -0.405***<br>(-3.47) | -0.415**<br>(-2.18) | -0.122**<br>(-2.40) | -0.040*<br>(-1.75) | -0.098**<br>(-2.55) |
| Old | -0.950***<br>(-3.82) | -0.628*<br>(-2.01) | -0.457***<br>(-3.04) | -0.149*<br>(-1.90) | -0.109*<br>(-1.88) |
| Urb | 1.146*<br>(1.71) | -0.066<br>(-0.20) | 0.081***<br>(3.24) | | |
| Grow | 0.371**<br>(2.66) | 0.339***<br>(3.46) | 0.353***<br>(3.13) | 0.266***<br>(3.71) | 0.214***<br>(3.30) |
| R | 0.022<br>(0.10) | 0.221<br>(1.34) | -0.115<br>(-0.81) | 0.013<br>(0.16) | -0.034<br>(0.49) |
| Agr | | | | -0.325***<br>(-3.18) | |
| Ind | | | | | 0.151**<br>(2.31) |
| C | 44.53***<br>(5.13) | 50.90**<br>(2.18) | 10.847*<br>(1.79) | 9.202**<br>(-2.41) | 6.252<br>(-1.48) |
| N | 751 | 751 | 714 | 670 | 670 |
| $R^2$ | 0.2998 | 0.1818 | | | |
| AR (1) | | | 0.002 | 0.002 | 0.001 |
| AR (2) | | | 0.868 | 0.873 | 0.883 |
| Hansen-P | | | 0.592 | 0.987 | 0.953 |

注：*、**、***分别表示在10%、5%、1%的水平下显著。系数下方的括号内为t统计量。AR（1）、AR（2）、Hansen检验给出的都是统计量相对应的P值。

我们由AR（1）和AR（2）检验的P值可以知道，各方程扰动项的差分只存在一阶自相关，不存在二阶自相关，因此满足进行系统GMM估计的假设前提。另外，Hansen过度识别检验的结果没有拒绝工具变量有效性的零假设，这说明不存在过度识别问题。

系统GMM方法较好地捕捉到了储蓄率滞后项（$Sav_{-1}$）的影响。GMM1估计结果显示，$Sav_{-1}$的系数为0.790，并且十分显著，说明上一期储蓄率增加1个单位会导致当期储蓄率上升0.790个单位，高收入国家的储蓄率具有很强的惯性特征。人口年龄结构指标中，少儿抚养比的系数为 -0.122，并且在5%的显著水平下显著，说明少儿抚养负担下降会导致高收入国家的储蓄率上升；老年抚养比的系数为 -0.457，并且在1%的显著水平下显著，表明老年抚养负担下降同样也会导致高收入国家的储蓄率上升。二元经济结构的系数为0.081，并且显著，说明二元经济转型会导致高收入国家的储蓄率上升。技术进步率的系数为0.353，并且显著，意味着技术进步率上升会导致储蓄率提高。世界实际利率系数符号为负，但是不显著。

表5-8除了给出系统GMM的估计结果，同时也给出了混合回归和固定效应模型的估计结果。混合回归的估计结果显示二元经济结构变量的系数显著为正，与GMM1的估计结果一致；而固定效应模型则显示二元经济结构的系数不显著。在表5-8中我们还给出了采用农业增加值占比和工业增加值占比作为二元经济结构代理指标的估计结果（GMM2和GMM3）。GMM2中，*Agr*的系数为负，且显著，意味着农业部门比重下降会促进储蓄率提高；GMM3中，*Ind*的系数为正，且显著，意味着工业部门比重上升会促进储蓄率提高①。可见，这两个估计结果均表明二元经济转型会导致储蓄率上升。总体来说，高收入国家二元经济转型会导致储蓄率上升的估计结果比较稳健。

以上各方程对于其他解释变量的估计结果也比较一致，基本都显示技术进步会导致高收入国家的储蓄率上升，少儿抚养比和老年抚养比上升会导致高收入国家的储蓄率下降，世界实际利率对高收入国家的储蓄率影响不显著。

---

① 城镇人口占比和工业增加值占比表示劳动力向非农业部门转移，农业增加值占比则表示劳动力向农业部门转移，这意味着如果城镇人口占比系数与工业增加值占比系数的符号相同以及城镇人口占比系数与农业增加值占比系数的符号相反，那么它们的系数符号含义一致，表达的经济含义一致。

## 二、二元经济结构与投资率

下面我们要分析投资率模型的估计结果（见表5-9）。由AR（1）和AR（2）检验的P值可知，各方程扰动项的差分只存在一阶自相关，不存在二阶自相关，满足使用系统GMM的前提条件。另外，从表5-9Hansen统计量的P值可知，系统GMM估计中使用的工具变量都是合理的，不存在过度识别问题。

**表5-9 投资率（Inv）方程的估计结果**

| | Inv | | | | |
|---|---|---|---|---|---|
| | OLS | FE | GMM1 | GMM2 | GMM3 |
| $Inv_{-1}$ | | | 0.568***<br>(6.25) | 0.570***<br>(4.93) | 0.574***<br>(5.01) |
| You | -0.230***<br>(-3.24) | -0.073<br>(-0.85) | -0.064*<br>(-1.96) | -0.074*<br>(-1.83) | -0.068*<br>(-1.72) |
| Old | -0.319**<br>(-2.20) | -0.442*<br>(-2.01) | -0.098*<br>(-1.82) | -0.120*<br>(-2.01) | -0.136**<br>(-2.24) |
| Urb | 0.008<br>(0.29) | -0.023<br>(-0.11) | 0.005<br>(0.37) | | |
| Grow | 0.232**<br>(2.58) | 0.234***<br>(3.70) | 0.296***<br>(5.56) | 0.309***<br>(5.33) | 0.312***<br>(5.48) |
| R | 0.500***<br>(3.34) | 0.291**<br>(2.69) | 0.183**<br>(2.30) | 0.127<br>(1.26) | 0.139<br>(1.39) |
| Agr | | | | 0.065<br>(0.66) | |
| Ind | | | | | -0.025<br>(-1.01) |
| C | 31.84***<br>(7.19) | 32.50**<br>(2.36) | 11.53***<br>(3.72) | 12.61***<br>(3.08) | 13.58***<br>(3.08) |
| N | 795 | 795 | 762 | 713 | 713 |
| $R^2$ | 0.1828 | 0.1411 | | | |
| AR（1） | | | 0.005 | 0.003 | 0.003 |
| AR（2） | | | 0.343 | 0.427 | 0.458 |
| Hansen-P | | | 0.614 | 0.467 | 0.501 |

注：*、**、***分别表示在10%、5%、1%的水平下显著。系数下方的括号内为t统计量。AR（1）、AR（2）、Hansen检验给出的都是统计量相对应的P值。

我们仍然以 GMM1 的估计结果为主进行分析。GMM1 估计结果表明，高收入国家的投资率主要受自身惯性、人口年龄结构、技术进步和世界实际利率的影响，且比较显著；而二元经济结构则对高收入国家的投资率没有显著影响。具体来说，前一期投资率上升 1 个单位会导致当期投资率增加 0.568 个单位。少儿抚养比下降 1 个单位会导致高收入国家的投资率上升 0.064 个单位；老年抚养比下降 1 个单位会导致高收入国家的投资率上升 0.098 个单位。生产率提高 1 个单位会导致投资率上升 0.296 个单位。世界实际利率系数符号为正，而且是显著的。

表 5 -4 除了给出系统 GMM 的估计结果，也给出了混合回归和固定效应模型的估计结果，同时还给出了采用农业增加值占比和工业增加值占比作为二元经济结构代理指标的估计结果（GMM2 和 GMM3）。以上 4 种估计结果均显示二元经济转型对高收入国家的投资率没有显著影响。

以上各方程对于其他解释变量的估计结果也比较一致，大多显示技术进步会导致高收入国家的投资率上升，少儿抚养比和老年抚养比上升会导致高收入国家的投资率下降，世界实际利率上升会导致高收入国家的投资率提高。

## 三、二元经济结构与经常项目

下面我们要分析经常项目模型的估计结果（见表 5 -10）。作为一致估计，系统 GMM 能够成立的前提是残差项不存在自相关。在 3 个系统 GMM 估计结果中，虽然各方程残差的差分存在一阶自相关，但是 AR（2）统计量的 P 值均在 0.100 以上，表明各方程残差的差分在回归过程中不存 在二阶自相关，因此满足进行系统广义矩估计的假设前提。Hansen 统计量的 P 值为 0.574（GMM1），说明没有拒绝过度识别条件，动态估计模型工具变量的使用在整体上都是有效的，因此模型的设定是合理的。

**表 5－10　经常项目（Cur）方程的估计结果**

| | Cur | | | | |
|---|---|---|---|---|---|
| | OLS | FE | GMM1 | GMM2 | GMM3 |
| $Cur_{-1}$ | | | 0.805***<br>(9.94) | 0.691***<br>(6.39) | 0.762***<br>(8.07) |
| You | −0.230*<br>(−1.87) | −0.337*<br>(−1.73) | −0.158**<br>(−2.45) | −0.011<br>(−0.97) | −0.078<br>(−1.59) |
| Old | −0.674**<br>(−2.05) | −0.184<br>(−0.54) | −0.514**<br>(−2.63) | −0.503**<br>(−2.10) | −0.043<br>(−0.50) |
| Urb | 0.074<br>(1.01) | −0.164<br>(−0.46) | 0.051**<br>(2.66) | | |
| Grow | −0.011<br>(−0.06) | 0.016<br>(0.18) | 0.051<br>(0.32) | −0.081<br>(−0.63) | −0.114<br>(−1.10) |
| R | −0.368*<br>(−1.93) | −0.059<br>(−0.40) | −0.232**<br>(−2.13) | 0.107<br>(0.83) | −0.041<br>(−0.42) |
| Agr | | | | −1.387***<br>(−3.38) | |
| Ind | | | | | 0.151**<br>(2.03) |
| C | 16.64<br>(1.52) | 27.17<br>(1.12) | 11.70**<br>(2.30) | 16.96**<br>(2.23) | −1.030<br>(−0.34) |
| N | 762 | 762 | 726 | 674 | 720 |
| $R^2$ | 0.1440 | 0.0803 | | | |
| AR（1） | | | 0.000 | 0.000 | 0.001 |
| AR（2） | | | 0.673 | 0.575 | 0.107 |
| Hansen－P | | | 0.574 | 0.713 | 0.915 |

注：*、**、***分别表示在10%、5%、1%的水平下显著。系数下方的括号内为t统计量。AR（1）、AR（2）、Hansen检验给出的都是统计量相对应的P值。

我们主要以GMM1的估计结果为准进行分析。GMM1估计结果表明，经常项目滞后项的系数显著为正，说明高收入国家的经常项目也存在较强的惯性特征，在其他条件不变的情况下，前一期经常项目上升1个单位将引起当期经常项目增加0.805个单位。

人口年龄结构指标中，少儿抚养比对高收入国家的经常项目存在显著的负向影响，少儿抚养比下降1个单位会导致当期经常项目上升0.158个单位。由于经常项目存在惯性特征，所以结合经常项目滞后项 $Cur_{-1}$ 的系数，我们可以计算出少儿抚养比下降 1 个单位会导致长期经常项目累积改善 0.81 个单位[①]。老年抚养比对高收入国家的经常项目也存在显著的负向影响，这一结果说明人口老龄化会导致经常项目恶化。经济学理论告诉我们，人口老龄化对经常项目的影响方向是不确定的，因为人口老龄化会同时导致储蓄率和投资率下降。表 5－8 的估计结果表明，高收入国家的人口老龄化会导致储蓄率下降。表 5－9 的估计结果则表明，高收入国家的人口老龄化会导致投资率下降。但是人口老龄化对储蓄率的影响大于对投资率的影响，前者的系数为－0.457，后者的系数为－0.098。显然，表 5－8、表 5－9 与表 5－10 的结果存在一致性。这说明高收入国家的人口老龄化会同时影响储蓄和投资，并通过这两个渠道使经常项目恶化。老年抚养比的系数为－0.514，该数值只反映人口老龄化对经常项目的短期影响，即老龄化上升 1 个单位会导致当期经常项目下降 0.514 个单位。结合经常项目滞后项 $Cur_{-1}$ 的系数，我们可以计算出人口老龄化对经常项目的长期累积影响系数为－2.64[②]。

二元经济结构的系数显著为正，表明高收入国家的二元经济转型会导致经常项目改善。二元经济结构增加 1 个单位会导致当期经常项目余额上升 0.051 个单位，会导致长期经常项目累积改善 0.26 个单位[③]。同样，理论模型告诉我们，二元经济转型对经常项目的影响方向也不确定。本节中，高收入国家的二元经济转型之所以会对经常项目产生正向影响，主要是由于劳动力转移会导致储蓄率上升，而对投资率却没有显著影响。所以，高收入国家的二元经济转型主要通过储蓄渠道改善经常项目。

技术进步率的系数为正，但是不显著；世界实际利率系数为负且显著，世界实际利率上升 1 个单位会导致高收入国家的经常项目下降 0.232 个单位。

① 长期累积影响系数计算公式为［－0.158/（1－0.805）］＝－0.81。

② 长期累积影响系数计算公式为［－0.514/（1－0.805）］＝－2.64。

③ 经常项目的累积改善系数计算公式为［0.051/（1－0.805）］＝0.26。

混合回归和固定效应模型的估计结果显示，二元经济结构的系数均不显著，与 GMM1 的结果不一致。而 GMM2 和 GMM3 的估计结果均与 GMM1 一致，表明二元经济转型会对高收入国家的经常项目产生显著的正向影响。需要说明的是，GMM2 中农业增加值占比 *Agr* 的系数为负，同样意味着二元经济转型会导致经常项目上升。因为 *Agr* 下降对应着二元经济转型。

## 第四节　基于中等收入国家样本的实证研究

在本节中，本书将基于 60 个中等收入国家 1990—2011 年的跨国面板数据实证研究二元经济转型对经常项目的影响。表 5 – 11 为中等收入国家各变量的统计性描述。

**表 5 – 11　主要变量的描述性统计量**

| 变量 | 变量名 | 单位 | 平均值 | 标准差 | 最小值 | 最大值 |
|---|---|---|---|---|---|---|
| Sav | 储蓄率 | % | 19. 978 | 10. 184 | – 35. 809 | 77. 342 |
| Inv | 投资率 | % | 23. 336 | 8. 410 | 1. 631 | 76. 695 |
| Cur | 经常项目 | % | – 3. 468 | 10. 179 | – 205. 810 | 43. 399 |
| You | 少年抚养比 | % | 57. 229 | 18. 928 | 19. 504 | 118. 380 |
| Old | 老年抚养比 | % | 9. 407 | 4. 691 | 4. 204 | 26. 195 |
| Urb | 城市化率 | % | 52. 989 | 19. 382 | 12. 432 | 93. 505 |
| Grow | 技术进步率 | % | 2. 404 | 4. 962 | – 40. 752 | 21. 794 |
| R | 世界实际利率 | % | 4. 302 | 1. 846 | 0. 999 | 6. 920 |
| Agr | 农业增值占比 | % | 14. 515 | 9. 526 | 1. 819 | 55. 812 |
| Ind | 工业增值占比 | % | 31. 424 | 9. 732 | 10. 360 | 72. 717 |

资料来源：世界银行的世界发展指标（WDI）数据库（http：//databank. worldbank. org/）。

面板数据单位根检验结果如表 5 – 12 所示。除 LLC 检验得出变量 *Old*，IPS 检验得出变量 *Old* 和 *Urb*，Fisher – PP 检验得出变量 *R* 在相应的显著水平下没有拒绝原假设的结论外，其余的检验结果均表明各变量原序列是平稳的，因此综合来看我们可以得出所有变量的原序列是平稳的。

**表 5－12　面板数据变量的单位根检验**

| 变量 | LLC 检验 | IPS 检验 | Fisher－ADF 检验 | Fisher－PP 检验 |
|---|---|---|---|---|
| Sav | －5. 048 * * * | －5. 148 * * * | 232. 916 * * * | 187. 834 * * * |
| Inv | －4. 663 * * * | －5. 746 * * * | 232. 813 * * * | 226. 755 * * * |
| Cur | －6. 795 * * * | －7. 611 * * * | 261. 385 * * * | 259. 975 * * * |
| You | －15. 623 * * * | －11. 515 * * * | 537. 490 * * * | 532. 484 * * * |
| Old | 4. 496 | 5. 496 | 247. 981 * * * | 187. 481 * * * |
| Urb | －8. 430 * * * | 0. 694 | 538. 530 * * * | 706. 396 * * * |
| Grow | －19. 351 * * * | －18. 079 * * * | 645. 334 * * * | 584. 901 * * * |
| R | －3. 386 * * * | －4. 970 * * * | 178. 789 * * * | 61. 311 |
| Ind | －7. 062 * * * | －5. 641 * * * | 232. 285 * * * | 229. 506 * * * |
| Agr | －9. 50000 * * * | －3. 56757 * * * | 215. 504 * * * | 212. 977 * * * |

注：* 、* * 、* * * 分别表示在 10%、5%、1% 的水平下显著，变量最佳滞后期数根据 SIC 最小原则确定。

## 一、二元经济结构与储蓄率

下面要分析储蓄率模型的估计结果（见表 5－13）。仍然以 GMM1 的估计结果为主，其他估计结果作为稳健性检验来分析。

**表 5－13　储蓄率（Sav）方程的估计结果**

| | Sav | | | | |
|---|---|---|---|---|---|
| | OLS | FE | GMM1 | GMM2 | GMM3 |
| $Sav_{-1}$ | | | 0. 695 * * *<br>(12. 90) | 0. 700 * * *<br>(13. 05) | 0. 706 * * *<br>(13. 04) |
| You | －0. 164 * *<br>(－2. 33) | 0. 051<br>(0. 50) | －0. 056 * *<br>(－2. 05) | －0. 055 *<br>(－1. 95) | －0. 048 * *<br>(－1. 81) |
| Old | －0. 640 * * *<br>(－2. 73) | 0. 862<br>(1. 22) | －0. 226 * * *<br>(－2. 97) | －0. 226 * * *<br>(－2. 93) | －0. 192 * * *<br>(－2. 76) |
| Urb | －0. 041<br>(－0. 77) | 0. 136<br>(0. 58) | －0. 005<br>(－0. 33) | | |
| Grow | 0. 507 * * *<br>(3. 21) | 0. 320 * *<br>(2. 16) | 0. 247 * * *<br>(3. 81) | 0. 246 * * *<br>(3. 76) | 0. 233 * * *<br>(3. 60) |

续表

| | Sav | | | | |
|---|---|---|---|---|---|
| | OLS | FE | GMM1 | GMM2 | GMM3 |
| R | 0.131<br>(0.73) | 0.033<br>(0.23) | -0.022<br>(-0.34) | -0.033<br>(-0.50) | -0.019<br>(-0.30) |
| Agr | | | | 0.011<br>(0.35) | |
| Ind | | | | | 0.073<br>(1.08) |
| C | 35.65***<br>(5.70) | 0.783<br>(0.05) | 11.03***<br>(3.41) | 10.50***<br>(3.74) | 7.528**<br>(2.27) |
| N | 1279 | 1279 | 1219 | 1212 | 1212 |
| $R^2$ | 0.1167 | 0.0704 | | | |
| AR (1) | | | 0.000 | 0.000 | 0.001 |
| AR (2) | | | 0.381 | 0.398 | 0.412 |
| Hansen - P | | | 0.321 | 0.353 | 0.490 |

注：*、**、***分别表示在10%、5%、1%的水平下显著。系数下方的括号内为t统计量。AR (1)、AR (2)、Hansen检验给出的都是统计量相对应的P值。

表5-13给出了储蓄率模型的估计结果。由AR（1）和AR（2）检验的P值可知，各方程扰动项的差分只存在一阶自相关，不存在二阶自相关，因此满足进行系统GMM的假设前提。另外，Hansen检验结果表明各方程的工具变量都是有效的，不存在过度识别问题。

GMM1的估计结果显示，中等收入国家的储蓄率具有很强的惯性特征。储蓄率滞后项的系数为0.695，并且十分显著，意味着上一期储蓄率增加1个单位会导致当期储蓄率上升0.695个单位。人口年龄结构指标中，少儿抚养比的系数为-0.056，并且在5%的显著水平下显著，说明少儿抚养负担下降会导致中等收入国家的储蓄率上升；老年抚养比的系数为-0.266并且在1%的显著水平下显著，说明老年抚养负担下降同样也会导致中等收入国家的储蓄率上升。二元经济结构的系数为负，但是不显著。技术进步率的系数为0.247，并且显著，说明技术进步率上升会导致中等收入国家的储蓄率提高。世界实际利率系数符号为负，但是不显著。

GMM1之外的4种估计结果也同样显示中等收入国家的二元经济转型

对储蓄率没有显著影响。以上各方程对于其他解释变量的估计结果比较一致，大多显示技术进步会导致中等收入国家的储蓄率上升，少儿抚养比和老年抚养比上升会导致中等收入国家的储蓄率下降，世界实际利率对中等收入国家的储蓄率影响不显著。

## 二、二元经济结构与投资率

下面我们来分析投资率模型的估计结果（见表5－14）。由AR（1）和AR（2）检验的P值可知，各方程扰动项的差分只存在一阶自相关，不存在二阶自相关。另外，从表5－14Hansen统计量的P值可知，系统GMM估计方法中使用的工具变量都是合理的，不存在过度识别问题。

**表5－14 投资率（Inv）方程的估计结果**

| | Inv | | | | |
|---|---|---|---|---|---|
| | OLS | FE | GMM1 | GMM2 | GMM3 |
| $Inv_{-1}$ | | | 0.813*** (16.94) | 0.821*** (17.97) | 0.813*** (14.97) |
| You | −0.098 (−1.51) | −0.071 (−1.07) | −0.070** (−2.61) | −0.080*** (−3.02) | −0.073*** (−2.71) |
| Old | −0.018 (−0.08) | 0.222 (0.45) | −0.160** (−2.07) | −0.183** (−2.09) | −0.197** (−2.08) |
| Urb | −0.126*** (−2.68) | −0.184 (−1.09) | −0.016 (−0.54) | | |
| Grow | 0.385*** (4.37) | 0.234*** (3.87) | 0.351*** (4.91) | 0.356*** (4.99) | 0.352*** (4.91) |
| R | 0.166 (1.07) | 0.094 (0.73) | 0.017 (0.21) | −0.014 (−0.17) | 0.005 (0.06) |
| Agr | | | | 0.064 (1.19) | |
| Ind | | | | | −0.026 (−0.42) |
| C | 34.11*** (6.67) | 34.10*** (3.18) | 9.740*** (2.76) | 8.708*** (3.60) | 10.29** (2.35) |
| N | 1301 | 1301 | 1244 | 1236 | 1236 |
| $R^2$ | 0.1468 | 0.1844 | | | |
| AR（1） | | | 0.001 | 0.001 | 0.001 |

续表

| | Inv | | | | |
|---|---|---|---|---|---|
| | OLS | FE | GMM1 | GMM2 | GMM3 |
| AR（2） | | | 0.922 | 0.914 | 0.902 |
| Hansen - P | | | 0.383 | 0.469 | 0.430 |

注：*、**、***分别表示在10%、5%、1%的水平下显著。系数下方的括号内为t统计量。AR（1）、AR（2）、Hansen检验给出的都是统计量相对应的P值。

GMM1的估计结果表明，中等收入国家的投资率主要受自身惯性、人口年龄结构和技术进步的影响，且比较显著。具体来说，前一期投资率上升1个单位会导致当期投资率增加0.813个单位。少儿抚养比下降1个单位会导致投资率上升0.070个单位。老年抚养比下降1个单位会导致投资率上升0.160个单位。生产率提高1个单位会导致投资率上升0.351个单位。二元经济结构的系数为负，但是不显著。世界实际利率系数符号为正，但是也不显著。

表5-14显示，除混合回归之外，所有的估计结果均未发现中等收入国家的二元经济转型对投资率存在显著影响。另外，以上各方程对于其他解释变量的估计结果比较一致，大多显示技术进步会导致中等收入国家的投资率上升，少儿抚养比和老年抚养比上升会导致中等收入国家的投资率下降，世界实际利率对中等收入国家的投资率影响不显著。

## 三、二元经济结构与经常项目

下面我们要分析经常项目模型的估计结果（见表5-15）。作为一致估计，系统GMM能够成立的前提是残差项不存在自相关。在3个系统GMM估计结果中，虽然各方程残差的差分存在一阶自相关，但是AR（2）统计量的P值均在0.100以上，表明各方程残差的差分在回归过程中不存在二阶自相关，因此满足进行系统广义矩估计的假设前提。Hansen统计量的P值表明没有拒绝过度识别条件，动态估计模型工具变量的使用在整体上都是有效的，因此模型的设定是合理的。

**表 5-15 经常项目（Cur）方程的估计结果**

| | Cur | | | | |
|---|---|---|---|---|---|
| | OLS | FE | GMM1 | GMM2 | GMM3 |
| $Cur_{-1}$ | | | 0.475***<br>(5.23) | 0.489***<br>(5.01) | 0.490***<br>(6.59) |
| You | -0.069<br>(-1.65) | 0.238***<br>(3.06) | -0.045*<br>(-1.76) | -0.053**<br>(-2.30) | -0.047<br>(-1.55) |
| Old | -0.557***<br>(-3.68) | 0.052<br>(0.12) | -0.294***<br>(-2.94) | -0.258**<br>(-2.51) | -0.182*<br>(-1.83) |
| Urb | 0.089**<br>(2.27) | 0.380**<br>(2.17) | 0.045**<br>(2.03) | | |
| Grow | -0.015<br>(-0.18) | -0.032<br>(-0.34) | -0.095<br>(-1.17) | -0.102<br>(-1.19) | -0.148*<br>(-1.93) |
| R | -0.057<br>(-0.30) | -0.429<br>(-1.64) | -0.022<br>(-0.17) | -0.011<br>(-0.08) | -0.027<br>(-0.26) |
| Agr | | | | -0.021<br>(-0.57) | |
| Ind | | | | | 0.170***<br>(5.86) |
| C | 1.277*<br>(0.28) | -35.79***<br>(-3.18) | 1.402<br>(0.55) | 16.96**<br>(2.23) | -1.030<br>(-0.34) |
| N | 1288 | 1288 | 1229 | 1216 | 1216 |
| $R^2$ | 0.0493 | 0.0358 | | | |
| AR (1) | | | 0.015 | 0.013 | 0.029 |
| AR (2) | | | 0.292 | 0.296 | 0.298 |
| Hansen - P | | | 0.950 | 0.899 | 0.977 |

注：*、**、***分别表示在 10%、5%、1% 的水平下显著。系数下方的括号内为 t 统计量。AR (1)、AR (2)、Hansen 检验给出的都是统计量相对应的 P 值。

GMM1 估计结果表明，经常项目滞后项的系数显著为正，说明中等收入国家的经常项目也存在较强的惯性特征，在其他条件不变的情况下，前一期经常项目上升 1 个单位将引起当期经常项目增加 0.475 个单位。

人口年龄结构指标中，少儿抚养比对经常项目存在显著的负向影响，少儿抚养比下降 1 个单位会导致当期经常项目上升 0.045 个单位。由于经常项目存在惯性特征，所以结合经常项目滞后项 $Cur_{-1}$ 的系数，我们可以计算出少儿抚养比下降 1 个单位会导致中等收入国家的长期经常项目累积改善 0.09 个单位①。老年抚养比对中等收入国家的经常项目也存在显著的负向影响。这一结果说明人口老龄化会导致经常项目恶化。经济学理论告诉我们，人口老龄化对经常项目的影响方向是不确定的，因为人口老龄化会同时导致储蓄率和投资率下降。表 5 - 13 的估计结果表明，中等收入国家的人口老龄化会导致储蓄率下降。表 5 - 14 的估计结果表明，中等收入国家的人口老龄化也会导致投资率下降，但是人口老龄化对储蓄率的影响大于对投资率的影响，前者的系数为 -0.226，后者的系数为 -0.160。显然，表 5 - 13、表 5 - 14 与表 5 - 15 的结果存在一致性。这说明中等收入国家的人口老龄化主要影响储蓄和投资，通过这两个渠道从而使得经常项目恶化。老年抚养比的系数为 -0.294，该数值只反映人口老龄化对经常项目的短期影响，即老龄化上升 1 个单位会导致当期经常项目下降 0.294 个单位。结合经常项目滞后项 $Cur_{-1}$ 的系数，我们可以计算出人口老龄化对中等收入国家经常项目的长期累积影响系数为 -0.56②。

二元经济结构的系数显著为正，表明中等收入国家的二元经济转型会导致经常项目改善。非农业人口比重增加 1 个单位会导致当期经常项目余额上升 0.045 个单位，会导致长期经常项目累积改善 0.09 个单位③。技术进步率系数与世界实际利率系数均为负，但是均不显著。

其余 4 个估计结果中，除 GMM2 之外，均显示中等收入国家的二元经济转型会导致经常项目上升，与 GMM1 的估计结果一致。另外，其余 4 个估计结果大多显示，中等收入国家的少儿抚养比和老年抚养比上升会导致经常项目下降，而技术进步和世界实际利率的变化却对经常项目没有显著影响。

---

① 长期累积影响系数计算公式为 [ -0.045/ (1 -0.475)] = -0.09。
② 长期累积影响系数计算公式为 [ -0.294/ (1 -0.475)] = -0.56。
③ 经常项目的累积改善系数计算公式为 [0.045/ (1 -0.475)] =0.09。

## 第五节　基于低收入国家样本的实证研究

本节将基于23个低收入国家1990—2011年的跨国面板数据实证研究二元经济转型对经常项目的动态影响。表5-16为低收入国家各变量的统计性描述。

表5-16　主要变量的描述性统计量

| 变量 | 变量名 | 单位 | 平均值 | 标准差 | 最小值 | 最大值 |
|---|---|---|---|---|---|---|
| Sav | 储蓄率 | % | 10.663 | 10.581 | -40.815 | 38.628 |
| Inv | 投资率 | % | 18.109 | 6.914 | 1.763 | 60.156 |
| Cur | 经常项目 | % | -8.262 | 9.473 | -100.971 | 22.012 |
| You | 少年抚养比 | % | 82.078 | 11.503 | 45.523 | 101.450 |
| Old | 老年抚养比 | % | 5.919 | 0.997 | 3.427 | 9.564 |
| Urb | 城市化率 | % | 24.630 | 9.118 | 5.416 | 44.909 |
| Grow | 技术进步率 | % | 1.164 | 6.372 | -47.287 | 37.120 |
| R | 世界实际利率 | % | 4.302 | 1.847 | 0.999 | 6.920 |
| Agr | 农业增值占比 | % | 37.201 | 10.341 | 11.656 | 68.880 |
| Ind | 工业增值占比 | % | 20.419 | 8.008 | 7.049 | 60.593 |

资料来源：世界银行的世界发展指标（WDI）数据库（http：//databank.worldbank.org/）。

面板数据单位根检验结果如表5-17所示。除LLC检验得出变量*Old*和*Urb*，IPS检验得出变量*Inv*、*Old*和*Urb*，Fisher-PP检验得出变量*R*和*Agr*在相应的显著水平下没有拒绝原假设的结论外，其余的检验结果均表明各变量原序列是平稳的，因此综合来看我们可以得出所有变量的原序列是平稳的。

**表 5－17　面板数据变量的单位根检验**

| 变量 | LLC 检验 | IPS 检验 | Fisher－ADF 检验 | Fisher－PP 检验 |
|---|---|---|---|---|
| Sav | －2.777*** | －2.901*** | 87.702*** | 91.440*** |
| Inv | －1.826** | －1.270 | 81.327*** | 78.437*** |
| Cur | －3.359*** | －3.492*** | 95.491*** | 88.631*** |
| You | －1.524*** | －2.780*** | 144.256*** | 44.233*** |
| Old | 0.914 | 1.548 | 93.476*** | 82.525*** |
| Urb | 19.034 | 17.638 | 79.184*** | 139.289*** |
| Grow | －10.578*** | －10.401*** | 199.423*** | 375.932*** |
| R | －2.097** | －3.077*** | 68.526** | 23.503 |
| Ind | －4.053*** | －2.295** | 80.658*** | 71.909*** |
| Agr | －2.403*** | －1.326* | 60.967* | 56.770 |

注：*、**、***分别表示在10%、5%、1%的水平下显著，变量最佳滞后期数根据 SIC 最小原则确定。

## 一、二元经济结构与储蓄率

下面我们要分析储蓄率模型的估计结果（见表 5－18）。我们仍然以 GMM1 的估计结果为主，其他估计结果作为稳健性检验来分析。

**表 5－18　储蓄率（Sav）方程的估计结果**

| | Sav | | | | |
|---|---|---|---|---|---|
| | OLS | FE | GMM1 | GMM2 | GMM3 |
| $Sav_{-1}$ | | | 0.808***<br>(7.78) | 0.878***<br>(13.38) | 0.912***<br>(14.70) |
| You | －0.040<br>(－0.25) | 0.205<br>(0.80) | －0.012<br>(－0.28) | 0.003<br>(0.08) | 0.002<br>(0.05) |
| Old | 1.784<br>(1.47) | 1.497<br>(0.44) | 0.340<br>(1.11) | 0.115<br>(0.52) | 0.104<br>(0.50) |
| Urb | 0.338**<br>(2.32) | 0.890<br>(1.19) | 0.075**<br>(2.40) | | |
| Grow | 0.045<br>(0.22) | －0.095<br>(－0.64) | －0.017<br>(－0.13) | －0.032<br>(－0.25) | －0.032<br>(－0.24) |
| R | －0.466<br>(－1.61) | －0.208<br>(－0.84) | －0.094<br>(－0.62) | －0.078<br>(－0.44) | －0.107<br>(－0.60) |

续表

| | Sav | | | | |
|---|---|---|---|---|---|
| | OLS | FE | GMM1 | GMM2 | GMM3 |
| Agr | | | | -0.024*<br>(-1.75) | |
| Ind | | | | | 0.007<br>(-0.60) |
| C | 13.57<br>(0.74) | -35.76<br>(-0.76) | 3.365<br>(0.67) | 1.808<br>(0.51) | 0.714<br>(0.22) |
| N | 482 | 482 | 459 | 450 | 455 |
| $R^2$ | 0.0953 | 0.1588 | | | |
| AR（1） | | | 0.011 | 0.014 | 0.017 |
| AR（2） | | | 0.129 | 0.151 | 0.157 |
| Hansen - P | | | 0.511 | 0.359 | 0.435 |

注：*、**、***分别表示在10%、5%、1%的水平下显著。系数下方的括号内为t统计量。AR（1）、AR（2）、Hansen检验给出的都是统计量相对应的P值。

由AR（1）和AR（2）检验的P值可知，各方程扰动项的差分只存在一阶自相关，不存在二阶自相关，因此满足进行系统GMM的假设前提。另外，Hansen检验结果表明各方程的工具变量是有效的，不存在过度识别问题。

GMM1的估计结果显示，低收入国家的储蓄率具有很强的惯性特征。储蓄率滞后项的系数为0.808，并且十分显著，意味着上一期储蓄率增加1个单位会导致当期储蓄率上升0.808个单位。人口年龄结构指标中，少儿抚养比和老年抚养比均不显著，说明人口年龄结构对储蓄率没有影响。二元经济结构的系数为0.075，并且十分显著，这说明低收入国家的二元经济转型会导致储蓄率上升。技术进步率和世界实际利率均不显著。

表5-18除了给出系统GMM的估计结果，同时也给出了混合回归和固定效应模型的估计结果。混合回归的估计结果显示二元经济结构变量的系数为正，且显著，与GMM1的估计结果一致；而固定效应模型则显示二元经济转型不会对储蓄率产生显著影响。在表5-18中我们还给出了采用农业增加值占比和工业增加值占比作为二元经济结构代理指标的估计结果

（GMM2 和 GMM3）。GMM2 中，*Agr* 的系数为负，且显著，意味着农业部门比重下降会促进储蓄率提高；GMM3 中，*Ind* 的系数为正，但是不显著。总体来说，多数估计结果支持低收入国家的二元经济转型会导致储蓄率上升。

## 二、二元经济结构与投资率

下面我们要分析投资率模型的估计结果（见表 5－19）。由 AR（1）和 AR（2）检验的 P 值可知，各方程扰动项的差分只存在一阶自相关，不存在二阶自相关，因此满足进行系统广义矩估计的假设前提。另外，从表 5－19Hansen 统计量的 P 值可知，系统 GMM 方法中使用的工具变量都是合理的，不存在过度识别问题。

**表 5－19　投资率（Inv）方程的估计结果**

| | Inv | | | | |
|---|---|---|---|---|---|
| | OLS | FE | GMM1 | GMM2 | GMM3 |
| $Inv_{-1}$ | | | 0.680***<br>(4.23) | 0.718***<br>(7.83) | 0.750***<br>(6.46) |
| You | 0.013<br>(0.21) | 0.049<br>(0.50) | 0.037<br>(0.87) | 0.009<br>(0.31) | 0.008<br>(0.34) |
| Old | 1.484*<br>(1.81) | −1.523<br>(−0.93) | 0.434<br>(0.61) | 0.184<br>(1.48) | 0.240<br>(0.69) |
| Urb | 0.091<br>(0.82) | 0.762**<br>(2.39) | 0.196*<br>(1.96) | | |
| Grow | 0.200<br>(1.40) | 0.066<br>(0.63) | 0.063<br>(1.02) | 0.107**<br>(2.48) | 0.100**<br>(2.64) |
| R | −0.789***<br>(−3.39) | −0.333<br>(−1.65) | −0.052<br>(−0.36) | −0.090<br>(−1.01) | −0.184*<br>(−1.75) |
| Agr | | | | −0.083**<br>(−2.49) | |
| Ind | | | | | 0.001<br>(0.02) |
| C | 13.68<br>(1.58) | 5.788<br>(0.36) | 6.383<br>(0.86) | 6.596**<br>(2.65) | 3.215<br>(1.57) |
| N | 492 | 492 | 469 | 459 | 464 |
| $R^2$ | 0.1150 | 0.1446 | | | |

续表

| | Inv | | | | |
|---|---|---|---|---|---|
| | OLS | FE | GMM1 | GMM2 | GMM3 |
| AR（1） | | | 0.031 | 0.009 | 0.010 |
| AR（2） | | | 0.390 | 0.425 | 0.361 |
| Hansen – P | | | 0.867 | 0.842 | 0.761 |

注：*、**、***分别表示在10%、5%、1%的水平下显著。系数下方的括号内为t统计量。AR（1）、AR（2）、Hansen检验给出的都是统计量相对应的P值。

GMM1的估计结果表明，低收入国家的投资率主要受自身惯性和二元经济结构的影响，且比较显著。具体来说，前一期投资率上升1个单位会导致当期投资率增加0.680个单位。二元经济结构的系数为0.196，并且显著，这说明劳动力向非农业部门转移会导致投资率上升，符合理论预期。少儿抚养比和老年抚养比均不显著，说明人口年龄结构对投资率没有影响。技术进步率和世界实际利率也不显著。

表5–19显示，混合回归的估计结果中，二元经济结构变量的系数为正，且显著；而固定效应模型则显示二元经济转型会对投资率产生显著的正向影响，与GMM1的估计结果一致。在表5–19中我们还给出了采用农业增加值占比和工业增加值占比作为二元经济结构代理指标的估计结果（GMM2和GMM3）。GMM2中，*Agr*的系数为负，且显著，意味着农业部门比重下降会促进投资率提高；GMM3中，*Ind*的系数为正，但是不显著。总体来说，多数估计结果支持低收入国家的二元经济转型会导致投资率上升。

## 三、二元经济结构与经常项目

下面我们要分析经常项目模型的估计结果（见表5–20）。作为一致估计，系统GMM能够成立的前提是残差项不存在自相关。在3个系统GMM估计结果中，虽然各方程残差的差分存在一阶自相关，但是AR（2）统计量的P值均在0.100以上，表明各方程残差的差分在回归过程中不存在二阶自相关，因此满足进行系统广义矩估计的假设前提。Hansen统计量的P

值表明没有拒绝过度识别条件，动态估计模型工具变量的使用在整体上都是有效的，因此模型的设定是合理的。

**表 5 - 20　经常项目（Cur）方程的估计结果**

| | Cur | | | | |
|---|---|---|---|---|---|
| | OLS | FE | GMM1 | GMM2 | GMM3 |
| $Cur_{-1}$ | | | 0.798***<br>(7.56) | 0.835***<br>(6.67) | 0.775***<br>(3.91) |
| You | 0.015<br>(0.14) | 0.095<br>(0.56) | 0.007<br>(0.26) | 0.013<br>(0.46) | 0.023<br>(0.75) |
| Old | 1.119<br>(1.25) | 1.920<br>(0.89) | 0.474*<br>(1.80) | 0.350<br>(1.08) | 0.228<br>(0.75) |
| Urb | -0.209**<br>(-2.51) | 0.221<br>(0.47) | -0.067**<br>(-2.44) | | |
| Grow | -0.127<br>(-1.54) | -0.166***<br>(-3.04) | -0.032<br>(-0.27) | -0.031<br>(-0.26) | -0.029<br>(-0.27) |
| R | 0.291<br>(1.15) | 0.326<br>(1.38) | 0.115<br>(0.92) | 0.071<br>(0.54) | 0.117<br>(1.14) |
| Agr | | | | 0.016<br>(0.40) | |
| Ind | | | | | -0.093<br>(-0.71) |
| C | -12.07<br>(0.95) | -34.04<br>(-1.02) | -4.133<br>(-1.17) | -5.620<br>(-1.46) | -7.596<br>(-1.18) |
| N | 489 | 489 | 467 | 452 | 459 |
| $R^2$ | 0.0582 | 0.0498 | | | |
| AR (1) | | | 0.015 | 0.017 | 0.006 |
| AR (2) | | | 0.753 | 0.755 | 0.747 |
| Hansen - P | | | 0.435 | 0.656 | 0.554 |

注：*、**、***分别表示在10%、5%、1%的水平下显著。系数下方的括号内为t统计量。AR (1)、AR (2)、Hansen检验给出的都是统计量相对应的P值。

GMM1估计结果表明，经常项目滞后项的系数显著为正，说明低收入国家的经常项目也存在较强的惯性特征，在其他条件不变的情况下，前一期经常项目上升1个单位将引起当期经常项目增加0.798个单位。

人口年龄结构指标中，少儿抚养比对经常项目不存在显著影响；老年抚养比对经常项目存在显著的正向影响。这一结果说明人口老龄化会改善低收入国家的经常项目。老年抚养比的系数为0.474，该数值只反映人口老龄化对经常项目的短期影响，即老龄化上升1个单位会使得当期的经常项目余额上升0.474个单位。结合经常项目滞后项 $Cur_{-1}$ 的系数，我们可以计算出人口老龄化对经常项目的长期累积影响系数为2.35个单位①。

二元经济结构的系数显著为负，表明劳动力向非农业部门转移会恶化经常项目。非农业人口比重增加1个单位会导致当期经常项目余额下降0.067个单位，会导致长期经常项目累积下降0.33个单位②。技术进步率系数与世界实际利率系数均为负，且均不显著。

需要说明的是，在5个估计结果中只有2个支持二元经济转型会对经常项目产生显著的负向影响，其他3个均显示二元经济转型对经常项目没有显著影响。所以，低收入国家的二元经济结构变化影响经常项目的结果的稳健性不强。

## 第六节　本章小结

本章采用120个国家（或地区）1990—2011年的面板数据实证研究了二元经济结构变化对储蓄率、投资率和经常项目的影响。我们分别对4个样本进行实证研究：全体国家样本、37个高收入国家样本、60个中等收入国家样本和23个低收入国家样本。我们分别采用3种估计方法进行实证研究：混合OLS、固定效应模型和系统GMM。另外，本章分别采用3个指标来衡量二元经济结构：城市化率、农业增加值占比和工业增加值占比。采用不同估计方法和不同衡量指标的目的是为了增强实证结果的稳健性。

全体国家样本的实证结果显示：储蓄率、投资率和经常项目余额均具有明显的惯性特征；二元经济结构变化对储蓄率、投资率和经常项目均存

① 经常项目的累积改善系数计算公式为［0.474/（1-0.798］=2.35。

② 经常项目的累积影响系数计算公式为［-0.067/（1-0.798）］=-0.33。

在显著影响，二元经济转型会导致储蓄率和投资率上升，但是由于其对储蓄率的影响大于对投资率的影响，所以最终会导致经常项目上升；少儿抚养比和老年抚养比上升均会导致储蓄率和投资率共同下降，进而导致经常项目恶化；技术进步对储蓄率和投资率均存在正向影响，但是对后者的影响更大，导致对经常项目的影响为负。

高收入国家的实证结果显示：储蓄率、投资率和经常项目余额均也具有明显的惯性特征；高收入国家的二元经济结构变化对储蓄率和经常项目存在显著影响，而对投资率却没有显著影响，说明高收入国家的二元经济结构主要通过储蓄渠道影响经常项目；高收入国家的二元经济转型会导致储蓄率上升，并最终导致经常项目上升；少儿抚养比和老年抚养比上升均会导致储蓄率和投资率下降，进而导致经常项目恶化；技术进步会导致储蓄率和投资率共同上升，但是对经常项目却没有影响。

中等收入国家的实证结果显示：储蓄率、投资率和经常项目余额均具有明显的惯性特征；二元经济结构变化虽然对储蓄率和投资率没有显著影响，但是却对经常项目存在显著影响，中等收入国家的二元经济转型会导致经常项目上升；少儿抚养比和老年抚养比上升会导致储蓄率和投资率下降，进而导致经常项目恶化；技术进步会导致储蓄率和投资率共同上升，但是对经常项目却没有影响。

低收入国家的实证结果显示：储蓄率、投资率和经常项目均具有明显的惯性特征；二元经济结构变化对储蓄率、投资率和经常项目均存在显著影响，二元经济转型会导致储蓄率和投资率上升，最终导致经常项目下降，但是该结果稳健性不强；少儿抚养比对储蓄率、投资率和经常项目均不存在显著影响；老年抚养比对储蓄率和投资率不存在影响，但是对经常项目存在显著正向影响；技术进步对储蓄率、投资率和经常项目均不存在显著影响。

总体来说，本章的实证研究支持二元经济转型会导致经常项目上升的结论。

# 附录

本章的实证研究中，解释变量包括人口年龄结构。事实上，我们可以把二元经济结构看作人口产业结构，因为二元经济结构主要是指人口在不同产业之间的分布情况。所以，本章的计量模型是一个既包括人口产业结构，也包括人口年龄结构的实证模型。鉴于此，我们在此给出一个既包括人口产业结构，也包括人口年龄结构的简化理论模型。

我们在 Obstfeld 和 Rogoff（1996）的 OLG 模型基础上进行拓展，建立一个既包括人口年龄结构，又包括人口产业结构的经常项目动态模型。Obstfeld 和 Rogoff（1996）的模型只涉及人口年龄结构，而不涉及人口产业结构。本书的理论模型是一个小国模型，其基本假设如下：

（1）经济中存在两个部门：农业部门（F）和非农业部门（M）。农业部门是禀赋经济，每期获得的禀赋产出为 $Y_{F,t}$ 。非农业部门是生产经济，生产函数为：

$$Y_{M,t} = A_t K_t^{\alpha} L_{M,t}^{1-\alpha} \tag{5-1}$$

式中，$A$ 表示全要素生产率，$K$ 表示资本存量，$L_M$ 表示非农业部门的就业人数。资本折旧率为 0。出于简化的考虑，我们假设每一期农业的禀赋产出都是非农业产出的一个固定比例［见式（5-2）］。

$$Y_{F,t} = \delta Y_{M,t},\ 0 < \delta < 1 \tag{5-2}$$

（2）经济中每一期都同时存在年轻人和老年人。每代人都只存在两期，第一期为年轻人，第二期为老年人。两代人之间不存在代际关系。第 t 期年轻人和老年人的数量分别为 $N_t$ 和 $N_{t-1}$，因为 t 期的老年人是由第 t-1 期的年轻人转化而来的。

（3）年轻人是就业人口，老年人不参与工作。农业年轻人分享全部当期农业禀赋产出，农业老年人无法获得当期农业禀赋产出。非农业年轻人通过劳动获得工资，非农业老年人不能劳动，无法获得工资收入。因此，两个部门的年轻人必须通过年轻时的正储蓄来支撑老年时代的消费。

（4）每个人都在预算约束下追求终生效用最大化。目标函数和预算约束表达式如下：

$$\max U = \log C_{i,t}^{Y} + \beta \log C_{i,t+1}^{O} \tag{5-3}$$

$$\text{s. t. } C_{i,t}^{Y} + \frac{C_{i,t+1}^{O}}{1+r} = w_{i,t}^{Y},\ i = F,\ M \tag{5-4}$$

式中，$C_{i,t}^{Y}$ 和 $C_{i,t+1}^{O}$ 分别表示行为人在年轻时和老年时的消费，$w_{i,t}^{Y}$ 表示年轻时的工资，上标 Y 和 O 分别表示年轻人和老年人，i 分别表示农业部门（F）和非农业部门（M），r 表示世界实际利率，$\beta$ 表示主观贴现因子。

（5）第 t 期年轻人在两个部门的分配状况为：农业年轻人数量 $L_{F,t}^{Y} = N_t(1-\sigma_t)$，非农业年轻人数量 $L_{M,t}^{Y} = N_t\sigma_t$。其中，$\sigma_t$ 介于 0 ~ 1，表示非农就业人口比重。每一代人只有在年轻时才会从农业部门向非农业部门转移，老年人由于不能劳动，所以无法转移。因此，第 t 期老年人的产业配置状况与第 t - 1 期的年轻人配置状况相同。

（6）全要素生产率的增长遵循如下表达式：$A_t = (1+g)A_{t-1}$，其中，g 表示技术进步率。人口增长遵循如下表达式：$N_t = (1+n)N_{t-1}$，其中，n 既表示年轻人口增长率，也表示总人口增长率①。人口产业结构的变化遵循如下表达式：$\sigma_t = (1+\theta)\sigma_{t-1}$，其中，$\theta$ 表示非农就业比重增长率。并且，g >0，n >0，$\theta$ >0。

介绍完模型的基本假设之后，我们现在要对模型进行求解。相对于经常项目余额的绝对水平而言，学者们更加关注经常项目占 GDP 之比 $\frac{CA_t}{Y_t}$ 这一指标。根据国民收入恒等式，经常项目占比 $\frac{CA_t}{Y_t}$ 等于储蓄率 $\frac{S_t}{Y_t}$ 与投资率

---

① 总人口增长率表达式为 $\frac{(N_t + N_{t-1}) - (N_{t-1} + N_{t-2})}{(N_{t-1} + N_{t-2})} = \frac{(N_t - N_{t-2})}{(N_{t-1} + N_{t-2})} = \frac{(1+n)^2 N_{t-2} - N_{t-2}}{(1+n)^2 N_{t-2} + N_{t-2}} = \frac{2+n^2}{2+n}$。

$\frac{I_t}{Y_t}$之差。因此，我们需要首先求解储蓄率$\frac{S_t}{Y_t}$和投资率$\frac{I_t}{Y_t}$的表达式，然后求解经常项目占比$\frac{CA_t}{Y_t}$的表达式。

## 一、储蓄率

根据式（5－3）和式（5－4），我们可以得出效用最大化的一阶条件：

$$C_{i,t+1}^{O} = \beta(1 + r)C_{i,t}^{Y} \tag{5-5}$$

将式（5－5）代入预算约束式（5－4）可以得出代表性行为人的消费路径：

$$C_{i,t}^{Y} = \frac{1}{1 + \beta}w_{i,t}^{Y} \tag{5-6}$$

$$C_{i,t+1}^{O} = \frac{\beta(1 + r)}{1 + \beta}w_{i,t}^{Y} \tag{5-7}$$

由式（5－6）和式（5－7）可以进一步得出代表性行为人的储蓄路径：

$$S_{i,t}^{Y} = w_{i,t}^{Y} - C_{i,t}^{Y} = \frac{\beta}{1 + \beta}w_{i,t}^{Y} \tag{5-8}$$

$$S_{i,t+1}^{O} = rS_{i,t}^{Y} - C_{i,t+1}^{O} = -\frac{\beta}{1 + \beta}w_{i,t}^{Y} \tag{5-9}$$

式（5－8）和式（5－9）显示，代表性行为人在不同时期的储蓄主要由年轻时获得的工资决定。另外，代表性行为人会在年轻时进行正储蓄，年老时进行负储蓄，且年老时的负储蓄恰好等于年轻时的正储蓄。出现这一结果的原因显而易见。因为每个人只有在年轻时才能获得收入，所以要想在老年时继续消费就必须在年轻时进行正储蓄。如此老年时才会获得一笔利息收入，并消费掉本金和利息，从而产生老年的负储蓄。

一个国家的总储蓄由农业部门储蓄和非农业部门储蓄构成。每个部门的储蓄又由该部门的全体年轻人储蓄和全体老年人储蓄构成。由此，我们可以根据假设（5－5）写出本国的总储蓄表达式：

$$
\begin{aligned}
S_t &= S_{F,t} + S_{M,t} \\
&= [N_t(1-\sigma_t)S_{F,t}^{Y} + N_{t-1}(1-\sigma_{t-1})S_{F,t}^{O}] + [N_t\sigma_t S_{M,t}^{Y} + N_{t-1}\sigma_{t-1}S_{M,t}^{O}]
\end{aligned}
\tag{5-10}
$$

将式（5-8）和式（5-9）代入式（5-10）可进一步得出：

$$
S_t = \frac{\beta}{1+\beta}[N_t(1-\sigma_t)w_{F,t}^{Y} - N_{t-1}(1-\sigma_{t-1})w_{F,t-1}^{Y} + N_t\sigma_t w_{M,t}^{Y} - N_{t-1}\sigma_{t-1}w_{M,t-1}^{Y}]
\tag{5-11}
$$

为了求解储蓄的最终表达式，我们还需要求解两个部门的工资水平。农业部门的工资水平是由全体农业年轻人平分当期农业禀赋产出获得，因此有：

$$
w_{F,t}^{Y} = \frac{Y_{F,t}}{N_t(1-\sigma_t)}
\tag{5-12}
$$

非农业部门的工资水平需要通过求解利润最大化来确定。由式（5-1）可以得出利润最大化的一阶条件：

$$
w_{M,t}^{Y} = (1-\alpha)A_t\left(\frac{K_t}{L_{M,t}}\right)^{\alpha}
\tag{5-13}
$$

$$
r_{M,t} = \alpha A_t\left(\frac{K_t}{L_{M,t}}\right)^{\alpha-1}
\tag{5-14}
$$

式（5-13）是非农业部门的工资表达式。由于只有年轻人能够提供劳动，所以该部门的工资由该部门的年轻人获得。式（5-14）是非农业部门的资本回报率表达式。因为本国是小国，所以稳态时的资本回报率要与世界实际利率相等，即 $r = \bar{r}_{M,t}$。根据这一条件，我们可以解出本国稳态时非农业部门的资本劳动比和工资：

$$
\frac{\bar{K}_t}{L_{M,t}} = \left(\frac{\alpha A_t}{r}\right)^{\frac{1}{1-\alpha}}
\tag{5-15}
$$

$$
\bar{w}_{M,t}^{Y} = (1-\alpha)A_t^{\frac{1}{1-\alpha}}\left(\frac{\alpha}{r}\right)^{\frac{\alpha}{1-\alpha}}
\tag{5-16}
$$

将式（5-12）和式（5-16）代入式（5-11）可以得出：

$$\bar{S}_t = \frac{\beta}{1+\beta}\left[\begin{array}{l} Y_{F,t} - Y_{F,t-1} + N_t\sigma_t(1-\alpha)A_t^{\frac{1}{1-\alpha}}\left(\frac{\alpha}{r}\right)^{\frac{\alpha}{1-\alpha}} \\ - N_{t-1}\sigma_{t-1}(1-\alpha)A_{t-1}^{\frac{1}{1-\alpha}}\left(\frac{\alpha}{r}\right)^{\frac{\alpha}{1-\alpha}} \end{array}\right] \tag{5-17}$$

下面再将式（5－1）、式（5－2）、式（5－15）以及假设条件（5－5）、式（5－6）与式（5－17）相结合，即可得出本国稳态时储蓄率的最终表达式：

$$\bar{s}_t = \frac{\bar{S}_t}{Y_t} = \frac{\beta}{1+\beta}(1-\alpha+\delta)\left[\frac{1}{1+\delta} - \frac{1}{(1+n)(1+\theta)(1+g)^{\frac{1}{1-\alpha}}}\right] \tag{5-18}$$

由式（5－18）可以看出，储蓄率主要由人口增长率 $n$、人口产业结构变化率 $\theta$ 以及技术进步率 $g$ 来决定（$\alpha$、$\beta$ 和 $\delta$ 均为参数）。因为人口增长率 $n$ 上升在模型中对应于年轻人口（或劳动人口）比重增加，所以 $n$ 的变化事实上反映了人口年龄结构的变化。

式（5－18）显示，$n$ 与储蓄率正相关，即年轻人口比重上升会导致储蓄率增加。因为在前文中，我们已经证明年轻人进行正储蓄、老年人进行负储蓄，如果没有技术进步和劳动力转移，则同一时期单个年轻人的正储蓄恰好被单个老年人的负储蓄抵消，所以只要年轻人口比重上升，本国储蓄率就会增加。

$\theta$ 与储蓄率正相关意味着劳动人口由农业向非农业转移会导致储蓄率上升。农业劳动力之所以向非农业转移主要是因为非农业部门可以获得更高的工资。所以农业劳动力的转移可以同时提高转移劳动力和未转移劳动力的收入。另外，由于劳动力转移只发生在年轻人身上，这就使得本国当期年轻人的收入超过上一期年轻人的收入。又因为人们在不同时期的储蓄只取决于其在年轻时获得的收入，所以，即便没有人口增长和技术进步，本国当期年轻人的正储蓄也会超过当期老年人的负储蓄，导致储蓄率上升。

式（5－18）还显示，$g$ 与储蓄率也是正相关，即技术进步率提高也会导致储蓄率上升。因为技术进步会导致年轻一代的收入增加，进而导致年轻人的正储蓄超过老年人的负储蓄，最终导致储蓄率上升。

## 二、投资率

下面我们来求解投资率的表达式。由于本书的模型不考虑折旧，所以整个国家的总投资就等于两期资本存量之差。利用式（5－15）和假设条件（5－5），我们可以得出稳态时的资本存量表达式：

$$\bar{K}_t = \left(\frac{\alpha A_t}{r}\right)^{\frac{1}{1-\alpha}} N_t \sigma_t \tag{5－19}$$

根据式（5－19）可以得出第 t 期投资的表达式：

$$I_t = \bar{K}_{t+1} - \bar{K}_t = \left(\frac{\alpha A_{t+1}}{r}\right)^{\frac{1}{1-\alpha}} N_{t+1}\sigma_{t+1} - \left(\frac{\alpha A_t}{r}\right)^{\frac{1}{1-\alpha}} N_t \sigma_t \tag{5－20}$$

再将式（5－20）与式（5－1）、式（5－2）、式（5－15）以及假设条件（5－5）和式（5－6）相结合，即可得出本国稳态时投资率的最终表达式：

$$\bar{i}_t = \frac{\bar{I}_t}{Y_t} = \left[\frac{(1+n)(1+\theta)(1+g)^{\frac{1}{1-\alpha}} - 1}{1+\delta}\right]\frac{\alpha}{r} \tag{5－21}$$

式（5－21）显示，本国的投资率主要由人口增长率 n、人口产业结构变化率 $\theta$ 、技术进步率 $g$ 和世界实际利率 $r$ 决定。并且，投资率与 $n$、$g$ 和 $\theta$ 正相关，而与 $r$ 负相关。人口增长率上升（或年轻人口比重增加）之所以会导致投资率提高，是因为如果不考虑技术进步，则稳态时的人均资本存量是固定的［见式（5－15）］，因此当年轻人数量增加时，必须出现正投资来提高总资本存量，才能保持人均资本存量不变。同理，劳动力由农业向非农业转移也会导致投资率上升。

技术进步率提高会导致稳态时的人均资本存量增加，因此，即便不考虑人口增长和劳动力转移，也需要增加投资来为年轻人配备更多的资本，所以最终会导致投资率上升。根据式（5－15）可知，当世界实际利率上升时，稳态的人均资本存量会下降，因此会导致投资率减少。

## 三、经常项目

下面，我们可以根据式（5－18）和式（5－21）得出经常项目占比的表达式：

$$\bar{ca}_t = \frac{\bar{CA}_t}{Y_t} = \frac{\bar{S}_t}{Y_t} - \frac{\bar{I}_t}{Y_t} = \frac{\beta}{1+\beta}\left[\frac{(1-\alpha+\delta)}{1+\delta} - \frac{(1-\alpha+\delta)}{(1+n)(1+\theta)(1+g)^{\frac{1}{1-\alpha}}}\right] - \left[\frac{(1+n)(1+\theta)(1+g)^{\frac{1}{1-\alpha}}-1}{1+\delta}\right]\frac{\alpha}{r} \tag{5-22}$$

由式（5－22）可以看出，经常项目占比也主要由人口增长率 $n$、人口产业结构变化率 $\theta$、技术进步率 $g$ 和世界实际利率 $r$ 来决定。其中，世界实际利率与经常项目呈现负相关关系是显而易见的。其他 3 个变量对经常项目的影响方向并不容易确定。由式（5－22）我们可以进一步得出：

$$\frac{\partial\ \bar{ca}_t}{\partial\ n} = \frac{\beta(1-\alpha+\delta)(1+\delta)r - (1+\beta)(1+n)^2(1+\theta)^2(1+g)^{\frac{2}{1-\alpha}}\alpha}{(1+\beta)(1+n)^2(1+\theta)(1+g)^{\frac{1}{1-\alpha}}(1+\delta)r} \tag{5-23}$$

$$\frac{\partial\ \bar{ca}_t}{\partial\ \theta} = \frac{\beta(1-\alpha+\delta)(1+\delta)r - (1+\beta)(1+n)^2(1+\theta)^2(1+g)^{\frac{2}{1-\alpha}}\alpha}{(1+\beta)(1+n)(1+\theta)^2(1+g)^{\frac{1}{1-\alpha}}(1+\delta)r} \tag{5-24}$$

$$\frac{\partial\ \bar{ca}_t}{\partial\ g} = \frac{\beta(1-\alpha+\delta)(1+\delta)r - (1+\beta)(1+n)^2(1+\theta)^2(1+g)^{\frac{2}{1-\alpha}}\alpha}{(1+\beta)(1-\alpha)(1+n)(1+\theta)(1+g)^{\frac{2-\alpha}{1-\alpha}}(1+\delta)r} \tag{5-25}$$

观察以上三式容易发现，三个表达式的分母虽然不同，但是分子却相同。并且三个表达式的正负号是不能确定的，意味着 $n$、$\theta$ 和 $g$ 对经常项目的影响在理论上是不确定的。因为，这三个变量都能同时导致储蓄率和投资率上升，所以最终对经常项目的影响无法确定，取决于储蓄率和投资率的相对变化幅度。

因为在模型中，$n$ 上升对应于年轻人口比重增加、老年人口比重下降，同时又由于年轻人口有收入而老年人口没有收入，所以 $n$ 上升也就意味着人口抚养负担下降。鉴于此，我们可以根据理论模型得出以下三个有待于实证检验的命题：

命题一：人口抚养负担下降和劳动力向非农业部门转移均能够导致储蓄率上升。

命题二：人口抚养负担下降和劳动力向非农业部门转移均能够导致投资率上升。

命题三：人口抚养负担下降和劳动力向非农业部门转移对经常项目的影响是不确定的。

| 第六章 |

# 二元经济转型与经常项目：基于中国样本的实证研究

第五章中，我们利用世界各国的面板数据实证研究了二元经济转型对经常项目的影响。下面，我们在本章中将分别采用中国的总体时间序列数据和省际面板数据实证研究二元经济转型对经常项目的影响。在第一节，我们采用结构向量自回归（SVAR）估计方法，通过中国 1994—2011 年的季度时间序列数据研究全要素生产率、二元经济结构与经常项目之间的互动关系。在第二节，我们采用面板数据估计方法，通过中国 30 个省（市、自治区）1994—2011 年的面板数据研究二元经济结构变化对经常项目产生的影响。第三节为本章小结。

## 第一节　国家层面时间序列数据分析

在第三章和第四章的理论模型中，因为二元经济结构和经常项目都是内生变量，所以我们首先分析了工业部门全要素生产率增长这样一个外生冲击会对二元经济结构和经常项目产生怎样的动态影响，然后又从中分离出二元经济转型对经常项目的影响。鉴于此，本节的实证分析将尽量与前文的理论模型相对应。我们在本节将建立一个包含工业部门全要素生产率、二元经济结构和经常项目的 SVAR 模型，并利用该模型估计三者之间的互动关系。

## 一、工业全要素生产率测算

全要素生产率的增长率被视为科技进步的指标。该项指标目前并不存在公开的统计数据，需要根据不同的模型以及方法进行估算。许多经济学家对全要素生产率的测算提出了许多方法，而目前最主要的方法是参数法与非参数法。

参数法与非参数法的主要区别在于是否需要设置生产函数的具体形式。参数方法从生产函数角度出发，需要明确给定生产函数的形式，并进行计量回归。参数法中首要的问题就是确定生产函数的具体形式，而采用生产函数形式的好坏又会决定最终的测算结果。非参数方法不需要明确生产函数的具体形式，也不需要进行计量回归，直接从投入与产出的角度测算全要素生产率。

本书考虑到现实情况与测算的方便，采用非参数法中基于 DEA 模型的 Malmqnist 指数分析法对工业全要素生产率进行测量。其中数据包络分析法（Data Envelopment Analysis，DEA）是评价多指标投入与多指标产出决策单元相对有效性的多目标决策方法。该方法能十分有效地处理多输入与多输出问题，并对一个决策单元的投入规模与技术有效性做出评价。指数法中的“指数”是指一个生产单元在一定时期内生产的总产出和总投入之比，通过测算指数可以得出全要素生产率。目前最广泛运用的就是曼奎斯特指数（Malmquist Index）。该指数是在 Malmqnist 数量指数与距离函数的基础上定义的，被用来描述不需要说明具体行为标准的多个输入变量和多个输出变量的生产技术（鲁晓东和连玉君，2012；张洋等，2011；王荧和郭碧銮，2010；尹向飞，2009；徐家杰，2007）。

近年来，DEA - Malmquist 指数法得到越来越广泛的运用，它是直接利用线性优化法给出每个决策单元的边界生产函数估算，从而对技术进步和效率变化进行测度，Malmquist 生产率指数可以表示为：

$$M_i^t = \frac{D_i^t(x^{t+1}, y^{t+1})}{D_i^t(x^t, y^t)}$$

式中，$x^t$ 表示投入指标，$y^t$ 表示产出指标，$D_i^t(x^t, y^t)$ 表示第 i 个决策单元以第 t 期技术水平为参照的当期技术效率水平，$D_i^t(x^{t+1}, y^{t+1})$ 表示第 i 个决策单元以第 t + 1 期技术水平为参照的当期技术效率水平。同样，以第 t + 1期的技术条件为参照，从 t 时期到 t + 1 时期的 Malmquist 生产率指数表示为：

$$M_i^{t+1} = \frac{D_i^{t+1}(x^{t+1}, y^{t+1})}{D_i^{t+1}(x^t, y^t)}$$

现实中通常用上面两式 Malmquist 生产率指数的几何平均值来得到以 t 期到 t + 1 期的全要素生产率变化，如下式：

$$M_i(x^t, y^t; x^{t+1}, y^{t+1}) = \left[\frac{D_i^t(x^{t+1}, y^{t+1})}{D_i^t(x^t, y^t)} \frac{D_i^{t+1}(x^{t+1}, y^{t+1})}{D_i^{t+1}(x^t, y^t)}\right]^{\frac{1}{2}}$$

本书中运用 DEAP2.1 软件实现上述算法。产出指标为工业总产出，投入指标为固定资产净值与工业劳动力。

## 二、工业全要素生产率、二元经济结构与经常项目走势分析

本节中，我们采用工业劳动力占比来衡量中国的二元经济结构。该指标上升意味着劳动力由农业部门向工业部门转移，对应着二元经济转型进程的加深。以劳动力结构的变化来衡量二元经济结构的变化是符合理论逻辑的。不论是从二元经济结构转换的方向还是特征出发，劳动力占比结构的变化都能反映工业化、城市化和剩余劳动力转移的过程和结果。

下面我们首先来分析 1994—2011 年中国的二元经济结构与经常项目余额的变化情况（见图 6 - 1）。

由图 6－1 可以看出，这一时期中国的二元经济结构的走势大致可分为两个阶段：1994—2002 年的上升回落阶段与 2003—2011 年的稳步上升阶段。1994—2002 年，中国的工业部门劳动力占比先是稳步上升，从 1994 年的 29.48% 到 1997 年的 32.20%，之后几年中又缓慢回落至原先水平，2002 年与 1994 年占比相当接近（2002 年为 29.97%）。之后的 2003—2011 年，工业部门劳动力占比稳步上升，2011 年时达到最高的 45.54%。

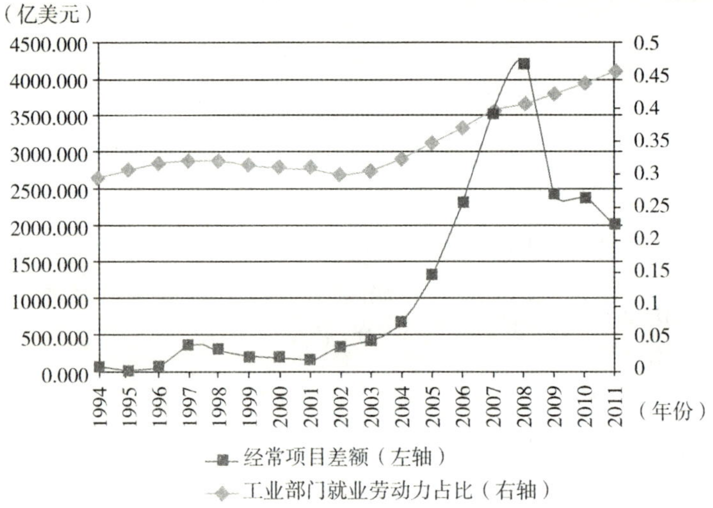


**图 6－1　中国二元经济结构与经常项目余额的变化情况**

资料来源：根据历年《中国统计年鉴》与国际货币基金组织 IFS 数据库相关数据计算整理得到。

再来看同一时期的经常项目余额变化情况。这一时期的经常项目余额均保持顺差状态，其走势可以分为 1994—2001 年的小幅波动上升阶段、2002—2008 年的大幅上涨阶段、2008 年后的持续下降阶段。1994—2001 年，经常项目的数额不大，且上升幅度不明显。1997 年的顺差额最高也只有 369 亿美元。2001—2008 年，经常项目每年的增长幅度都较大，到 2008 年时顺差额已达 4206 亿美元。之后由于金融危机的爆发，顺差额连年下降，但 2011 年经常项目余额仍然高达 2017 亿美元。

通过以上分析我们发现，如果不考虑 2008 年后金融危机造成的经常项目顺差额下降，则二元经济结构与经常项目余额之间存在很强的正相关关系。

为直观考察 1994—2011 年中国二元经济结构与经常项目余额的关系，图 6－2 提供了两者之间关系的散点图。由图中可以看出中国二元经济结构与经常项目余额之间存在明显的正相关关系，即工业部门劳动力占比上升对应着的经常项目余额改善。

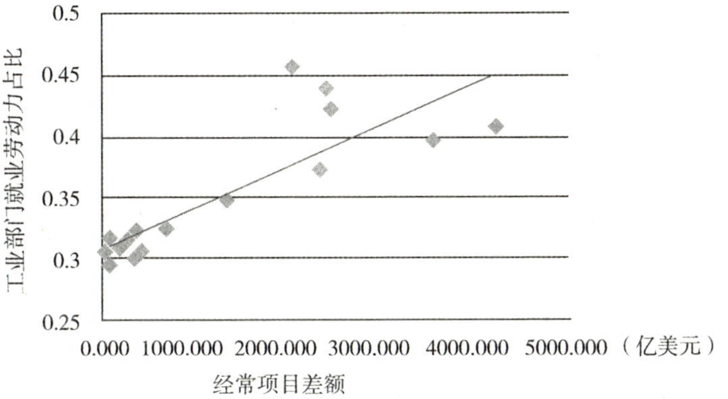


**图 6－2　中国二元经济结构与经常项目散点图**

资料来源：根据历年《中国统计年鉴》与国际货币基金组织 IFS 数据库相关数据计算整理得到。

我们运用前文介绍的方法测算出的工业全要素生产率增长率如图 6－3 所示。可以看出，1994—2011 年中国的工业全要素生产率增长率基本呈水平波动状态。除 1999 年和 2009 年之外，中国工业全要素生产率均呈现正增长。考察期间中国工业全要素生产率的平均增长率为 6.6%。1999 年和 2009 年的两次负增长显然与两次国际金融危机有关。

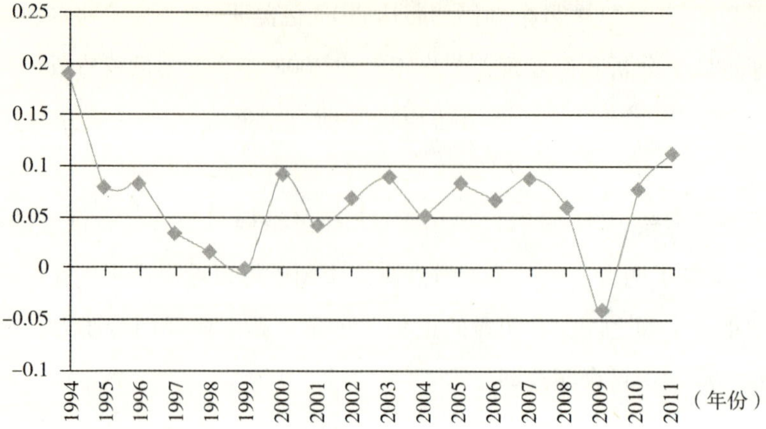


**图6-3　中国工业全要素生产率增长率的变化情况**

资料来源：根据历年《中国统计年鉴》相关数据计算整理得到。

图6-4描绘了工业部门劳动力占比与工业全要素生产率增长率之间关系的散点图。图6-5描绘了经常项目余额与工业全要素生产率增长率之间关系的散点图。由图6-5可知，工业全要素生产率增长率与二元经济结构和经常项目余额之间均呈一定的负相关关系。

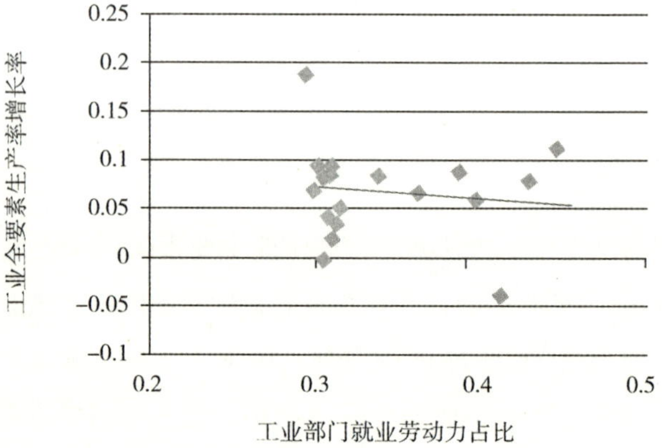


**图6-4　中国二元经济结构与工业全要素生产率增长率散点图**

资料来源：根据历年《中国统计年鉴》相关数据计算整理得到。

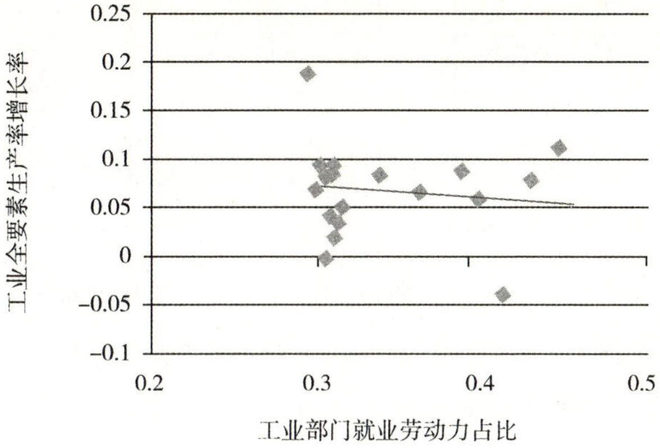


**图 6-5　中国经常项目余额与工业全要素生产率增长率之间关系的散点图**

资料来源：根据历年《中国统计年鉴》与国际货币基金组织 IFS 数据库相关数据计算整理得到。

## 三、计量模型与数据说明

### （一）计量模型

本节采用结构向量自回归模型（SVAR）进行实证研究。Sims（1980）提出的向量自回归模型（VAR）采用多方程联立的形式。在模型的每一个方程中，内生变量对模型所含全部内生变量的滞后项进行回归来估计内生变量之间的动态关系。但是 VAR 不能分析内生变量之间的当期相关关系。为了解决这一问题，Blanchard 和 Quah（1989）对 VAR 进行修正，提出了结构向量自回归模型（SVAR），即在一般 VAR 中加入各内生变量间的当期关系，把隐藏在误差项中的当期关系提取出来。这一修正使模型经济意义更加明确。SVAR 实质就是 VAR 的结构式。因此 SVAR 的建立都基于一定的经济理论基础，将其中的结构性关系引入 VAR。

一个典型的 $n$ 元 $p$ 阶的 SVAR 表达式为：

$$B_0 y_t = \Gamma_0 + \Gamma_1 y_{t-1} + \cdots + \Gamma_p y_{t-p} + u_t,\ t = 1,2,3,\cdots,T$$

其中，

$$B_0=\begin{bmatrix}1 & b_{12} & \cdots & b_{1k}\\ b_{21} & 1 & \cdots & b_{2k}\\ \vdots & \vdots & \ddots & \vdots\\ b_{k1} & b_{k2} & \cdots & 1\end{bmatrix}\Gamma_i=\begin{bmatrix}y_{11}^i & y_{12}^i & \cdots & y_{1k}^i\\ y_{21}^i & y_{22}^i & \cdots & y_{2k}^i\\ \vdots & \vdots & \ddots & \vdots\\ y_{k1}^i & y_{k2}^i & \cdots & y_{kk}^i\end{bmatrix}i=1,2,\cdots,p u_t=\begin{bmatrix}u_{1t}\\ u_{2t}\\ \vdots\\ u_{kt}\end{bmatrix}$$

式中，$y_t$ 是 $n$ 维内生变量列向量，$B_0$ 是 $n\times n$ 维且主对角线元素为 1 的系数矩阵，$\Gamma_i$ 是 $i$ 阶滞后内生变量的 $n\times n$ 维系数矩阵，$u_t$ 是结构式残差或冲击。若 $B_0$ 可逆，则上述模型可转化 VAR（p）模型为：

$$y_t=B_0^{-1}\Gamma_0+B_0^{-1}\Gamma_1 y_{t-1}+\cdots+B_0^{-1}\Gamma_p y_{t-p}+B_0^{-1}u_t=A_0+A_1 y_{t-1}+\cdots+A_p y_{t-p}+e_t$$

由此可见，VAR 不能反映变量之间的当期相关关系，而在 SVAR 中，通过对矩阵 A 中的参数施加约束并估计参数值，不仅可以发现变量之间的当期关系，还可以得到可识别的结构冲击。鉴于此，本书采用 SVAR 对工业全要素生产率、二元经济结构与经常项目三者之间的动态关系进行研究。同时对于 $n$ 元 $p$ 阶 SVAR，需要施加 $n(n-1)/2$ 个约束条件才能估计出结构式模型的参数。约束条件的施加通常要根据经济理论。

本节的 SVAR 包含 5 个内生变量：工业全要素生产率、二元经济结构、经常项目、储蓄和投资。之所以在模型中加入储蓄和投资，是因为理论模型告诉我们生产率和二元经济转型主要通过储蓄渠道和投资渠道来影响经常项目。由于 SVAR 要求所有内生变量为平稳变量，而宏观经济时间序列数据通常不平稳，所以我们需要对各内生变量先取对数再差分（得到变化率形式），以得出各变量的平稳序列。

（二）数据说明

本书选取五个变量来构造 SVAR。五个变量分别是经常项目占比（经常项目余额占 GDP 的比重）、储蓄率（总储蓄占 GDP 比重）、投资率（总投资占 GDP 比重）、二元经济结构（工业就业人口占总就业人口比重）和工业全要素生产率增长率。本书选取的样本是中国 1994—2011 年的季度时间序列季度数据。经常项目余额、总储蓄、总投资与GDP数据来自国际货币基金组织IFS数据库与同花顺金融数据库。对于不存在季度数据的年份，我们通过EViews6.0数据频率转换得到相应年份的季度数据。非农业部门就业人口占比数据来自历年《中国统计年鉴》。由于该数据也只有年度数据，所以通过EViews6.0数据频率转换得到季度数据。我们用DEAP2.1软件来计算中国工业全要素生产率的增长率时，其投入变量为固定资产净值与工业劳动力，产出变量为工业总产出。以上三个数据均来自历年《中国统计年鉴》。由于只有年度数据，所以我们算出的是年度工业全要素生产率数据，再通过EViews6.0数据频率转换得到季度数据。所有变量均剔除了季节性因素。

## 四、SVAR结果分析

### （一）变量平稳性检验

SVAR要求所有内生变量均为平稳变量。因此在估计SVAR前需要对各个变量进行ADF检验，以确定其平稳性。ADF检验结果如表6-1所示。

**表6-1 ADF检验结果**

| 变量 | 检验形式（c，t，n） | ADF统计量 | ADF临界值 | 结论 |
|---|---|---|---|---|
| lnca | （c，t，1） | -2.435813 | -4.096614* | 非平稳 |
| dca | （c，t，0） | -7.596108 | -4.094550* | 平稳 |
| lns | （c，t，0） | -1.719210 | -4.094550* | 非平稳 |
| ds | （c，t，0） | -10.16636 | -4.094550* | 平稳 |
| lni | （c，t，1） | -1.246650 | -4.096114* | 非平稳 |
| di | （c，t，0） | -10.99046 | -4.094550* | 平稳 |
| lnl | （c，t，4） | -2.430921 | -4.103198* | 非平稳 |
| dl | （0，0，1） | -1.684545 | -1.613719*** | 平稳 |
| a | （c，t，0） | -3.308344 | -3.165046*** | 平稳 |
| da | （c，0，0） | -3.555723 | -3.527045* | 平稳 |

注：检验类型（c，t，n）分别表示单位根检验方程包含截距项、时间趋势项以及滞后阶数。最优滞后阶数根据AIC最小原则确定。*、**、***表示相应统计量分别在10%、5%、1%的显著水平下拒绝原假设。

表6－1中，lnca表示经常项目余额占比的自然对数值，dca表示经常项目占比对数值的一阶差分；lns表示储蓄率的自然对数值，ds表示储蓄率对数值的一阶差分；lni表示投资率的自然对数值，di表示投资率对数值的一阶差分；lnl表示二元经济结构的自然对数值，dl表示二元经济结构对数值的一阶差分；a表示工业全要素生产率增长率，da表示工业全要素生产率增长率的一阶差分。之所以没有对工业全要素生产率增长率取对数，是因为该变量在考察期间有负值出现。检验结果表明，经常项目、储蓄率、投资率和二元经济结构的原变量均为不平稳变量，而它们的一阶差分变量却在10%的显著性水平下都为平稳变量。工业全要素生产率增长率的原变量即为平稳变量。因为，SVAR要求所有变量均为平稳变量，所以最终我们选用经常项目、储蓄率、投资率和二元经济结构的一阶差分变量以及工业全要素生产率增长率的原变量建立SVAR。

（二）SVAR的建立

本节建立的SVAR的具体形式如下：

$$\mathrm{B}_0 y_t = \Gamma_0 + \Gamma_1 y_{t-1} + \cdots + \Gamma_2 y_{t-2} + u_t\ y_t = \begin{bmatrix} dca \\ ds \\ di \\ dl \\ a \end{bmatrix} B_0$$

$$= \begin{bmatrix} 1 & b_{12} & b_{13} & b_{14} & b_{15} \\ b_{21} & 1 & b_{23} & b_{24} & b_{25} \\ b_{31} & b_{32} & 1 & b_{34} & b_{35} \\ b_{41} & b_{42} & b_{43} & 1 & b_{45} \\ b_{51} & b_{52} & b_{53} & b_{54} & 1 \end{bmatrix}$$

$$\Gamma_0=\begin{bmatrix}b_{10}\\b_{20}\\b_{30}\\b_{40}\\b_{50}\end{bmatrix}\Gamma_i=\begin{bmatrix}y_{11}^i & y_{12}^i & y_{13}^i & y_{14}^i & y_{15}^i\\y_{21}^i & y_{22}^i & y_{23}^i & y_{24}^i & y_{25}^i\\y_{31}^i & y_{32}^i & y_{33}^i & y_{34}^i & y_{35}^i\\y_{41}^i & y_{42}^i & y_{43}^i & y_{44}^i & y_{45}^i\\y_{51}^i & y_{52}^i & y_{53}^i & y_{54}^i & y_{55}^i\end{bmatrix}u_t=\begin{bmatrix}u_{1t}\\u_{2t}\\u_{3t}\\u_{4t}\\u_{5t}\end{bmatrix}$$

式中，$u_{1t},u_{2t},u_{3t},u_{4t},u_{5t}$ 表示作用在 $dca,ds,di,dl,a$ 上的结构式冲击，如果 $B_0$ 可逆，则模型可转化为：

$$y_t = B_0^{-1}\Gamma_0 + B_0^{-1}\Gamma_1 y_{t-1} + B_0^{-1}\Gamma_2 y_{t-2} + \varepsilon_t, \varepsilon_t = B_0^{-1}u_t$$

给出模型的具体形式之后，我们需要确定模型的最优滞后阶数。我们根据各种信息准则和模型最终的平稳性检验来确定最优滞后阶数。

**表 6－2　最优滞后阶数检验结果**

| Lag | logL | LR | FPE | AIC | SC | HQ |
|---|---|---|---|---|---|---|
| 0 | 902. 7902 | NA | 6. 93e－19 | －27. 62431 | －27. 45705 | －27. 55832 |
| 1 | 1052. 603 | 271. 9686 | 1. 49e－20 | －31. 46472 | －30. 46116 | －31. 06875 |
| 2 | 1107. 296 | 90. 87416* | 6. 07e－21* | －32. 37834* | －30. 53848* | －31. 65240* |
| 3 | 1119. 571 | 18. 50613 | 9. 30e－21 | －31. 98679 | －29. 31062 | －30. 93087 |
| 4 | 1137. 950 | 24. 88318 | 1. 22e－20 | －31. 78308 | －28. 27061 | －30. 39719 |
| 5 | 1167. 202 | 35. 10252 | 1. 20e－20 | －31. 91392 | －27. 56514 | －30. 19805 |
| 6 | 1190. 502 | 24. 37488 | 1. 52e－20 | －31. 86160 | －26. 67652 | －29. 81575 |

注：* 表示从每一列标准中选取的最优滞后阶数，其中 FEP 值、AIC 值、SC 值、HQ 值是在标准值最小的情况下所选的滞后阶数。

表 6－2 显示了 EViews6. 0 软件根据不同信息准则选取的最优滞后阶数的结果。可以看到，5 种信息准则均认为最优滞后阶数是 2 阶。对于将要构建的 VAR 来说，如果模型不稳定，则会影响脉冲响应函数结果可信度。因此，我们可以进一步通过检验 2 阶滞后 VAR 的平稳性，来判断 2 阶滞后是否合理。

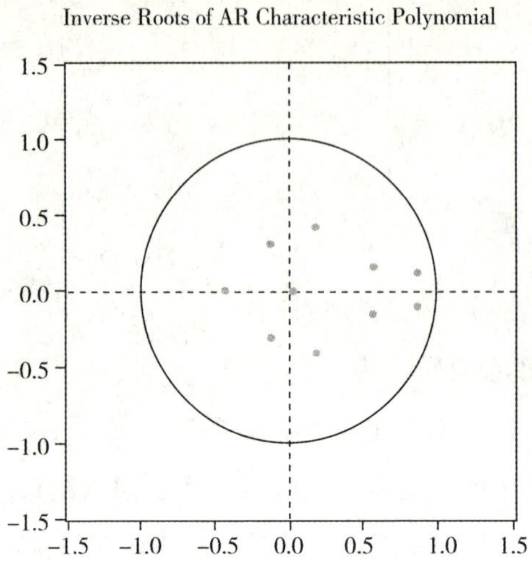


**图 6－6　VAR 平稳性检验结果**

由图 6－6 显示，VAR 的所有特征根均在单位圆内，表明模型是平稳的，2 阶滞后选择合理。

我们的 SVAR 中有五个内生变量，因此需要施加 10 个约束条件才能对模型进行有效识别。根据经济理论，我们施加的短期约束形式如下：

$$A=\begin{bmatrix}1 & NA & NA & NA & NA\\0 & 1 & NA & NA & NA\\0 & 0 & 1 & NA & NA\\0 & 0 & 0 & 1 & NA\\0 & 0 & 0 & 0 & 1\end{bmatrix}\quad B=\begin{bmatrix}NA & 0 & 0 & 0 & 0\\0 & NA & 0 & 0 & 0\\0 & 0 & NA & 0 & 0\\0 & 0 & 0 & NA & 0\\0 & 0 & 0 & 0 & NA\end{bmatrix}$$

也就是说，我们假定 SVAR 是采用如下形式的：

$$A\varepsilon_t=\begin{bmatrix}1 & NA & NA & NA & NA\\0 & 1 & NA & NA & NA\\0 & 0 & 1 & NA & NA\\0 & 0 & 0 & 1 & NA\\0 & 0 & 0 & 0 & 1\end{bmatrix}\begin{bmatrix}\varepsilon_{1t}\\\varepsilon_{2t}\\\varepsilon_{3t}\\\varepsilon_{4t}\\\varepsilon_{5t}\end{bmatrix}=Bu_t$$

$$= \begin{bmatrix} NA & 0 & 0 & 0 & 0 \\ 0 & NA & 0 & 0 & 0 \\ 0 & 0 & NA & 0 & 0 \\ 0 & 0 & 0 & NA & 0 \\ 0 & 0 & 0 & 0 & NA \end{bmatrix} \begin{bmatrix} u_{1t} \\ u_{2t} \\ u_{3t} \\ u_{4t} \\ u_{5t} \end{bmatrix}$$

### （三）经常项目对工业全要素生产率冲击的脉冲响应分析

在 SVAR 系统中，对一个内生变量的冲击直接影响这个变量，并且通过模型的动态结构传导给其他所有的内生变量。脉冲响应函数分析能够比较直观地刻画出外生冲击导致的变量响应路径和各变量间的动态关系。我们首先利用脉冲响应函数分析工业全要素生产率冲击对经常项目的动态影响。

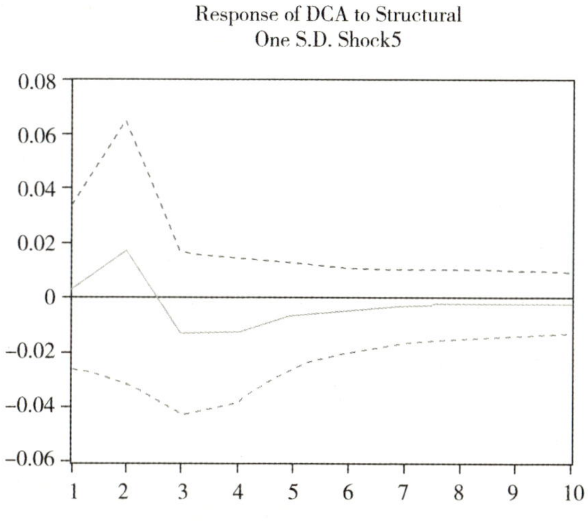


**图 6－7　经常项目对工业全要素生产率冲击的脉冲响应**

由图 6－7 所知，工业全要素生产率上升会导致当期经常项目改善（出现顺差），然后在第 2 期时经常项目进一步改善，并达到最高值。从第 3 期开始，经常项目出现逆差。随后，经常项目逐渐向均衡状态回归。工业全要素生产率的正向冲击会导致经常项目短期出现顺差的结果与第三章代理人模型的结论不符，但却与第四章 OLG 模型的结论一致。

（四）二元经济转型冲击的脉冲响应分析

由于本研究主要关注二元经济转型对经常项目的动态影响，所以下面我们来分析二元经济结构冲击如何影响经常项目、储蓄和投资。

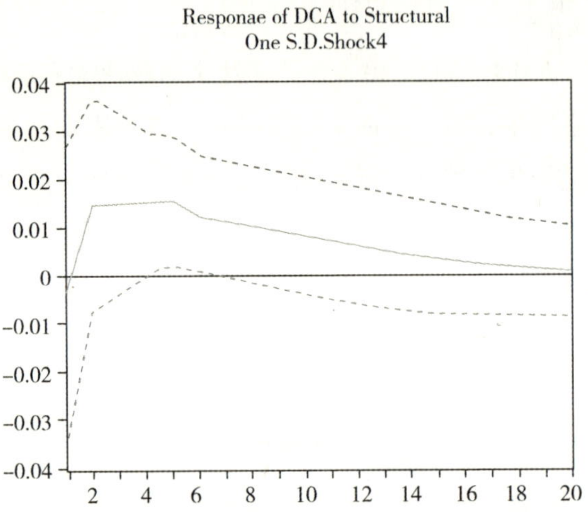


**图 6－8　经常项目对二元经济结构冲击的脉冲响应**

如图 6－8 所示，相比于来自工业全要素生产率的冲击，来自二元经济转型的冲击对经常项目产生的影响明显更持久。二元经济转型会导致经常项目在第 1 期出现短暂的小幅逆差，然后从第 2 期开始出现持续的顺差。经常项目顺差幅度自第 5 期之后开始逐渐下降，并于第 20 期左右基本恢复均衡状态。由于我们采用的是季度数据，所以经常项目在第 1 年的动态反应总体来说是改善的。然后直至第 5 年左右恢复新的平衡。以上结果不支持第三章代理人模型的理论结论，却支持第四章 OLG 模型的理论结论。

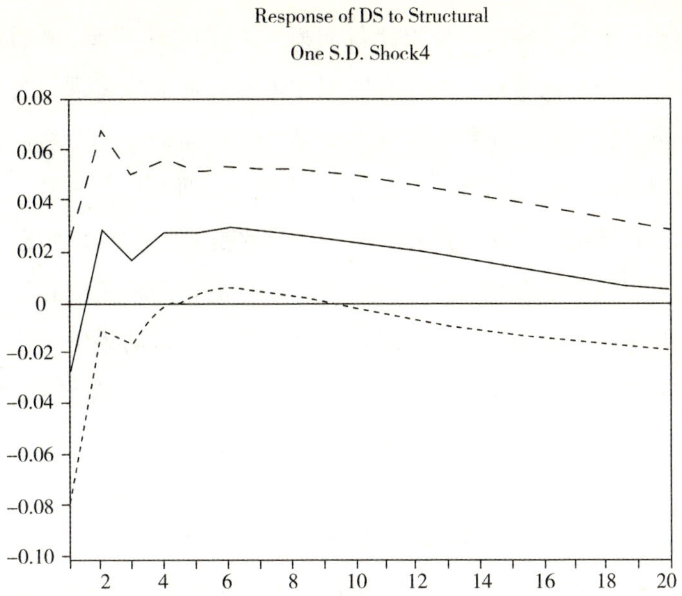


**图 6－9　储蓄对二元经济转型冲击的脉冲响应**

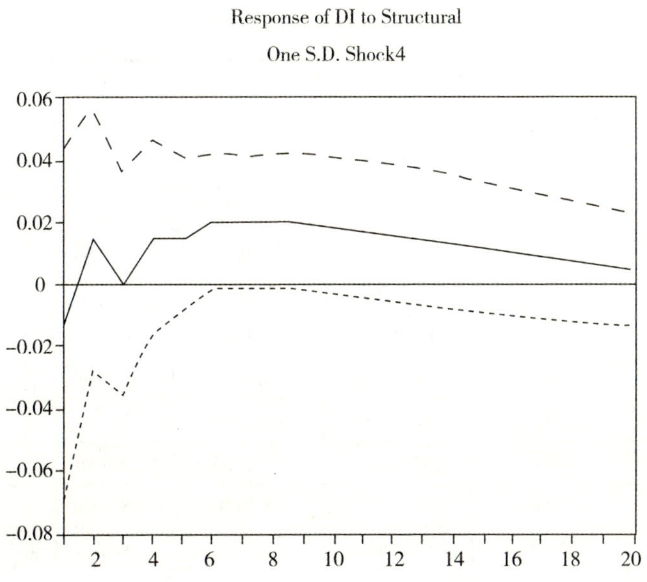


**图 6－10　投资对二元经济转型冲击的脉冲响应**

下面我们继续分析二元经济转型冲击对储蓄和投资的动态影响。图6-9显示，二元经济转型冲击会导致储蓄在第1季度出现下降，然后从第2季度开始出现上升。储蓄对二元经济转型冲击的脉冲响应呈现出先上升再衰减的态势。总体来说，储蓄在受冲击的第1年内呈现上升态势。该结果与代理人模型的理论结论不符，但却与OLG模型的理论结论一致。

图6-10显示，二元经济转型冲击会导致投资也在第1季度出现下降，然后从第2季度开始出现上升。投资对二元经济转型冲击的脉冲响应也呈现出先上升再衰减的态势。总体来说，投资在受冲击的第1年内呈现上升态势。该结果与代理人模型和OLG模型的理论结论均一致。因为前文中的两个理论模型均认为二元经济转型会导致投资上升。

### （五）方差分解

方差分解可以分析影响内生变量的结构冲击的贡献度，刻画各信息对模型内生变量的相对重要性。本节采用方差分解分析了各个变量对经常项目波动的贡献率（见表6-3）。

**表6-3　经常项目方差分解表**

| 时期 | dca | ds | di | dl | a |
|---|---|---|---|---|---|
| 1 | 8.0324 | 77.4926 | 14.3111 | 0.0666 | 0.0974 |
| 2 | 7.8265 | 74.9992 | 13.9007 | 1.3705 | 1.9031 |
| 3 | 7.8124 | 72.7537 | 13.8114 | 2.7076 | 2.9148 |
| 4 | 7.6892 | 71.0852 | 13.5096 | 3.9678 | 3.7482 |
| 5 | 7.8030 | 69.7753 | 13.2640 | 5.2514 | 3.9062 |
| 6 | 7.8567 | 68.9566 | 13.1189 | 6.0793 | 3.9886 |
| 7 | 7.8944 | 68.3560 | 13.0070 | 6.7411 | 4.0014 |
| 8 | 7.9279 | 67.8648 | 12.9269 | 7.2775 | 4.0029 |
| 9 | 7.9617 | 67.4664 | 12.8630 | 7.7056 | 4.0032 |
| 10 | 7.9918 | 67.1580 | 12.8150 | 8.0311 | 4.0042 |
| 11 | 8.0162 | 66.9268 | 12.7786 | 8.2728 | 4.0055 |
| 12 | 8.0347 | 66.7584 | 12.7520 | 8.4472 | 4.0078 |
| 13 | 8.0483 | 66.6388 | 12.7328 | 8.5695 | 4.0106 |

续表

| 时期 | dca | ds | di | dl | a |
|---|---|---|---|---|---|
| 14 | 8.0580 | 66.5566 | 12.7194 | 8.6524 | 4.0136 |
| 15 | 8.0648 | 66.5022 | 12.7103 | 8.7064 | 4.0164 |
| 16 | 8.0692 | 66.4677 | 12.7044 | 8.7398 | 4.0189 |
| 17 | 8.0720 | 66.4470 | 12.7007 | 8.7594 | 4.0209 |
| 18 | 8.0737 | 66.4353 | 12.6986 | 8.7700 | 4.0224 |
| 19 | 8.0746 | 66.4292 | 12.6975 | 8.7751 | 4.0236 |
| 20 | 8.0751 | 66.4265 | 12.6969 | 8.7772 | 4.0243 |

注：由于四舍五入的原因，某些年份的方差之和可能不等于100。

从表6-3可以看出，方差分解结果到第11期后基本趋于稳定。其中，8%左右的经常项目变化由其自身决定；五个内生变量按照贡献度从高到低排列依次为储蓄、投资、二元经济转型、经常项目自身和工业全要素生产率。其中，储蓄的贡献率最高，稳定在66.5%左右；投资贡献率也达到12.7%左右。这一结果与经常项目恒等于储蓄与投资之差相关。二元经济转型的贡献率在8.7%左右，说明二元经济转型因素的存在在一定程度上有助于说明经常项目的变化。8.1%左右的经常项目增长率由其自身决定，说明其有一定的自我解释能力。工业全要素生产率的贡献率最低，但也稳定在4.0%左右。

## 第二节　省际面板数据分析

在第一节，我们利用中国国家层面的时间序列数据实证研究了二元经济结构变化对储蓄率、投资率和经常项目产生的动态影响。下面，我们准备采用1994—2011年的中国省际面板数据实证分析二元经济转型对储蓄率、投资率和经常项目的影响。

### 一、省际储蓄率、投资率与经常项目走势分析

因为我们已经在本书第二章分析了中国省际二元经济结构的变动情况，所以在这一部分，我们只分析中国省际储蓄率、投资率和经常项目的

变动情况。我们的样本只包括中国大陆的 30 个省、市和自治区。

### （一）省际储蓄率走势分析

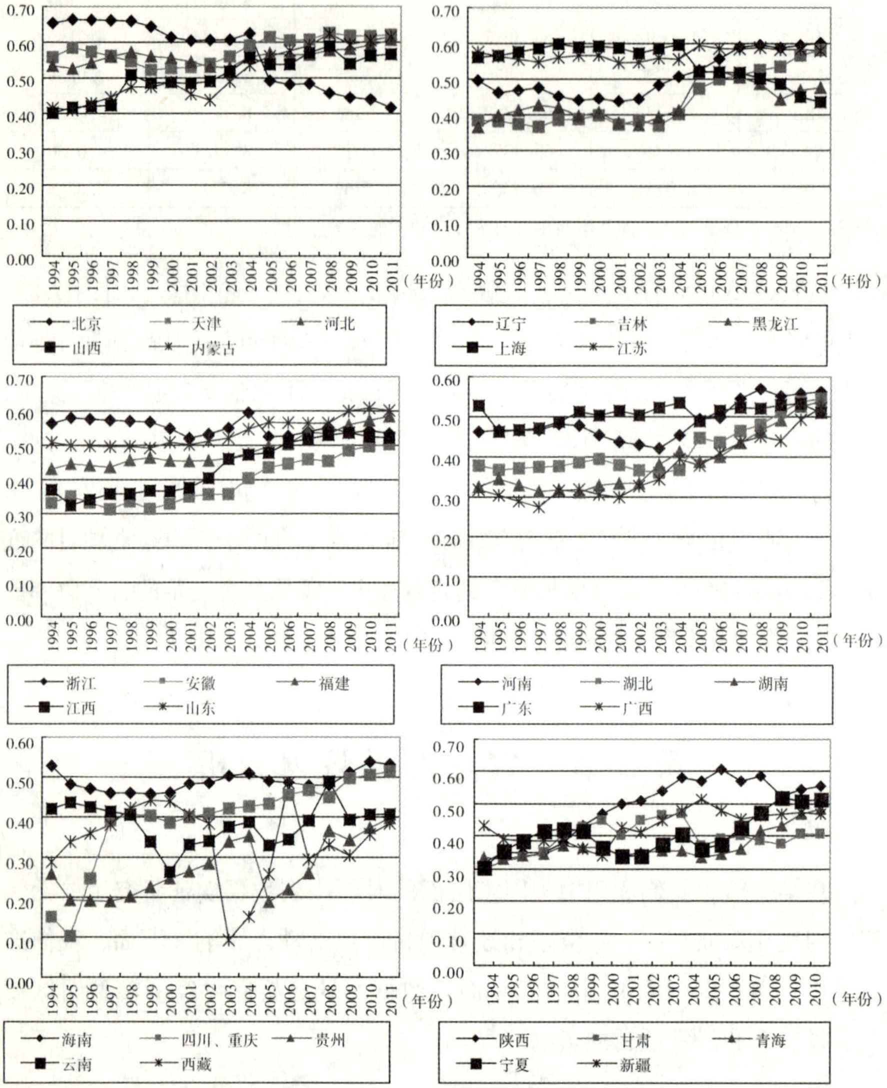


**图 6 -11　1994—2011 年中国省际储蓄率走势**

资料来源：《新中国 60 年统计资料汇编》、1994—2011 年各省统计年鉴和同花顺数据库。

图6－11显示，中国大部分省、市、自治区的储蓄率在考察期间均呈现上升态势，只有北京、上海、浙江、广东和云南出现下降。1994年，中国30个省、市、自治区的平均储蓄率为41.64%；到了2011年，中国30个省、市、自治区的平均储蓄率为51.96%。2011年，内蒙古的储蓄率最高，为61.51%；西藏的储蓄率最低，为38.31%。考察期间，四川、陕西、宁夏、湖南和广西的储蓄率增长率较高，均在60%以上。

（二）省际投资率走势分析

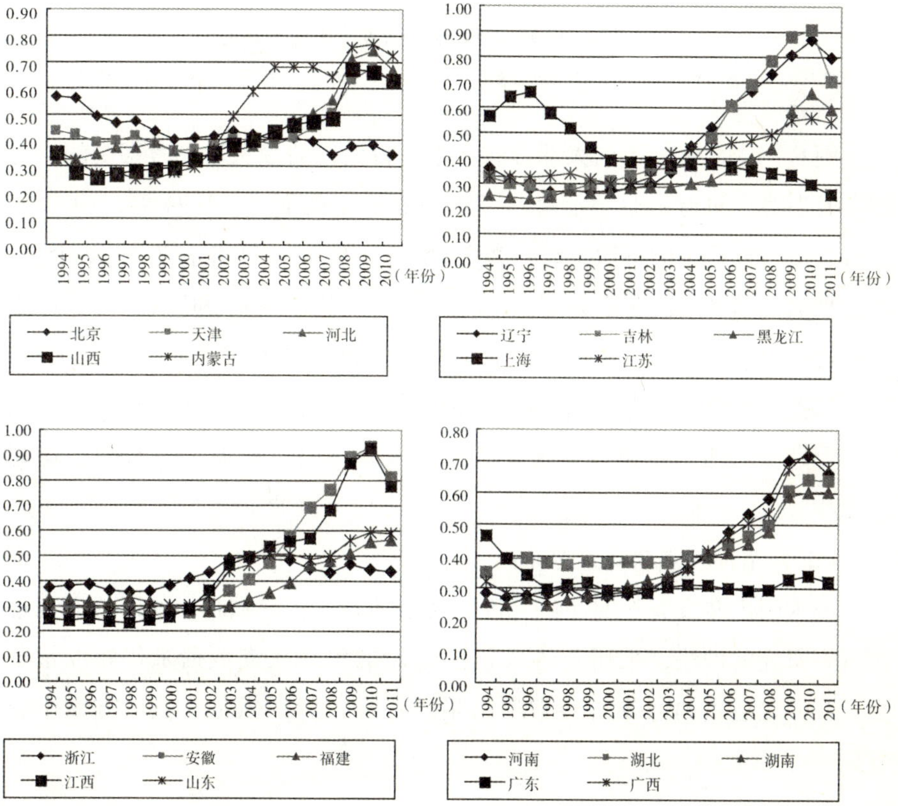

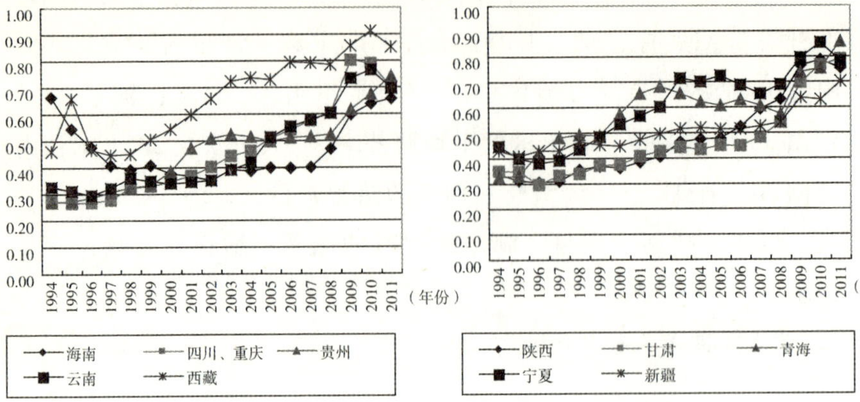


**图 6 - 12　1994—2011 年中国省际投资率走势**

资料来源：《新中国 60 年统计资料汇编》、1994—2011 年各省统计年鉴和同花顺数据库。

图 6 - 12 显示，中国大部分省、市、自治区的投资率在考察期间均呈现上升态势，只有北京、上海、广东和海南出现下降。1994 年，中国 30 个省、市、自治区的平均投资率为 36.54%；到了 2011 年，中国 30 个省、市、自治区的平均储蓄率为 65.03%。通过对比图 6 - 11 和图 6 - 12，可以明显看出中国各省份投资率的增长幅度大于储蓄率的增长幅度。2011 年，青海的投资率最高，为 85.94%；上海的投资率最低，为 25.85%。考察期间，青海、江西、贵州、安徽等经济落后省份的投资率增长较快，均超过 100%。

（三）省际经常项目走势分析

因为国内并没有各省（市、区）经常项目的统计数据，所以我们也遵循现有研究的做法，采用各省（市、区）的贸易收支数据来代替经常项目。我们知道贸易收支与经常项目虽然存在差异，但是在数值方面十分接近。

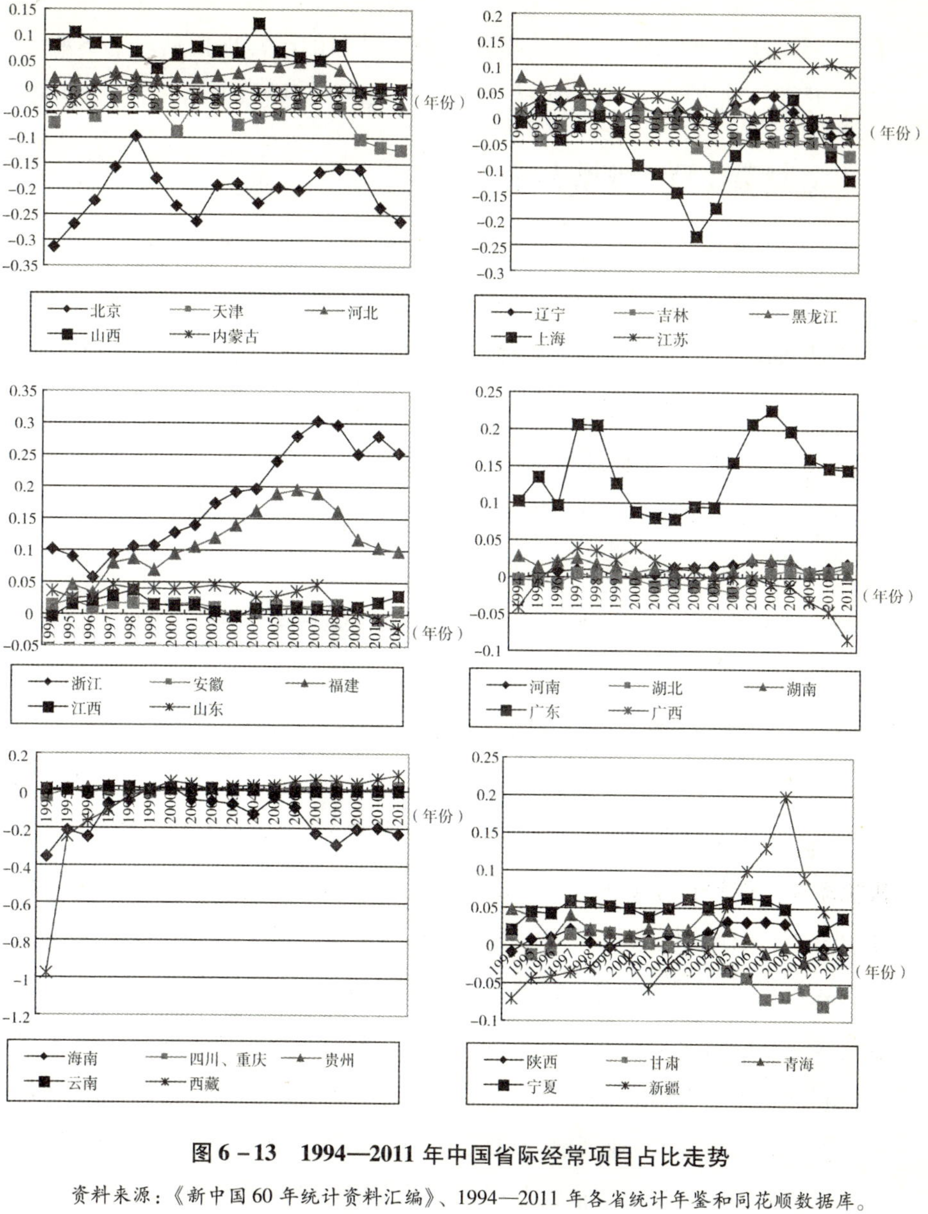


**图 6－13　1994—2011 年中国省际经常项目占比走势**

资料来源：《新中国 60 年统计资料汇编》、1994—2011 年各省统计年鉴和同花顺数据库。

图 6－13 显示，中国各省（市、区）的经常项目在考察期间并未呈现出比较一致的变动态势。有些省（市、区）的经常项目出现上升，如浙

江、江苏和福建等；而有些省（市、区）的经常项目则出现下降走势，如山西、黑龙江和吉林等；还有一些省（市、区）的经常项目呈现上下波动态势，并未表现出明显的趋势，如湖北、云南和宁夏等。

## 二、计量模型与数据说明

### （一）计量模型

鉴于储蓄率和投资率是二元经济结构影响经常项目的两个渠道，因此本书首先检验二元经济结构变化对储蓄率的影响，然后检验二元经济结构变化对投资率的影响，最后检验二元经济结构变化对经常项目的影响。根据相关经济学理论，我们建立如下计量模型：

$$Sav_{it} = \alpha_0 + \alpha_1 Grow_{it} + \alpha_2 Old_{it} + \alpha_3 You_{it} + \alpha_4 Dua_{it} + \alpha_6 X_{it} + u_i + \varepsilon_{it} \tag{6-1}$$

$$Inv_{it} = \alpha_0 + \alpha_1 Grow_{it} + \alpha_2 Old_{it} + \alpha_3 You_{it} + \alpha_4 Dua_{it} + \alpha_5 X_{it} + u_i + \varepsilon_{it} \tag{6-2}$$

$$Cur_{it} = \alpha_0 + \alpha_1 Grow_{it} + \alpha_2 Old_{it} + \alpha_3 You_{it} + \alpha_4 Dua_{it} + \alpha_5 X_{it} + u_i + \varepsilon_{it} \tag{6-3}$$

式中，下标 $i$ 代表地区，$t$ 表示时间，$u_i$ 为观察不到的地区效应，$\varepsilon_{it}$ 为随机扰动项。被解释变量 $Sav_{it}$ 、$Inv_{it}$ 和 $Cur_{it}$ 分别表示储蓄率、投资率和经常项目占比。解释变量 $Grow_{it}$ 表示技术进步率，由各省人均 GDP 增长率表示。$Old_{it}$ 和 $You_{it}$ 分别为老年抚养比和少儿抚养比，用来衡量人口年龄结构变化。老年抚养比由 65 岁以上人口占 15 ~ 64 岁人口的比重表示，少儿抚养比由 0 ~ 14 岁人口占 15 ~ 64 岁人口的比重表示。$Dua_{it}$ 为二元经济结构，本节我们分别采用非农业就业人口比重（非农业就业人口占总就业人口比重）和非农业产值比重（非农业产值占 GDP 比重）两个指标来衡量。$X_{it}$ 是一组影响经常项目的其他变量，包括开放度、政府支出占比、外商直接投资率和实际有效汇率等。其中，开放度由各省对外贸易总额占 GDP 比重表示；政府支出占比由政府支出占 GDP 比重表示；外商直接投资率由各省

FDI 占 GDP 比重表示；实际有效汇率为根据各省自身的 CPI 计算得出的实际有效汇率，而不是国家总体的实际有效汇率。

（二）数据说明

基于数据的可得性，本书最终选取了中国 30 个省、市、自治区 1994—2011 年的面板数据进行实证研究①。在所选的样本中，由于重庆市在 1997 年才成为直辖市，而本书选取数据时间段为 1994—2011 年，因此本书将四川省和重庆市的数据进行合并。以上所有数据均来自《新中国 60 年统计资料汇编》、1994—2011 年分省统计年鉴、《中国人口统计年鉴》、同花顺数据库、世界银行的世界发展指标（WDI）数据库等，个别缺失数据运用插值法计算得到。最终得到的样本观测量为 540 个。表 6 -4 给出了各个变量的统计性描述。

**表 6 -4　变量统计性描述**

| 变量 | 符号 | 观测数 | 平均值 | 标准差 | 最小值 | 最大值 |
|---|---|---|---|---|---|---|
| 储蓄率 | Sav | 540 | 45.86 | 9.88 | 9.20 | 66.40 |
| 投资率 | Inv | 540 | 45.14 | 15.97 | 23.29 | 93.39 |
| 经常项目占比 | Cur | 540 | 0.66 | 9.19 | -97.63 | 30.31 |
| 生产率增长率 | Grow | 540 | 15.47 | 7.25 | -0.34 | 46.03 |
| 少儿抚养比 | You | 540 | 30.76 | 9.91 | 9.64 | 59.26 |
| 老年抚养比 | Old | 540 | 11.06 | 2.53 | 5.25 | 21.88 |
| 非农就业人口占比 | Dua | 540 | 53.83 | 16.10 | 22.01 | 96.62 |
| 非农产值占比 | Dua1 | 540 | 83.69 | 8.54 | 54.03 | 99.35 |
| 开放度 | Open | 540 | 30.60 | 35.71 | 2.95 | 188.56 |
| 政府支出占比 | Gov | 540 | 17.05 | 13.43 | 4.92 | 125.14 |
| 外商直接投资率 | Fdi | 540 | 3.06 | 3.39 | 0.01 | 24.26 |
| 人民币实际有效汇率 | Rer | 540 | 107.23 | 10.42 | 74.01 | 137.07 |

注：所有变量均为百分比形式（%）。

① 30 个省、市、自治区包括北京、天津、河北、山西、内蒙古、辽宁、吉林、黑龙江、上海、江苏、浙江、安徽、福建、江西、山东、河南、湖北、湖南、广东、广西、海南、四川重庆、贵州、云南、西藏、陕西、甘肃、青海、宁夏、新疆。

在进行实证分析之前，我们通过散点图先来简单考察一下二元经济结构与储蓄率、投资率和经常项目之间的相关性。

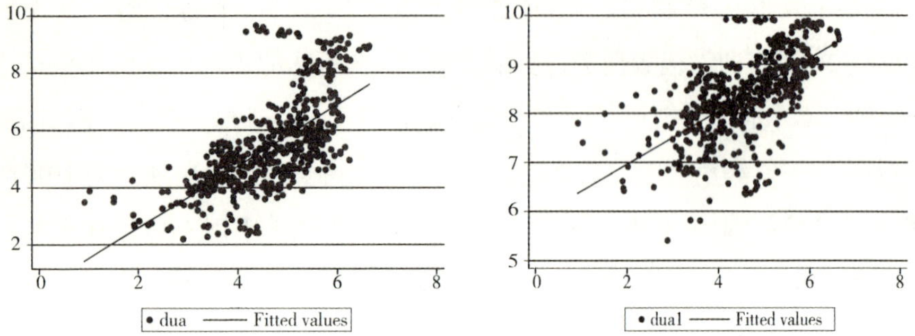


**图 6－14　二元经济结构与储蓄率散点图**

图 6－14 展示了中国 30 个省、市、自治区的二元经济结构与储蓄率之间相关关系的散点图。左边的图以非农就业人口占比衡量二元经济结构，右边的图以非农产值占比衡量二元经济结构（下同）。两幅图均显示各省二元经济结构与储蓄率之间存在较强的正相关关系，即二元经济转型对应着储蓄率上升。

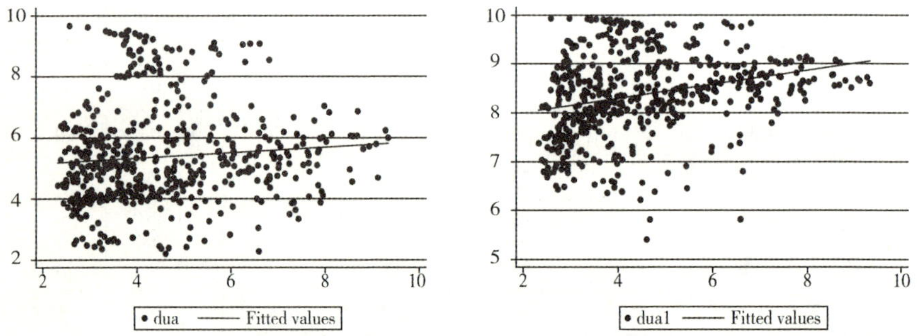


**图 6－15　二元经济结构与投资率散点图**

图 6－15 展示了中国 30 个省、市、自治区的二元经济结构与投资率之间相关关系的散点图。两幅图均显示各省二元经济结构与投资率之间存在

一定的正相关关系，即二元经济转型对应着投资率上升。

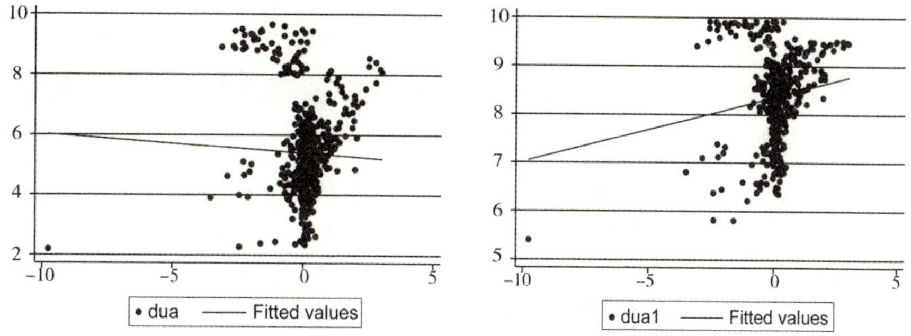


**图 6-16　二元经济结构与经常项目散点图**

图 6-16 展示了中国 30 个省、市、自治区的二元经济结构与经常项目之间相关关系的散点图。两幅图的情况存在差异。当以非农就业人口占比衡量二元经济结构时，二元经济结构与经常项目之间存在一定的负相关关系；当以非农产值占比衡量二元经济结构时，二元经济结构则与经常项目之间存在较强的正相关关系。不过散点图并不能精确反映变量之间的真实关系。二元经济转型到底如何影响储蓄率、投资率和经常项目，还需要我们进行严谨的实证分析。

为了增强实证结果的稳健性，我们分别采用两种方法进行实证研究：固定效应模型（FE）和两阶段最小二乘回归（2SLS）。2SLS 方法可以有效地处理计量模型的内生性问题，增强估计结果的可信性。另外，在使用每一种估计方法时，我们均采用两个指标来衡量二元经济结构：非农就业人口占比和非农产值占比。采用不同的指标进行估计也可以考察实证结果的稳健性。

## 三、固定效应模型回归结果分析

本书的实证部分首先采用固定效应模型分别检验二元经济结构变化对储蓄率、投资率以及经常项目的影响。为了考察实证结果的稳健性，本书一方面分别采用非农就业人口比重和非农产值比重两种指标来衡量二元经济结构；另一方面采用在实证中逐步增加解释变量的做法。

(一) 二元经济结构与储蓄率

表6-5展示了储蓄率方程的固定效应估计结果。估计结果（1）~估计结果（3）为采用非农就业人口比重衡量二元经济结构的结果，估计结果（2）在估计结果（1）的基础上增加了外国直接投资（Fdi）做解释变量，估计结果（3）在估计结果（2）的基础上增加了实际有效汇率（Rer）做解释变量；估计结果（4）~估计结果（6）为采用非农产值比重衡量二元经济结构的结果，估计结果（5）在估计结果（4）的基础上增加了外国直接投资（Fdi）做解释变量，估计结果（6）在估计结果（5）的基础上增加了实际有效汇率（Rer）做解释变量。后文表格中估计结果的顺序安排与此处一致。我们对实证结果的分析以估计结果（3）为主，将其他估计作为稳健性检验的部分予以考虑。

**表6-5 储蓄率方程固定效应估计结果**

| | (1) | (2) | (3) | (4) | (5) | (6) |
|---|---|---|---|---|---|---|
| Dua | 0.2811***<br>(0.0501) | 0.2732***<br>(0.0499) | 0.2153***<br>(0.0494) | | | |
| Dual | | | | 0.5848***<br>(0.0826) | 0.5553***<br>(0.0844) | 0.5369***<br>(0.0810) |
| Grow | 0.1820***<br>(0.0313) | 0.1651***<br>(0.0317) | 0.2761***<br>(0.0362) | 0.2010***<br>(0.0304) | 0.1908***<br>(0.0310) | 0.3092***<br>(0.0345) |
| You | -0.1284**<br>(0.0508) | -0.2126***<br>(0.0590) | -0.1402**<br>(0.0585) | -0.0329<br>(0.0545) | -0.0920<br>(0.0654) | 0.0100<br>(0.0645) |
| Old | 1.3812***<br>(0.1686) | 1.2637***<br>(0.1729) | 1.1955***<br>(0.1680) | 1.0779***<br>(0.1700) | 1.0218***<br>(0.1731) | 0.9632***<br>(0.1662) |
| Open | -0.0751***<br>(0.0185) | -0.0754***<br>(0.0184) | -0.0476**<br>(0.0185) | -0.0475***<br>(0.0180) | -0.0485***<br>(0.0179) | -0.0220<br>(0.0176) |
| Gov | -0.0467<br>(0.0488) | -0.0749<br>(0.0495) | -0.1529***<br>(0.0499) | -0.1140**<br>(0.0504) | -0.1245**<br>(0.0507) | -0.2268***<br>(0.0510) |
| Fdi | | 0.3561***<br>(0.1291) | 0.3131**<br>(0.1253) | | 0.2130<br>(0.1303) | 0.1614<br>(0.1252) |
| Rer | | | 0.1777***<br>(0.0309) | | | 0.1985***<br>(0.0295) |
| 观测数 | 540 | 540 | 540 | 540 | 540 | 540 |
| $R^2$ | 0.39 | 0.40 | 0.43 | 0.41 | 0.41 | 0.46 |

注：括号中数字为标准误；***、**、*分别表示1%、5%、10%的显著性水平。

估计结果（3）显示，中国各省（市、区）的二元经济转型对储蓄率存在显著正向影响，二元经济转型会导致储蓄率上升，具体来说非农就业人口比重增加1个百分点会导致储蓄率上升0.22个百分点。技术进步对储蓄率也存在显著影响，人均GDP增长率增加1个百分点会导致储蓄率上升0.28个百分点。少儿抚养比和老年抚养比均对储蓄率存在显著影响（不过影响方向相反），其中少儿抚养比上升1个百分点会导致储蓄率下降0.14个百分点，而老年抚养比上升1个百分点却会导致储蓄率上升1.20个百分点。开放度对储蓄率存在显著的负向影响，开放度上升1个百分点会导致储蓄率下降0.05个百分点。政府支出对储蓄率存在显著的负向影响，政府支出上升1个百分点会导致储蓄率下降0.15个百分点。外国直接投资对储蓄率存在显著的正向影响，Fdi上升1个百分点会导致储蓄率上升0.31个百分点。实际有效汇率对储蓄率存在显著的正向影响，Rer上升1个百分点会导致储蓄率上升0.18个百分点。

估计结果（1）~估计结果（3）中，二元经济结构的系数符号和显著性均为改变。其他解释变量中，只有政府支出的估计结果发生显著变化，表明其估计结果不稳健。估计结果（4）~估计结果（6）中，当我们用非农产值比重来衡量二元经济结构时，二元经济结构的系数符号和显著性均为发生变化，表明二元经济转型会导致储蓄率上升的结论是比较稳健的。其他解释变量中，少儿抚养比的系数变得不显著，外国直接投资的系数也不显著，表明这两个变量的估计结果不稳健，而剩余解释变量的估计结果比较稳健。

### （二）二元经济结构与投资率

表6-6展示了投资率方程的固定效应估计结果。我们仍然以估计结果（3）为主进行分析。估计结果（3）显示，中国各省（市、区）的二元经济转型对投资率存在显著正向影响，二元经济转型会导致投资率上升，具体来说非农就业人口比重增加1个百分点会导致投资率上升0.75个百分点。技术进步对投资率也存在显著影响，人均GDP增长率增加1个百分点会导致投资率上升0.45个百分点。少儿抚养比和老年抚养比均对投资率存

在显著影响（不过影响方向相反），其中少儿抚养比上升 1 个百分点会导致投资率下降 0.51 个百分点，而老年抚养比上升 1 个百分点却会导致投资率上升 1.82 个百分点。开放度对投资率存在显著的负向影响，开放度上升 1 个百分点会导致投资率下降 0.13 个百分点。政府支出对投资率存在显著的正向影响，政府支出上升 1 个百分点会导致投资率上升 0.33 个百分点。外国直接投资对投资率存在显著的正向影响，Fdi 上升 1 个百分点会导致投资率上升 2.10 个百分点。实际有效汇率对投资率存在显著的正向影响，Rer 上升 1 个百分点会导致投资率上升 0.27 个百分点。

估计结果（1）~估计结果（3）中，二元经济结构的系数符号和显著性均为改变。其他解释变量中，只有少儿抚养比的估计结果不稳健。估计结果（4）~估计结果（6）中，当我们用非农产值比重来衡量二元经济结构时，二元经济结构的系数符号和显著性均为发生变化，表明二元经济转型会导致投资率上升的结论是比较稳健的。其他解释变量中，少儿抚养比和开放度的系数显著性出现变化，表明这两个变量的估计结果不稳健，而剩余解释变量的估计结果比较稳健。

**表 6-6　投资率方程固定效应估计结果**

| | (1) | (2) | (3) | (4) | (5) | (6) |
|---|---|---|---|---|---|---|
| Dua | 0.8887***<br>(0.0909) | 0.8409***<br>(0.0832) | 0.7539***<br>(0.0829) | | | |
| Dual | | | | 1.4863***<br>(0.1524) | 1.2252***<br>(0.1464) | 1.1930***<br>(0.1403) |
| Grow | 0.3843***<br>(0.0567) | 0.2817***<br>(0.0528) | 0.4484***<br>(0.0608) | 0.4487***<br>(0.0561) | 0.3586***<br>(0.0537) | 0.5662***<br>(0.0598) |
| You | -0.1086<br>(0.0921) | -0.6196***<br>(0.0983) | -0.5109***<br>(0.0982) | 0.0611<br>(0.1006) | -0.4615***<br>(0.1134) | -0.2825**<br>(0.1117) |
| Old | 2.6317***<br>(0.3057) | 1.9183***<br>(0.2881) | 1.8158***<br>(0.2818) | 1.8396***<br>(0.3136) | 1.3438***<br>(0.3002) | 1.2409***<br>(0.2879) |
| Open | -0.1672***<br>(0.0336) | -0.1690***<br>(0.0307) | -0.1272***<br>(0.0310) | -0.0853**<br>(0.0331) | -0.0935***<br>(0.0311) | -0.0472<br>(0.0306) |
| Gov | 0.6205***<br>(0.0884) | 0.4491***<br>(0.0825) | 0.3319***<br>(0.0837) | 0.5046***<br>(0.0930) | 0.4121***<br>(0.0880) | 0.2325***<br>(0.0883) |
| Fdi | | 2.1626***<br>(0.2151) | 2.0979***<br>(0.2102) | | 1.8819***<br>(0.2260) | 1.7914***<br>(0.2168) |

续表

| | (1) | (2) | (3) | (4) | (5) | (6) |
|---|---|---|---|---|---|---|
| Rer | | | 0.2670 * * *<br>(0.0518) | | | 0.3481 * * *<br>(0.0512) |
| 观测数 | 540 | 540 | 540 | 540 | 540 | 540 |
| $R^2$ | 0.63 | 0.70 | 0.71 | 0.63 | 0.68 | 0.71 |

注：括号中数字为标准误；* * * 、* * 、* 分别表示1%、5%、10%的显著性水平。

（三）二元经济结构与经常项目

表6－7展示了经常项目方程的固定效应估计结果。估计结果（3）显示，中国各省（市、区）的二元经济转型对经常项目存在显著正向影响，二元经济转型会导致经常项目上升，具体来说非农就业人口比重增加1个百分点会导致经常项目上升0.37个百分点。技术进步对经常项目存在显著的负向影响，人均GDP增长率增加1个百分点会导致经常项目下降0.17个百分点。少儿抚养比对经常项目不存在显著影响。老年抚养比对经常项目存在显著的负向影响，老年抚养比上升1个百分点却会导致经常项目下降0.52个百分点。开放度对经常项目存在显著的负向影响，开放度上升1个百分点会导致经常项目下降0.13个百分点。政府支出和外国直接投资均对经常项目不存在显著影响。实际有效汇率对经常项目存在显著的负向影响，Rer升值1个百分点会导致经常项目下降0.11个百分点。

估计结果（1）～估计结果（3）中，二元经济结构的系数符号和显著性均为改变。其他解释变量中，只有政府支出的估计结果发生显著变化，表明其估计结果不稳健。估计结果（4）～估计结果（6）中，当我们用非农产值比重来衡量二元经济结构时，二元经济结构的系数符号和显著性均为发生变化，表明二元经济转型会导致经常项目上升的结论是比较稳健的。其他解释变量中，少儿抚养比的系数依然不显著，而政府支出的系数则变为显著，外国直接投资的系数以不显著为主。

表 6-7　经常项目方程固定效应估计结果

| | (1) | (2) | (3) | (4) | (5) | (6) |
|---|---|---|---|---|---|---|
| Dua | 0.3296***<br>(0.0567) | 0.3320***<br>(0.0569) | 0.3671***<br>(0.0576) | | | |
| Dual | | | | 0.5457***<br>(0.0952) | 0.5804***<br>(0.0973) | 0.5867***<br>(0.0970) |
| Grow | -0.1032***<br>(0.0354) | -0.0981***<br>(0.0361) | -0.1654***<br>(0.0423) | -0.0793**<br>(0.0350) | -0.0673*<br>(0.0357) | -0.1080***<br>(0.0414) |
| You | -0.0726<br>(0.0575) | -0.0474<br>(0.0672) | -0.0913<br>(0.0683) | -0.0117<br>(0.0628) | -0.0575<br>(0.0753) | 0.0224<br>(0.0773) |
| Old | -0.5917***<br>(0.1909) | -0.5565***<br>(0.1970) | -0.5152***<br>(0.1960) | -0.8830***<br>(0.1958) | -0.8173***<br>(0.1994) | -0.7971***<br>(0.1992) |
| Open | -0.1156***<br>(0.0210) | -0.1155***<br>(0.0210) | -0.1323***<br>(0.0216) | -0.0853***<br>(0.0207) | -0.0842***<br>(0.0207) | -0.0933***<br>(0.0211) |
| Gov | -0.1161**<br>(0.0552) | -0.1076*<br>(0.0564) | -0.0603<br>(0.0582) | -0.1575***<br>(0.0581) | -0.1453**<br>(0.0585) | -0.1101*<br>(0.0611) |
| Fdi | | -0.1067<br>(0.1471) | -0.0806<br>(0.1462) | | -0.2494*<br>(0.1501) | -0.2317<br>(0.1500) |
| Rer | | | -0.1076***<br>(0.0360) | | | -0.0682*<br>(0.0354) |
| 观测数 | 540 | 540 | 540 | 540 | 540 | 540 |
| $R^2$ | 0.15 | 0.15 | 0.16 | 0.15 | 0.15 | 0.16 |

注：括号中数字为标准误；***、**、*分别表示1%、5%、10%的显著性水平。

## 四、两阶段最小二乘回归结果分析

前文中，我们用固定效应模型估计了中国省际二元经济结构变化对储蓄率、投资率和经常项目的影响。但是，如果计量模型存在内生性问题，那么估计结果的可信度将会受到影响。为了避免内生性问题，我们采用两阶段最小二乘方法（2SLS）对前文的计量模型进行重新估计，以增强实证结果的可信性。由于本书主要考察二元经济结构变化对经常项目的影响，而二元经济结构本身可能是内生变量，所以我们采用二元经济结构的一阶滞后变量作为工具变量进行2SLS估计。

### （一）二元经济结构与储蓄率

表6-8展示了储蓄率方程的2SLS估计结果。估计结果（1）~估计

结果（3）为采用非农就业人口比重衡量二元经济结构的结果，估计结果（2）在估计结果（1）的基础上增加了外国直接投资（Fdi）做解释变量，估计结果（3）在估计结果（2）的基础上增加了实际有效汇率（Rer）做解释变量；估计结果（4）～估计结果（6）为采用非农产值比重衡量二元经济结构的结果，估计结果（5）在估计结果（4）的基础上增加了外国直接投资（Fdi）做解释变量，估计结果（6）在估计结果（5）的基础上增加了实际有效汇率（Rer）做解释变量。后文表格中估计结果的顺序安排与此处一致。我们对实证结果的分析以估计结果（3）为主，将其他估计作为稳健性检验的部分予以考虑。

**表 6-8　储蓄率方程 2SLS 估计结果**

| | (1) | (2) | (3) | (4) | (5) | (6) |
|---|---|---|---|---|---|---|
| Dua | 0.3907***<br>(0.0652) | 0.3794***<br>(0.0652) | 0.2706***<br>(0.0650) | | | |
| Dual | | | | 0.6169***<br>(0.0976) | 0.5789***<br>(0.0995) | 0.5825***<br>(0.0950) |
| Grow | 0.1985***<br>(0.0372) | 0.1887***<br>(0.0373) | 0.2769***<br>(0.0394) | 0.2418***<br>(0.0354) | 0.2338***<br>(0.0356) | 0.3223***<br>(0.0364) |
| You | -0.0957*<br>(0.0557) | -0.1652**<br>(0.0646) | -0.1383**<br>(0.0627) | -0.0296<br>(0.0596) | -0.0929<br>(0.0702) | -0.0007<br>(0.0684) |
| Old | 1.2384***<br>(0.1743) | 1.1414***<br>(0.1729) | 1.1113***<br>(0.1731) | 0.8876***<br>(0.1754) | 0.8323***<br>(0.1784) | 0.8302***<br>(0.1705) |
| Open | -0.0962***<br>(0.0211) | -0.0943***<br>(0.0210) | -0.0596***<br>(0.0212) | -0.0663***<br>(0.0199) | -0.0654***<br>(0.0199) | -0.0348*<br>(0.0195) |
| Gov | -0.0897*<br>(0.0507) | -0.1103**<br>(0.0513) | -0.1766***<br>(0.0513) | -0.1266**<br>(0.0519) | -0.1352**<br>(0.0522) | -0.2533***<br>(0.0527) |
| Fdi | | 0.3119**<br>(0.1450) | 0.3119**<br>(0.1399) | | 0.2380*<br>(0.1442) | 0.2039<br>(0.1378) |
| Rer | | | 0.1801***<br>(0.0336) | | | 0.2143***<br>(0.0315) |
| 观测数 | 540 | 540 | 540 | 540 | 540 | 540 |
| $R^2$ | 0.38 | 0.39 | 0.43 | 0.41 | 0.41 | 0.47 |

注：括号中数字为标准误；***、**、* 分别表示 1%、5%、10% 的显著性水平。

估计结果（3）显示，中国各省（市、区）的二元经济转型对储蓄率存在显著正向影响，二元经济转型会导致储蓄率上升，具体来说非农就业人口比重增加1个百分点会导致储蓄率上升0.27个百分点。技术进步对储蓄率也存在显著影响，人均GDP增长率增加1个百分点会导致储蓄率上升0.28个百分点。少儿抚养比和老年抚养比均对储蓄率存在显著影响（不过影响方向相反），其中少儿抚养比上升1个百分点会导致储蓄率下降0.14个百分点，而老年抚养比上升1个百分点却会导致储蓄率上升1.11个百分点。开放度对储蓄率存在显著的负向影响，开放度上升1个百分点会导致储蓄率下降0.06个百分点。政府支出对储蓄率存在显著的负向影响，政府支出上升1个百分点会导致储蓄率下降0.18个百分点。外国直接投资对储蓄率存在显著的正向影响，Fdi上升1个百分点会导致储蓄率上升0.31个百分点。实际有效汇率对储蓄率存在显著的正向影响，Rer上升1个百分点会导致储蓄率上升0.18个百分点。

估计结果（1）~估计结果（3）中，二元经济结构的系数符号和显著性均为改变。其他解释变量的估计结果也未发生变化。估计结果（4）~估计结果（6）中，当我们用非农产值比重来衡量二元经济结构时，二元经济结构的系数符号和显著性均为发生变化，表明二元经济转型会导致储蓄率上升的结论是比较稳健的。其他解释变量中，少儿抚养比的系数变得不显著，外国直接投资的系数也出现不显著的情况，表明这两个变量的估计结果不稳健，而剩余解释变量的估计结果比较稳健。总体来说，2SLS的估计结果与固定效应模型的估计结果基本一致。说明我们的实证结果比较稳健。

（二）二元经济结构与投资率

表6-9展示了投资率方程的固定效应估计结果。我们仍然以估计结果（3）为主进行分析。估计结果（3）显示，中国各省（市、区）的二元经济转型对投资率存在显著正向影响，二元经济转型会导致投资率上升，具体来说非农就业人口比重增加1个百分点会导致投资率上升0.82个百分点。技术进步对投资率也存在显著影响，人均GDP增长率增加1个百分点会导致投资率上升0.44个百分点。少儿抚养比和老年抚养比均对投资率存在显著影响（不过影响方向相反），其中少儿抚养比上升1个百分点会导致投资率下降0.53个百分点，而老年抚养比上升1个百分点却会导致投资率上升1.81个百分点。开放度对投资率存在显著的负向影响，开放度上升

1 个百分点会导致投资率下降 0.15 个百分点。政府支出对投资率存在显著的正向影响，政府支出上升 1 个百分点会导致投资率上升 0.28 个百分点。外国直接投资对投资率存在显著的正向影响，Fdi 上升 1 个百分点会导致投资率上升 2.10 个百分点。实际有效汇率对投资率存在显著的正向影响，Rer 上升 1 个百分点会导致投资率上升 0.32 个百分点。

估计结果（1）~估计结果（3）中，二元经济结构的系数符号和显著性均为改变。其他解释变量中，只有少儿抚养比的估计结果出现不显著的情况，不够稳健。估计结果（4）~估计结果（6）中，当我们用非农产值比重来衡量二元经济结构时，二元经济结构的系数符号和显著性均为发生变化，表明二元经济转型会导致投资率上升的结论是比较稳健的。其他解释变量中，少儿抚养比的系数出现不显著性的情况，表明该变量的估计结果不稳健，而剩余解释变量的估计结果比较稳健。总体来说，2SLS 的估计结果与固定效应模型的估计结果基本一致。说明我们的实证结果比较稳健。

**表 6-9　投资率方程 2SLS 估计结果**

| | (1) | (2) | (3) | (4) | (5) | (6) |
|---|---|---|---|---|---|---|
| Dua | 1.0888***<br>(0.1192) | 1.0123***<br>(0.1115) | 0.8220***<br>(0.1111) | | | |
| Dua1 | | | | 1.6401***<br>(0.1832) | 1.3261***<br>(0.1763) | 1.3332***<br>(0.1666) |
| Grow | 0.3499***<br>(0.0680) | 0.2845***<br>(0.0637) | 0.4387***<br>(0.0673) | 0.4718***<br>(0.0664) | 0.4057***<br>(0.0631) | 0.5793***<br>(0.0639) |
| You | -0.1050<br>(0.1019) | -0.5726***<br>(0.1105) | -0.5255***<br>(0.1072) | 0.0507<br>(0.1119) | -0.4717***<br>(0.1245) | -0.2910**<br>(0.1198) |
| Old | 2.5097***<br>(0.3188) | 1.8577***<br>(0.3064) | 1.8050***<br>(0.2959) | 1.5676***<br>(0.3291) | 1.1107***<br>(0.3163) | 1.1066***<br>(0.2989) |
| Open | -0.2279***<br>(0.0385) | -0.2151***<br>(0.0359) | -0.1543***<br>(0.0362) | -0.0853**<br>(0.0331) | -0.1370***<br>(0.0352) | -0.0769**<br>(0.0342) |
| Gov | 0.5326***<br>(0.0928) | 0.3940***<br>(0.0876) | 0.2780***<br>(0.0876) | 0.4503***<br>(0.0975) | 0.3794***<br>(0.0925) | 0.1479<br>(0.0924) |
| Fdi | | 2.0979***<br>(0.2478) | 2.0980***<br>(0.2392) | | 1.9654***<br>(0.2555) | 1.8984***<br>(0.2416) |
| Rer | | | 0.3150***<br>(0.0575) | | | 0.4200***<br>(0.0553) |

续表

| | (1) | (2) | (3) | (4) | (5) | (6) |
|---|---|---|---|---|---|---|
| 观测数 | 540 | 540 | 540 | 540 | 540 | 540 |
| $R^2$ | 0.64 | 0.69 | 0.71 | 0.64 | 0.68 | 0.71 |

注：括号中数字为标准误；***、**、*分别表示1%、5%、10%的显著性水平。

（三）二元经济结构与经常项目

表6-10展示了经常项目方程的固定效应估计结果。估计结果（3）显示，中国各省（市、区）的二元经济转型对经常项目存在显著正向影响，二元经济转型会导致经常项目上升，具体来说非农就业人口比重增加1个百分点会导致经常项目上升0.37个百分点。技术进步对经常项目存在显著的负向影响，人均GDP增长率增加1个百分点会导致经常项目下降0.18个百分点。少儿抚养比对经常项目不存在显著影响。老年抚养比对经常项目存在显著的负向影响，老年抚养比上升1个百分点却会导致经常项目下降0.24个百分点。开放度、政府支出和外国直接投资均对经常项目不存在显著影响。实际有效汇率对经常项目存在显著的负向影响，Rer升值1个百分点会导致经常项目下降0.13个百分点。

估计结果（1）~估计结果（3）中，二元经济结构的系数符号和显著性均为改变。其他解释变量中，只有政府支出的估计结果发生显著变化，表明其估计结果不稳健。估计结果（4）~估计结果（6）中，当我们用非农产值比重来衡量二元经济结构时，二元经济结构的系数符号和显著性均为发生变化，表明二元经济转型会导致经常项目上升的结论是比较稳健的。其他解释变量中，少儿抚养比和外国直接投资的系数依然不显著，而开放度和政府支出的系数则出现显著的情况。总体来说，2SLS的估计结果与固定效应模型的估计结果基本一致。说明我们的实证结果比较稳健。

**表 6－10　经常项目方程 2SLS 估计结果**

| | (1) | (2) | (3) | (4) | (5) | (6) |
|---|---|---|---|---|---|---|
| Dua | 0.2928*** | 0.2934*** | 0.3696*** | | | |
| | (0.0544) | (0.0548) | (0.0559) | | | |
| Dual | | | | 0.2965*** | 0.3013*** | 0.3000*** |
| | | | | (0.0844) | (0.0863) | (0.0857) |
| Grow | −0.1140*** | −0.1135*** | −0.1753*** | −0.0790** | −0.0780** | −0.1103*** |
| | (0.0310) | (0.0313) | (0.0339) | (0.0306) | (0.0309) | (0.0329) |
| You | 0.0188 | 0.0224 | 0.0035 | 0.0086 | 0.0166 | −0.0170 |
| | (0.0465) | (0.0543) | (0.0540) | (0.0516) | (0.0609) | (0.0616) |
| Old | −0.2669* | −0.2619* | −0.2407* | −0.4558*** | −0.4488*** | −0.4480*** |
| | (0.1454) | (0.1505) | (0.1490) | (0.1516) | (0.1548) | (0.1537) |
| Open | −0.0110 | −0.0109 | −0.0134 | −0.0340** | −0.0339** | 0.0227 |
| | (0.0176) | (0.0176) | (0.0182) | (0.0172) | (0.0172) | (0.0176) |
| Gov | −0.1144** | −0.1133*** | −0.0668 | −0.0989** | −0.0978** | −0.0547 |
| | (0.0423) | (0.0430) | (0.0441) | (0.0449) | (0.0452) | (0.0475) |
| Fdi | | −0.0163 | −0.0163 | | −0.0302 | −0.0178 |
| | | (0.1217) | (0.1204) | | (0.1250) | (0.1242) |
| Rer | | | −0.1262*** | | | −0.0782*** |
| | | | (0.0289) | | | (0.0284) |
| 观测数 | 540 | 540 | 540 | 540 | 540 | 540 |
| $R^2$ | 0.08 | 0.08 | 0.10 | 0.05 | 0.05 | 0.07 |

注：括号中数字为标准误；***、**、*分别表示1%、5%、10%的显著性水平。

## 第三节　本章小结

本章首先利用中国 1994—2011 年国家层面的季度时间序列数据实证分析了二元经济结构变化对经常项目产生的影响，然后利用 1994—2011 年中国 30 个省（市、区）的面板数据实证分析了二元经济结构变化对经常项目产生的影响。

本章通过 SVAR 估计中国的时间序列数据。SVAR 包含 5 个内生变量：工业全要素生产率、二元经济结构、经常项目、储蓄和投资。时间序列数据实证结果显示：①工业全要素生产率上升会导致当期经常项目改善（出现顺差)，然后在第 2 期时经常项目进一步改善，并达到最高值。从第 3 期开始，经常项目出现逆差。随后，经常项目逐渐向均衡状态回归。工业全要素生产率的正向冲击会导致经常项目短期出现顺差的结果与第三章代理人模型的结论不符，但却与第四章 OLG 模型的结论一致。②相比于来自工业全要素生产率的冲击，来自二元经济转型的冲击对经常项目产生的影响明显更持久。二元经济转型会导致经常项目在第 1 期出现短暂的小幅逆差，然后从第 2 期开始出现持续的顺差。经常项目顺差幅度自第 5 期之后开始逐渐下降，并与第 20 期左右基本恢复均衡状态。由于我们采用的是季度数据，所以经常项目在第 1 年的动态反应总体来说是改善的。然后直至第 5 年左右恢复新的平衡。以上结果不支持第三章代理人模型的理论结论，却支持第四章 OLG 模型的理论结论。③二元经济转型冲击会导致储蓄在第 1 季度出现下降，然后从第 2 季度开始出现上升。储蓄对二元经济转型冲击的脉冲响应呈现出先上升再衰减的态势。总体来说，储蓄在受冲击的第 1 年内呈现上升态势。该结果与代理人模型的理论结论不符，但却与 OLG 模型的理论结论一致。④二元经济转型冲击会导致投资也在第 1 季度出现下降，然后从第 2 季度开始出现上升。投资对二元经济转型冲击的脉冲响应也呈现出先上升再衰减的态势。总体来说，投资在受冲击的第 1 年内呈现上升态势。该结果与代理人模型和 OLG 模型的理论结论均一致。因为前文中的两个理论模型均认为二元经济转型会导致投资上升。

本章分别采用固定效应模型和两阶段最小二乘方法来估计中国的省际面板数据，并分别采用非农就业人口比重和非农产值比重两种指标来衡量二元经济结构。实证结果显示：中国省际二元经济结构变化对储蓄率、投资率和经常项目均存在显著影响；二元经济转型会导致储蓄率和投资率同时上升，进而导致经常项目余额改善。也就是说，中国的劳动力向非农业部门转移倾向于导致经常项目顺差。

总体来说，本章采用中国数据的实证结果支持第四章 OLG 框架下经常项目跨期模型的结论。

# 结　论

本书主要研究中国的二元经济转型如何影响经常项目。由于现有的关于中国经常项目问题的理论和实证研究较少从二元经济转型的角度出发，因此我们需要首先将二元经济结构引入经常项目跨期模型，建立一个二元经济结构和经常项目均内生的基准动态模型。然后，利用该模型在理论上分析二元经济结构与经常项目的互动关系，重点分析二元经济转型对经常项目产生的动态影响。最后，分别利用世界各国面板数据和中国数据对理论模型进行实证检验。

在本书第二章，我们分析了改革开放以来中国二元经济结构和经常项目的历史演变情况。通过分析我们发现：①中国的二元经济结构自改革开放以来就呈现出显著的变化。中国的农业劳动力在不断地向非农业部门转移。与此同时，中国的农业产值占比也在持续下降。各个省（市、区）的情况虽然存在一些差异，但是总体趋势比较统一。全国的数据和各省（市、区）的数据均表明，中国的二元经济转型进程在不断推进，且速度较快。然而，虽然中国的二元经济转型已经取得了较大的成功，但是该进程仍需要得到进一步推进。2010 年，美国和日本的非农就业人口占比分别为 98.4% 和 96.3%；美国和日本的非农产值占比分别为 98.81% 和 98.82%。而中国 2012 年的非农就业人口占比和非农产值占比分别为 66.4% 和 89.91%。可见，无论从哪个指标来看，中国的二元经济转型都还有一定的路途要走。②中国的经常项目持续顺差自 1994 年开始出现，并于 2007 年达到顶峰，随着全球金融危机的爆发而有所缓解。中国的经常项目持续顺差对应着储蓄率持续高于投资率的状态。与世界平均水平相比，中国的投资率已经处于较高的水平，然而储蓄率相较于投资率却更高。

第三章中，我们在代理人框架下建立了一个具有二元经济结构的经常项目跨期模型。我们首先利用该模型分析了工业部门全要素生产率的永久性增长对二元经济结构、经常项目和福利的动态影响，然后从中分离出二元经济转型对经常项目的影响以及经常项目动态调整对于二元经济转型的意义。理论模型结果显示：①工业部门全要素生产率的永久性增长会导致二元经济转型（即剩余劳动力由农业部门向工业部门转移），且长期二元经济转型程度高于短期；同时会导致经常项目逆差和本国福利增加。②二元经济结构的引入不会改变工业生产率增长对经常项目的动态影响方向，但是却会加强经常项目的动态反应幅度。具体来说，二元经济转型使得工业生产率增长所导致的经常项目的逆差幅度更大。并且，二元经济转型因素的存在加强了工业生产率增长的福利效应，导致本国福利增加更多。另外，数值模拟的结果显示，劳动力流动壁垒越低，工业部门生产率增长所需的经常项目逆差越大，所导致的福利增加幅度越大。总体来说，二元经济转型倾向于导致经常项目余额下降。③在不存在经常项目动态调整的情况下，工业部门的生产率增长使经济面临消费波动和二元经济转型进程减缓的两难选择，二者不能兼得。而经常项目动态存在的意义在于解决了经济面临的两难选择问题，即可以使经济在实现居民消费完全平滑的同时，促进二元经济转型。

第四章中，我们在 OLG 框架下建立了一个具有二元经济结构的经常项目跨期模型。因为代理人模型和 OLG 模型在分析同一个问题时有可能得出不同的结论。理论模型的结果显示：①工业部门全要素生产率的永久性增长会导致二元经济转型（即剩余劳动力由农业部门向工业部门转移），且长期二元经济转型程度高于短期。②第 t 期工业部门全要素生产率的永久性增长会导致当期的经常项目发生变化，但是变化方向不确定（取决于总储蓄和总投资的相对变化幅度）；会导致第 t + 1 期的经常项目出现顺差，然后经常项目在第 t+2 期实现平衡，进入新的稳态。③二元经济转型因素的存在会对短期经常项目的动态变化产生正向拉动作用，即二元经济转型倾向于导致经常项目余额上升。④OLG 模型的结论与代理人模型存在明显差异。其中，代理人模型认为二元经济转型会导致经常项目恶化，而 OLG 模型则认为二元经济转型会导致经常项目改善。

由于前面两章的理论模型在二元经济转型如何影响经常项目的问题上得出了截然不同的结论，所以我们需要利用现实数据来进行实证检验。第五章中，我们采用 120 个国家（或地区）1990—2011 年的面板数据实证研究了二元经济结构变化对储蓄率、投资率和经常项目的影响。我们分别对 4 个样本进行实证研究：全体国家样本、37 个高收入国家样本、60 个中等收入国家样本和 23 个低收入国家样本。①全体国家样本的实证结果显示：储蓄率、投资率和经常项目余额均具有明显的惯性特征；二元经济结构变化对储蓄率、投资率和经常项目均存在显著影响，二元经济转型会导致储蓄率和投资率上升，但是由于其对储蓄率的影响大于对投资率的影响，所以最终会导致经常项目上升。②高收入国家的实证结果显示：高收入国家的二元经济结构变化对储蓄率和经常项目存在显著影响，而对投资率却没有显著影响，说明高收入国家的二元经济结构主要通过储蓄渠道影响经常项目；高收入国家的二元经济转型会导致储蓄率上升，并最终导致经常项目上升。③中等收入国家的实证结果显示：二元经济结构变化对经常项目存在显著影响，中等收入国家的二元经济转型会导致经常项目上升。④低收入国家的实证结果显示：二元经济结构变化对储蓄率、投资率和经常项目均存在显著影响，二元经济转型会导致储蓄率和投资率上升，最终导致经常项目下降，但是该结果稳健性不强。总体来说，本章的实证研究结果支持 OLG 模型得出的二元经济转型会导致经常项目上升的结论。

第六章中，我们首先利用中国 1994—2011 年国家层面的季度时间序列数据实证分析了二元经济结构变化对经常项目产生的影响，然后利用 1994—2011 年中国 30 个省（市、区）的面板数据实证分析了二元经济结构变化对经常项目产生的影响。本章通过 SVAR 估计中国的时间序列数据。

时间序列数据实证结果显示：①工业全要素生产率上升会导致当期经常项目改善（出现顺差），然后在第 2 期时经常项目进一步改善，并达到最高值。从第 3 期开始，经常项目出现逆差。随后，经常项目逐渐向均衡状态回归。②相比于来自工业全要素生产率的冲击，来自二元经济转型的冲击对经常项目产生的影响明显更持久。总体来说，二元经济转型会导致经常项目在第 1 年出现改善，然后直至第 5 年左右回复新的平衡。以上结果不支持第三章代理人模型的理论结论，却支持第四章 OLG 模型的理论结论。③二元经济转型冲击会导致储蓄在第 1 年内呈现上升态势，导致投资也在第 1 年内呈现上升态势。

中国省际面板数据的实证结果显示：中国省际二元经济结构变化对储蓄率、投资率和经常项目均存在显著影响；二元经济转型会导致储蓄率和投资率同时上升，进而导致经常项目余额改善。也就是说，中国的劳动力向非农业部门转移倾向于导致经常项目顺差。总体来说，第六章采用中国数据的实证结果支持 OLG 框架下经常项目跨期模型的结论。

综上所述，本书的主要结论如下：①中国的二元经济转型进程（劳动力向非农业部门转移）自改革开放以来持续推进，并取得了巨大的成功。但是与发达国家相比，我们的二元经济转型仍未完成，尚存在较大推进空间。中国的经常项目自 1994 年以来持续顺差，顺差幅度先升后降。②我们在代理人框架下建立的具有二元经济结构的经常项目跨期模型显示：二元经济转型会导致经常项目恶化。而我们在 OLG 框架下建立的具有二元经济结构的经常项目跨期模型却显示：二元经济转型会导致经常项目改善。之所以出现相反结论的原因在于，代理人模型下，二元经济转型会导致储蓄下降而投资上升，进而导致经常项目恶化；而 OLG 模型下，二元经济转型会同时导致储蓄和投资上升，但是储蓄的上升幅度超过了投资，所以最终导致经常项目改善。③基于世界样本和中国数据的实证研究结果表明：二元经济转型倾向于导致储蓄率和投资率同时上升，并最终改善经常项目，支持 OLG 模型的结论。

本书的研究在理论和实证方面为中国过去的经常项目顺差提供了一个

新的解释，即二元经济转型是导致中国经常项目顺差的一个主要原因。虽然国内部分学者也从劳动力转移的角度对中国的贸易顺差（或经常项目顺差）进行了解释，但是这些解释无论在理论分析框架方面，还是在传导机制方面均与本书存在较大差异。现有研究通常认为中国农业存在较多剩余劳动力，剩余劳动力向工业部门转移导致中国生产了大量低成本制造品。当国内需求不能消化这些制造品时，就只能依靠出口，进而导致贸易顺差（或经常项目顺差）。另外，由于中国存在大量的剩余劳动力需要转移到非农业部门，所以劳动力的成本很低，吸引了大量的外国直接投资，进而导致全球范围内的国际分工出现，即中国成为世界工场，最终导致中国大量出口，并形成经常项目顺差。我们认为现有研究存在以下问题：①现有研究通常用贸易顺差替代经常项目顺差，认为劳动力转移会导致中国出口增加，就会导致贸易顺差（或经常项目顺差），却忽略了劳动力转移在理论上也会导致进口增加。如果综合考虑出口和进口，则劳动力转移不一定会导致贸易顺差（或经常项目顺差）。②现有研究实质上属于局部均衡分析，只考虑劳动力转移通过出口对贸易收支产生的影响。③现有研究并未建立分析劳动力转移影响经常项目的理论模型。

相对于现有研究，本书在理论分析方面严格按照经常项目的定义，没有用贸易收支代替经常项目。本书建立了能够分析二元经济转型如何影响经常项目的理论模型。由于经常项目恒等于储蓄与投资之差，而本书的理论模型能够综合分析二元经济转型通过储蓄渠道和投资渠道产生的最终影响，因此属于一般均衡分析。另外，本书模型的传导机制与现有研究存在显著差别。本书模型中的二元经济转型主要通过储蓄和投资两个渠道影响经常项目。

本书的研究结论为以中国为代表的发展中国家（和转型国家）的经常项目顺差提供了理论和实证方面的依据。但是，这并不意味着中国保持任意幅度的经常项目顺差都是合理的。中国的二元经济转型只是导致经常项目顺差的主要原因之一，而不是全部。中国 2005—2008 年的大幅经常项目顺差存在由其他因素导致的不合理部分。对于过度盈余的部分，我们应采取措施予以消除。鉴于中国的二元经济转型尚未完成，所以如果从劳动力转移的角度来看，中国的经常项目顺差仍然会持续一定的时间。另外，我们的实证研究发现，中国的人口老龄化会导致经常项目恶化。而中国的人口年龄结构即将迎来转折点，劳动年龄人口比重回逐渐呈现下降趋势，老龄化趋势会愈加明显。所以由人口老龄化导致的经常项目恶化的力量会部分抵消由劳动力转移导致的经常项目顺差。因此，在没有其他外生冲击的情况下，中国未来的经常项目顺差幅度会得到持续缓解。到中国的二元经济转型基本完成之后，中国的经常项目会主要由人口老龄化驱动而出现逆差。

# 参考文献


[1] Aizenman, Joshua and Yothin Jinjarak. Real Estate Valuation, Current Account and Credit Growth Patterns, Before and After the 2008 - 9 Crisis, NBER Working Paper 19190.

[2] Arellano M, and Stephen Bond. Some Tests of Specification for Panel Data: Monte Carlo Evidence and an Application to Employment Equation [J]. Review of Economic Studies, 1991, 58: 277 -297.

[3] Blanchard O. J. Debt, Deficits, and Finite Horizons [J]. Journal of Political Economy, 1985, 93: 223 -247.

[4] Blanchard, Olivier. Current Account Deficits in Rich Counteries [R]. NBER Working Paper, 2007: 12925.

[5] Blanchard O., and D. Quah. The Dynamic Effects of Aggregate Demand and Supply Disturbances [J]. American Economic Review, 1989, 79 (4): 655 -673.

[6] Bloom D. and D. Canning. Global Demographic Change: Dimensions and Economic Significance [J]. Harvard Initiatives for Global Health, Working Paper Series, 2005 (1).

[7] Blundell R. and Stephen Bond. Initial Conditions and Moment Restrictions in Dynamic Panel Data Models [J]. Journal of Econometrics, 1998, 87: 115 - 143.

[8] Buiter W. H. Time Preference and International Lending and Borrowing in an Overlapping – generations Model [J]. Journal of Political Economy, 1981, 89: 769 – 797.

[9] Cai, Donghan. An Economic Growth Model with Endogenous Labor Shift under a Dual Economy [J]. Applied Mathematics Letters, 2008, 21. 774 – 779.

[10] Chinn M. D. and Prasad E. S. Medium – term Determinants of Current Account in Industrial and Developing Countries: An Empirical Exploration [J]. Journal of International Economics, 2003, 59 (1): 47 – 76.

[11] Choi, Horag, Nelson C. Mark and Donggyu Sul. Endogenous Discounting, the World Saving Glut and the U. S. Current Account [R] . NBER Working Paper, 2007: 13571.

[12] Coale A. J. , Hoover E. M. Population Growth and Economic Development in Low Income Countries [J]. Princeton: Princeton University Press, N. J. , 1958.

[13] Corsetti, Giancarlo. New Open Economy Macroeconomics [J]. Working Paper from Internet, 2007.

[14] Dekle R. Demographic Destiny, Per – capita Consumption and the Japanese Saving Investment Balance [J]. Oxford Review of Economic Policy, 2000, 16 (2): 46 – 60.

[15] Dekle R. Financing Consumption in an Aging Japan: The Roles of Foreign Capital Inflows and Immigration [R]. NBER Working Paper, No. 10781, National Bureau of Economic Research, Cambridge, MA, 2004.

[16] Dixit, Avinash. Growth Patterns in a Dual Economy [J]. Oxford Economic Papers, New Series, 1970, 22 (2): 229 – 234.

[17] Domeij, David, and Martin Flodén. Population Aging and International Capital Flows [J]. International Economic Review, 2006, 47 (3): 1013 – 1032.

[18] Du, Qingyuan and Shang – Jin Wei. A Sexually Unbalanced Model of

Current Account Imbalances [J]. NBER Working Paper 16000, 2010.

[19] Engel C. and K. Kletzer. Saving and Investment in an Open Economy with Non - traded Goods [J]. International Economic Review, 1989, 30: 735 - 752.

[20] Erik L. Capital Flows and Demographics: An Asian Perspective [R]. IMF Working Paper 08/8, IMF, 2008.

[21] Espen R. Henriksen. A Demographic Explanation of U. S. and Japanese Current Account Behavior [R]. Working Paper, 2002.

[22] Feldstein, Martin S. Resolving the Global Imbalance: The Dollar and the U. S. Saving Rate [J]. NBER Working Paper, 2008: 13952.

[23] Feroli M. Capital flows among the G - 7 Nations: A demographic Perspective [R]. Finance And Economics Discussion Series 54, 2003.

[24] Feroli, Michael. Demography and the U. S. Current Account Deficit [J]. North American Journal of Economics and Finance, 2006, 17: 1 - 16.

[25] Ferrero, Andrea, and Mark Gertler, and Lars E. O. Svensson. Current Account Dynamics and Monetary Policy [R]. NBER Working Paper No., 2008: 13906.

[26] Fougère, Maxime, and Marcel Mérette. Population Ageing and the Current Account in Selected OECD Countries [J]. Working Papers - Department of Finance Canada, 1998.

[27] Ghosh A. R., Ostry J. D. The Current Accoune in Developing Countries: A Perspective from the Consumption Smoothing Approach [J]. World Bank Economic Review, 1995 (9): 305 - 333.

[28] Gruber J. W., Kamin S. B. Explaining the Global Pattern of Current Account Imbalances [J]. Journal of International Money and Finance, 2007, 26 (1): 500 - 522.

[29] Henriksen, Espen R. A Demographic Explanation of U. S. and Japanese Current Account Behavior [J]. Working Paper (http: //pages. stern. nyu. edu/ ~ dbackus/BCH/Henriksen_ CA_ 02. pdf).

[30] Herbertsson T., Zoega G. Trade Surpluses and Life – Cycle Saving Behavior [J]. Economies Letters, 1999 (65): 227 – 237.

[31] Higgins M. Demography, National Savings and International Capital flows [J]. International Economic Review, 1998, 39 (2): 343 – 369.

[32] Jorgenson D. W. The Development of a Dual Economy [J]. Economic Journal, 1961, 71 (282): 309 – 334.

[33] JorgensonD. W. Surplus Agricultural Labor and the Development of a Dual Economy [J]. Oxford Economic Papers, 1967, 19 (3): 288 – 312.

[34] Ju, Jiandong and Wei ShangJin. Current Account Adjustment: Some New Theory and Evidence [J]. NBER Working Paper, 2007: 13388.

[35] Karras, Georgios. Demographic Change and the Current Account: Theory and Empirical Evidence [J]. Journal of Economic Asymmetries, 2009, 6 (1).

[36] Kim, Soyoung, and Jong – Wha Lee. Demographic Changes, Saving, and Current Account in East Asia [J]. Asian Economic Papers, 2007, 6: 2.

[37] Krugman P. R., Baldwin R. E., Bosworth B., et al. The Persistence of the U. S. trade deficit [R]. Brookings Papers on Economic Activity, 1987.

[38] Lau E., Baharumshah A. Z., Habibullah M. S. Accounting for the Current Account Behavior in ASEAN – 5 [R]. Munich Personal Repec Archive, January, 2007: 1322.

[39] Lewis, W. A. Economic Development with Unlimited Supplies of Labor [J]. The Manchester School of Economic and Social Studies, 1954, 22 (2): 139 – 191.

[40] Mai, Yinhua and Xiujian Peng. Estimating the Size of Rural Labour Surplus in China – A Dynamic General Equilibrium Analysis [J]. Centre of Policy Studies Monash University General Paper No. G – 189, 2009.

[41] Mao, Rui and Yang Yao. Structural Change in an Open Economy [J]. China Center for Economic Research Working Paper Series No. E2010010,

2010.

[42] Matthew Higgins and Jeffrey Williamson. Age structure Dynamics in Asia and Dependence on Foreign Capital [J]. Population and Development Review, 1997, 23 (2).

[43] Modigliani F. The Life – cycle Hypothesis of Saving and Intercountry Differences in Saving Ratios [J]. In: Eltis, W. A. (Ed.), Induction, Growth, and Trade. Clarendon Press, London, 1970: 197 – 225.

[44] Obstfeld M., Rogoff K. The Unsustainable US Current Account Position Revisited [M]. National Bureau of Economic Research, 2004.

[45] Obstfeld M., Rogoff K. New Directions for Stochastic Open Economy Models [J]. Journal of International Economics, 2000 (50): 117 – 153.

[46] Obstfeld, Maurice, and Kenneth Rogoff. The Intertemporal Approach to the Current Account [R]. NBER Working Paper 4893, 1994.

[47] Obstfeld, Maurice, and Kenneth Rogoff. Foundations of International Macroeconomics [J]. Cambridge, MA: MIT Press, 1996.

[48] Obstfeld, Maurice, and Kenneth Rogoff. Exchange Rate Dynamics Redux [J]. Journal of Political Economy, 1995 (103): 624 – 660.

[49] Obstfeld, Maurice. International Macroeconomics: Beyond the Mundell – Fleming Model [R]. NBER Working Paper No. 8369, 2001.

[50] Peng, Xiujian. Demographic Shift, Population Ageing and Economic Growth in China: A Computable General Equilibrium Analysis [J]. Pacific Economic Review, 2008 (13): 5, 680 – 697.

[51] Persson T. Deficits and intergenerational welfare in open economies [J]. Journal of International Economics, 1985 (19): 1 – 19.

[52] Restuccia D., Yang D. T., & Zhu [J]. X. Agriculture and Aggregate Productivity: A Quantitative Cross – country Analysis [J]. Journal of Monetary Economics, 2008 (55): 234 – 250.

[53] Roodman D. How to do Xtahond2: An Introduction to "Difference"

and "System" GMM in Stata [EB/OL]. http: //www. Center for Global Development, Washington, 2006.

[54] Sachs J. D. The Current Account and Macroeconomic Adjustment in the 1970s [J]. Brookings Papers on Economic Activity, 1981: 201 - 268.

[55] Sachs J. D. The Current Account in the Macroeconomic Adjustment Process [J]. Scandinavian Journal of Economics, 1982, 84: 147 - 159.

[56] Sachs, Jeffrey, Xiaokai Yang, and Dingsheng Zhang. Globalization, dual Economy, and Economic Development [J]. China Economic Review, 2000 (11): 189 - 209.

[57] Sims C. Macroeconomics and Reality [J]. Econometrica, 1980 (48): 1 - 48.

[58] Svensson, Lars E. O. and Assaf Razin. The Terms of Trade and the Current Account: The Harberger - Laursen - Metzler Effect [J]. Journal of Political Economy, 1983 (91): 97 - 125.

[59] Taylor A. Debt, Dependence and the Demographic Transition: Latin America into the Next Century [J]. World Development, 1995, 23 (5): 869 - 879.

[60] Temple J. Dual Economy Models: A Primer for Growth Economists [J]. The Manchester School, 2005, 73 (4): 435 - 478.

[61] Temple J. & Woessmann L. Dualism and Cross - country Growth Regressions [J]. Journal of Economic Growth, 2006, 11 (3): 187 - 228.

[62] Todaro, Michael P. A Model for Labor Migration and Urban Unemployment in Less Developed Countries [J]. American Economic Review, 1969, 59 (1): 138 - 148.

[63] Ventura, Jaume. Towards a Theory of Current Accounts [J]. NBER Working Paper, 2002: 9163.

[64] Vollrath, Dietrich. The Dual Economy in Long - run Development [J]. Journal of Economic Growth, 2009 (14): 287 - 312.

［65］ Wilson, Dominic, and Swarnali Ahmed. Current Accounts and Demographics: The Road Ahead［J］. Global Economics Paper No: 202（http://www.finfacts.ie/biz10/GS－Current AccountsandDemographics.pdf）.

［66］ Yi, Kei－Mu and Jing Zhang. Structural Change in an Open Economy［EB/OL］. Working Paper, http://www－personal.umich.edu/～jzhang/papers/Yi_ Zhang_ Structural.pdf, 2011.

［67］ 奥博斯特·弗尔德，罗格夫．高级国际金融学教程［M］．北京：中国金融出版社，2002.

［68］ 巴蒂·H. 巴尔塔基．面板数据计量经济分析［M］．白仲林等译．北京：机械工业出版社，2010.

［69］ 蔡昉．人口转变如何影响“十二五”时期的经济发展［J］．比较，2011（2）.

［70］ 蔡昉．如何进一步转移农村剩余劳动力？［J］．中共中央党校校报，2012（1）.

［71］ 蔡昉．山东省的人口流动：原因、趋势以及与全国的比较［J］．山东经济，1996（2）：18－21.

［72］ 陈诚．基于序列 DEA 方法：中国全要素生产率的再测算［J］．武汉金融，2010（8）：31－34.

［73］ 陈强．高级计量经济学及 Stata 应用［M］．北京：高等教育出版社，2010.

［74］ 陈雨露，汪昌云．金融学文献通论（宏观金融卷）［M］．北京：中国人民大学出版社，2006.

［75］ 陈智君，胡春田．中国应该以经常项目逆差为目标吗——以人口结构变迁为视角［J］．当代经济科学，2009（4）：1－10.

［76］ 陈宗胜，黎德福．内生农业技术进步的二元经济增长模型——对“东亚奇迹”和中国经济的再解释［J］．经济研究，2004（11）.

［77］ 陈宗胜．经济发展中的收入分配［M］．上海：上海人民出版社，1994：324－329.

[78] 甘小芳，许少强．中国储投缺口结构对经常项目顺差的影响［J］．世界经济研究，2011（1）：28－33.

[79] 甘小芳，许少强．中美日三国经常项目失衡原因比较研究——基于跨期均衡的视角［J］．国际金融研究，2010（11）：29－36.

[80] 甘小芳．中国经常项目顺差成因研究［D］．复旦大学博士学位论文，2011.

[81] 高帆．论二元经济结构的转化趋向［J］．经济研究，2005（9）.

[82] 高国力．区域经济发展与劳动力迁移［J］．南开经济研究，1995（2）：27－32.

[83] 高铁梅．计量经济分析方法与建模：EViews 应用及实例［M］．北京：清华大学出版社，2006.

[84] 郭涛，宋德勇．农村劳动力转移的二元经济内生增长模型［J］．南方经济，2006（8）.

[85] 韩剑，张二震．基于跨时最优模型的中国经常项目余额波动研究［J］．经济科学，2009（6）：50－57.

[86] 何帆．全球国际收支失衡和中国的对策［J］．中国改革，2005（1）.

[87] 何帆，张明．中国国内储蓄、投资和贸易顺差的未来演进趋势［J］．财贸经济，2007（5）：79－85.

[88] 何志强．东南亚一些国家近期的储蓄、投资与经常账户盈余探析［J］．国际金融研究，2007（5）：22－29.

[89] 华民．世界经济结构失衡与中国的选择［N］．解放日报，2007－03－15.

[90] 姜波克．国际金融新编（第四版）［M］．上海：复旦大学出版社，2008.

[91] 焦武，许少强．中国国际收支失衡与战略性政策调节研究［J］．财贸经济，2007（11）：94－101.

[92] 金玉国，王建香．中国工业利润对内生冲击的动态响应：

1977—2007——基于结构向量自回归（SVAR）模型的实证研究［J］. 郑州航空工业管理学院学报，2009，27（4）：1-6.

［93］李洁，张建清. 全球经常项目失衡问题探析［J］. 数量经济技术经济研究，2007（2）：46-53.

［94］李晓峰，朱九锦. 我国经常项目失衡与收入变动的关系——基于跨期消费平滑模型和我国的数据［J］. 国际贸易问题，2010（6）：16-23.

［95］连玉君. 融资约束与流动性管理行为［J］. 金融研究，2010（10）.

［96］刘伟，陈静. 金融深化、财政支出与经常项目顺差［J］. 国际经贸探索，2011（7）：55-61.

［97］卢锋. 中国国际收支双顺差现象研究：对中国外汇储备突破万亿美元的理论思考［J］. 世界经济，2006（11）：3-10.

［98］鲁晓东，连玉君. 中国工业企业全要素生产率估计：1999—2007［J］. 经济学季刊，2012，11（2）：541-558.

［99］马丹. 全要素生产率增长、二元经济转型与最优经常项目余额［D］. 浙江工商大学金融学院工作论文，2012.

［100］马丹. 人口年龄结构、人口产业结构与经常项目动态——来自中高等收入国家的经验证据［D］. 浙江工商大学金融学院工作论文，2012.

［101］马丹，姚蓉蓉. 经常项目跨期模型能解释中国的经常项目动态行为吗?［J］. 金融理论与实践，2013（6）.

［102］任亚男，顾红侠. 中国经常项目顺差原因探析——基于人口年龄结构视角［J］. 北方经济，2008（11）：13-14.

［103］邵宜航，刘雅南. 二元经济的结构转变与增长分析［J］. 数量经济技术经济研究，2007（10）.

［104］施建淮. 全球经济失衡的调整及其对中国经济的影响［J］. 国际经济评论，2006（2）.

［105］佟家栋，云蔚，彭支伟．新型国际分工、国际收支失衡与金融创新［J］．南开经济研究，2011（3）：3－15.

［106］佟家栋，周燕．二元经济、刘易斯拐点和中国对外贸易发展战略［J］．经济理论与经济管理，2011（1）：18－26.

［107］汪伟．人口结构变化与中国贸易顺差：理论与实证研究［J］．财经研究，2012（8）．

［108］王晨烨．人口年龄结构、储蓄率与经常项目关系：基于中国的经验研究［D］．浙江大学硕士学位论文，2007.

［109］王青，张峁．分权后财政支出与居民消费关系研究——基于省际面板数据的广义矩估计分析［J］．经济经纬，2010（4）．

［110］王仁言．人口年龄结构、贸易差额与中国汇率政策的调整［J］．世界经济，2003（9）．

［111］王叙果．金融约束：经常项目失衡分析的新思路［J］．财贸经济，2006（9）：86－89.

［112］王荧，郭碧銮．全要素生产率测算方法解析［J］．上海商学院学报，2010，11（5）：85－91.

［113］王宇鹏，耿德伟，王育森．人口年龄结构转变与经常项目余额：理论与实证——来自世界135个国家的经验证据［J］．南方人口，2012，27（2）：21－29.

［114］徐家杰．中国全要素生产率估计：1978—2006［J］．亚太经济，2007（6）：65－68.

［115］徐晟．人口年龄结构影响国际收支的传导机制：中国人口红利的削减与国际收支双顺差［J］．财贸经济，2008（5）．

［116］许少强，甘小芳．消费行为与经济冲击对中国经常项目的影响——基于跨期最优消费理论的实证分析［J］．金融研究，2010（10）：36－53.

［117］杨继军，范从来．刘易斯拐点、比较优势蝶化与中国外贸发展方式的选择［J］．经济学家，2012（2）：22－29.

［118］杨继军. 人口因素如何挑起外贸失衡：现象描述、理论模型与数值模拟［J］. 国际贸易问题，2010（11）.

［119］尹向飞. 1992—2005 年中国全要素生产率增长及其分解基于确定性前沿生产模型的实证研究［J］. 信息系统工程，2009（9）：113－117.

［120］余永定. 世界经济大环境和中国经济结构调整［J］. 国际经济评论，2011（6）.

［121］余永定. 全球经济不平衡与中国的调整［J］. 中国金融，2007（12）.

［122］余永定. 美国经济再平衡视角下中国面临的挑战［J］. 国际金融研究，2010（1）.

［123］余永定，覃东海. 中国的双顺差：性质、根源和解决办法［J］. 世界经济，2006（3）：31－41.

［124］张建清，张天顶，李洁. 全球经常项目失衡问题研究［J］. 世界经济研究，2007（1）：18－24.

［125］张明. 人民币升值压力卷土重来［N］. 中国证券报，2009－10－14.

［126］张习宁. 人口年龄结构、储蓄率与经常项目差额——基于亚洲 13 个国家面板数据的实证检验［J］. 金融发展研究，2012（11）：12－16.

［127］张洋，项本武，段东生. 中国工业全要素生产率的动态实证分析：1998—2007 基于 DEA 模型的 Malmquist 指数方法［J］. 决策信息，2011（2）：124－125.

［128］钟水映，李魁. 人口年龄结构转变对经常项目余额的影响机制与实证分析［J］. 世界经济研究，2009（9）：34－39.

［129］周辰亮，丁剑平. 开放经济下的结构转型：一个三部门一般均衡模型［J］. 世界经济，2007（6）：27－34.

［130］周靖祥. 经常项目失衡与宏观经济波动——O－R 模型在中国的实证应用［J］. 数量经济技术经济研究，2010（2）：22－39.

［131］周申，漆鑫．经济开放、劳动市场与二元经济结构转化［J］．财经科学，2009（11）．

［132］朱超，周晔，张林杰．储蓄投资行为及外部均衡中的人口结构效应——来自亚洲的经验证据［J］．中国人口科学，2012（1）：39－50.

［133］朱超，周晔．储蓄率、经常项目顺差与人口结构变迁［J］．财经研究，2011，37（1）：4－16.

［134］朱庆．中国特殊国际收支结构原因探析——基于人口年龄结构的视角［J］．世界经济研究，2007（5）．

［135］朱庆．人口年龄结构与我国国际收支双顺差［J］．西安金融，2007（9）．

［136］祝丹涛．人口年龄结构的国别差异和全球经济失衡［J］．经济社会体制比较，2008（2）．

# 重要术语索引表